十三經精解【儀禮精解】

青島出版社

图书在版编目(CIP)数据

仪礼精解/刘松来编.—青岛:青岛出版社,2018.10
(十三经精解)
ISBN 978-7-5552-5539-0

Ⅰ.①仪… Ⅱ.①刘… Ⅲ.①礼仪—中国—古代
②《仪礼》—译文 ③《仪礼》—注释 Ⅳ.①K892.9

中国版本图书馆CIP数据核字(2018)第224952号

书　　名	十三经精解·仪礼精解
主　　编	刘松来
释　　解	余光煜
出版发行	青岛出版社
社　　址	青岛市海尔路182号(266061)
本社网址	http://www.qdpub.com
责任编辑	吴清波　张吉路
特约编辑	于学周
封面设计	梁　娜
照　　排	青岛新华出版照排有限公司
印　　刷	青岛国彩印刷有限公司
出版日期	2018年10月第1版　2018年10月第1次印刷
开　　本	16开(750 mm×1170 mm)
印　　张	13.25
字　　数	330千
印　　数	1－2000
书　　号	ISBN 978-7-5552-5539-0
定　　价	38.00元

编校印装质量、盗版监督服务电话　4006532017　0532-68068638

总　序

　　翻开中华民族厚重的历史画卷，人们几乎可以处处感受到"经学"的浓郁气息。可以肯定，在中国历史上再也找不到第二门学科像经学那样长久而又深远地影响着传统社会的政治思想、文化学术、生活习俗。大致从汉代开始，学校教育和统治阶级举行的开科取士，几乎无一例外均以经学为首要标准和基本内容。人们完全有理由相信，经学业已成为两千多年来中国传统社会最为重要的精神支柱和价值标准，且深深植根于中国古代社会生活的方方面面。中国古代学子从小便开始诵读经书，到死方休。所谓"皓首穷经"，正是千百万古代士子真实的人生写照。翻检史书，人们可以随处见到古人对读书的最高赞赏不外乎"饱读《诗》《书》""博览群经"；做学问的最高境界则是"出入经史""遍注群经"。在当时的社会，读书人被称作"经生"，学者大多是"经学家"，著述文章更是离不开引经据典，经学实实在在地成了中国古代文人的安身立命之本。从文化学术的层面来看，经学与史学、哲学、伦理学、语言文字学、考据学等学科均存在密切的联系。著名经学史专家周予同先生在皮锡瑞《经学历史》序言中曾经指出："因经今文学的产生而后中国的社会哲学、政治哲学以明，因经古文学的产生而后中国的文字学、考古学以立，因宋学的产生而后中国的形而上学、伦理学以成。"由此可见，经学堪称中国传统文化学术的渊薮与源泉。

　　谈到经学自然离不开经书文本。两千多年来，伴随着经学社会影响的日渐深入，产生的经书文本可谓汗牛充栋，仅《四库全书》《续修四库全书》经部收录的著作就分别达到740种和1219种之多。在浩如烟海的经书文本当中，堪称"元典性"的著作无疑当属"十三经"。熟悉经学历史者大都清楚，"十三经"的形成实际上经历了一个漫长的历史过程。从西汉最初的"五经"（《诗经》《尚书》《仪礼》《周易》《春秋公羊传》），到宋代最终形成"十三经"（在西汉"五经"的基础上，增设《周礼》《礼记》《春秋左传》《春秋穀梁传》《论语》《孟子》《孝经》《尔雅》），经书文本的数量几乎翻了两番。在"十三经"文本的形成过程中，有三个历史人物格外值得人们留意。

　　一是东汉末年的儒学大师郑玄。郑玄年轻时"师事京兆第五元先,始通《京氏易》《公羊春秋》《三统历》《九章算术》。又从东郡张恭祖受《周官》《礼记》《左氏春秋》《韩诗》《古文尚书》。以山东无足问者,乃西入关,因涿郡卢植,事扶风马融"(《后汉书·郑玄传》)。学成之后,郑玄遍注群经,先后为《周易》《尚书》《毛诗》《仪礼》《周礼》《礼记》《论语》《孝经》作注。今本"十三经"中还保留有四种郑玄的注本,即《诗经》《仪礼》《周礼》《礼记》。

　　二是唐代的孔颖达。唐太宗贞观年间,为统一经书文本的篇章文字和注解,以便为科举取士提供统一教材,诏孔颖达等人为"五经"定本。孔颖达等人在选定、疏通前人旧注的基础上,撰写出《五经义疏》:《周易正义》,魏王弼、韩康伯注,孔颖达正义;《尚书正义》,汉孔安国传,孔颖达正义;《毛诗正义》,汉毛公传,郑玄笺,孔颖达正义;《周礼注疏》,汉郑玄注,贾公彦疏;《仪礼注疏》,汉郑玄注,贾公彦疏;《礼记正义》,汉郑玄注,孔颖达正义;《春秋左传正义》,晋杜预注,孔颖达正义;《春秋公羊传注疏》,汉何休注,徐彦疏;《春秋穀梁传注疏》,晋范宁注,杨士勋疏。《五经义疏》后改名《五经正义》。由于《五经正义》包含了"三礼"和"春秋三传",所以唐代的经书文本实际上已由汉代的"五经"增至"九经"。在唐代的"九经"当中,孔颖达一人即为其中的"五经"作疏,可谓厥功至伟。有宋一代,在唐"九经"的基础上,增刻《论语注疏》,魏何晏注,邢昺疏;《尔雅注疏》,晋郭璞注,邢昺疏;《孝经注疏》,唐玄宗注,邢昺疏;《孟子注疏》,汉赵岐注,孙奭疏。至此,"十三经"的文本已经基本定型。

　　三是清代的阮元。"十三经"文本在逐渐定型的过程中,为了统一标准和便于传播,先是出现了不同版本的"石经",后来又出现了雕版印刷的合刻丛书本。这些不同版本的"十三经"在流传过程中出现了不少讹误。有感于此,清嘉庆二十年(1815年),阮元出任江西巡抚期间,于南昌学堂主持校刻了新版《十三经注疏》,凡四百十六卷,卷后附录有校勘记。阮刻本《十三经注疏》堪称"十三经"文本的集大成之作,较为充分地吸纳了此前的经学研究成果。对此,阮元在《重刻宋板注疏总目录》中言之甚详:"谨案《五代会要》,后唐长兴三年,始依石经文字刻'九经'印板。经书之刻木板,实始于此。逮两宋,刻本浸多。有宋十行本注疏者,即南宋岳珂《九经三传沿革例》所载建本附释音注疏也,其书刻于宋南渡之后。由元入明,递有修补,至明正德中,其板犹存。是以十行本为诸本最古之册。此后有闽板,乃明嘉靖中用十行本重刻者;有明监板,乃明万历中用闽本重刻者;有汲古阁毛氏板,乃明崇祯中用明监本重刻者,辗转翻刻,讹谬百出。明监板已毁,今各省书坊通行者,惟有汲古阁毛本。此本漫漶不可识读,近人修补,更多讹舛。元家所藏十行宋本,有十一经,虽无《仪礼》《尔雅》,但有苏州北宋所刻之单疏板本,为贾公彦、邢昺之原书。此二经更在十行本之前。元

旧作《十三经注疏校勘记》，虽不专主十行本、单疏本，而大端实在此二本。嘉庆二十年，元至江西武宁，卢氏宣旬读余《校勘记》，而有慕于宋本。南昌给事中黄氏中杰亦苦毛板之朽，因以元所藏十一经至南昌学堂重刻之，且借校苏州黄氏丕烈所藏单疏二经重刻之。近盐巡道胡氏稷亦从吴中购得十一经，其中有可补元藏本中所残缺者，于是宋本注疏可以复行于世，岂独江西学中所私哉？刻书者最患以臆见改古书，今重刻宋板，凡有明知宋板之误字，亦不使轻改，但加圈于误字之旁，而别据《校勘记》，择其说附载于每卷之末，俾后之学者不疑于古籍之不可据，慎之至也。其经文注文有与明本不同，恐后人习读明本而反臆疑宋本之误，故卢氏亦引《校勘记》载于卷后，慎之至也。"正因为阮刻《十三经注疏》具有上述特点，一定程度上具有不可替代性，所以一直流传至今。阮元本人在"十三经"文本传承过程中的功绩，由此可见一斑。

从"十三经"各经的书名即可看出，这套堪称"元典性"著作的内容其实是十分驳杂的，几乎涉及文学、历史、政治、哲学、伦理、礼俗、卜筮、辞书等各个方面，乍一看来，似乎五花八门，令人眼花缭乱。但只要透过杂乱的表象，深入文本内部就不难发现，"十三经"确实很大程度上集中体现了儒家的思想学说、价值体系和思维方式，因而可以视为中国传统文化的重要基石。汉代以降，"十三经"一直是历代统治者治国驭民的"法宝"，以至于有"半部《论语》治天下"的夸张说法。事实上，两千多年来尽管中国的朝代屡有隆替，江山多有易主，但"十三经"至尊的地位却始终牢不可破，即便"异族"入主中原，也仍然把它奉为不可冒犯的"圣经"。这种情况一直持续到近代新文化运动才发生改观，当时一大批接受西学、眼界洞开的仁人志士面对着中国积贫积弱的社会现实，开始把批判的矛头指向以儒学为核心的传统文化，"十三经"的至尊地位于是受到了空前的挑战。新中国成立之后，儒学的地位更是一落千丈，"文革"期间几乎成为人人喊打的"过街老鼠"。与此相对应，"十三经"的命运自然是束之高阁，无人问津。

大致从20世纪80年代开始，世界范围内伴随着现代化进程而产生的种种社会弊端，诸如生态环境恶化、嗜毒、色情、艾滋病以及功利意识极度膨胀而导致人际关系冷漠等等，变得日趋严重。于是首先在西方，随之在世界各地，先后出现了各种以批判、反思现代化、全球化为主要内容的学术思潮。在此背景下，一贯以关怀"人"的问题、重视个体道德自律为特征的中国传统文化，特别是以孔、孟为代表的儒家学说，开始受到国际学术界前所未有的关注与重视。作为儒学载体的"十三经"，也在沉寂多年之后重新走向前台。1980年10月，中华书局首次影印阮刻本《十三经注疏》，标志着"十三经"浴火涅槃。阮刻《十三经注疏》虽然称得上清代之前经学的集大成之作，但乾、嘉之后至近现代不少有价

值的经学研究成果书中阙如,特别是当代读者的阅读习惯与文言阅读能力相较于阮元所处时代,已发生了极大的改变,因此用现代白话语体重新注释"十三经"就变得十分必要。最早系统开展这项工作的当属江西人民出版社,该社于1993年12月推出了6卷本《十三经直解》。由于时间仓促,加之条件所限,《十三经直解》中存在诸多可改进之处。本人作为这套书中《诗经直解》《礼记直解》的作者,对此深有感触。有鉴于此,青岛出版社的吴清波先生嘱我牵头,邀请学者重新编撰一套"十三经"读本,冠名曰《十三经精解》,包括《周易精解》《尚书精解》《诗经精解》《周礼精解》《仪礼精解》《礼记精解》《春秋左传精解》《春秋公羊传精解》《春秋穀梁传精解》《论语精解》《孝经精解》《尔雅精解》《孟子精解》,每经单独成书,《左传》《礼记》篇幅过大,分上下册,全书共15册。

《十三经精解》以中华书局影印阮刻本《十三经注疏附校勘记》为底本,广泛吸收自汉迄今海内外经学研究成果,力求以浅显的语言呈现"十三经"深邃的内核。在著述形式方面,主要借鉴阮刻本的做法,每篇有题解,介绍该篇的内容与特点;随文夹注,用大小字体区分原文与注文;句后就近就便或注音、或释词、或解句,不强求统一,一切以方便阅读为宜;每段末尾概括段意。这样,就从字词句到段落篇章均有精炼的释解,从而尽可能为读者扫清阅读障碍。

《十三经精解》付梓在即,此时的中国大地上传统文化可谓备受关注,鼓吹儿童读经的呼声不绝如缕。作为一个在故纸堆中混迹多年而良知未泯的学者,我倒是觉得更有责任提醒世人:以"十三经"为元典的儒家学说所蕴含的文化价值固然应该受到充分重视,数典忘祖甚或像"文革"那样视儒家经典如敝屣无疑是身为炎黄子孙的当代国人的莫大耻辱,但同时我们也应该清醒地意识到,总体而言,儒家学说毕竟是与农耕文明相适应的意识形态。这种意识形态不可能提供与现代文明相适应的核心价值观。换言之,儒学自身的弊病与先天不足注定了它既不可能解决当代中国改革开放过程中出现的种种社会问题,更无法从根本上疗治全球化、现代化过程给人类带来的痛苦创伤。

当然,无论你对儒家学说是赞赏抑或否定,都必须以"十三经"文本为依据,切忌游谈无根,信口开河!倘若这套丛书在儒学走向世界的过程中能够充当引领读者登堂入室的向导,让人们少走弯路,不入歧途,那将是作者莫大的荣幸和由衷的慰藉!至于每一部书的特色与优缺点,在此不予置评,还是留待读者诸君去评判。可以肯定,书中的讹误一定为数不少,敬请大方之家绳愆纠谬,不吝赐教。

刘松来

公元2017年8月9日识于南昌

江西师范大学当代形态文艺学研究中心

前言

《仪礼》是儒家经书中的一部重要著作。书中记载了先秦社会有关冠婚丧祭、朝觐聘问等各种礼节仪式，内容非常详细，是我国现存最早的有关古代礼仪制度的汇编。

孔子删订《诗》《书》《礼》《乐》《易》《春秋》等"六经"，其中的《礼》就是指的《仪礼》。《仪礼》在汉初就被立于学官，汉武帝建元五年（前136年），初置五经博士。据班固《白虎通》载，"五经"是指《易》《尚书》《诗》《礼》《春秋》，其中的《礼》即《仪礼》。《仪礼》是三礼之中成书最早，也是最先取得经的地位的。到了唐代，科举考试选定"九经"；及至宋代，有"十三经"，《仪礼》都在其中。《仪礼》是儒家经邦治国的重要典籍之一，对中国传统文化的影响非常深远。

一、《仪礼》的名称和成书

《仪礼》原来只称为《礼》，《汉书·艺文志》著录《礼》古经五十六卷，说："《礼》古经者，出于鲁淹中（里名）及孔氏（即孔壁），与十七篇文相似，多三十九篇。"

《仪礼》也称作《士礼》，《汉书·艺文志》说："汉兴，鲁高堂生传《士礼》十七篇（亦见《儒林传》）。"有的学者认为这是《仪礼》中以士之礼为大宗的缘故。有的学者则认为是因首篇得名。

《史记·儒林列传》提到的《礼》《礼经》《士礼》，应当都是指后世的《仪礼》。《汉书·艺文志》著录《礼经》，也应当指的是《仪礼》。汉人称说的"五经"（《易》《诗》《书》《礼》《春秋》）中的《礼》，也是指《仪礼》，但尚无《仪礼》

之目。

汉代也有把《仪礼》称为《礼记》的,《史记·孔子世家》说:"故《书传》《礼记》自孔氏出。"这里的《礼记》指的就是《仪礼》。

《仪礼》之名,曾经出现于刘宋范晔的《后汉书·郑玄列传》。《郑玄列传》说:"凡玄所注《周易》《尚书》《毛诗》《仪礼》《礼记》……凡百余万言。"这应当是《仪礼》在典籍中的较早用例。但是,清人孙诒让在《周礼正义》中疏解说:"本传载郑诸经注,《仪礼》当作《周礼》,其云《礼记》,则通《礼经》及《小戴记》言之。今本乃俗儒臆改,非其旧也。"《郑玄列传》前文已经提及,郑玄"遂造太学受业,师事京兆第五元先,始通《京氏易》《公羊春秋》《三统历》《九章算术》,又从东郡张恭祖受《周官》《礼记》《左氏春秋》《韩诗》《古文尚书》。"郑注三礼,自有定说,囿于此,孙氏才作以上疏解。

《晋书》里有一则材料提及《仪礼》。《荀崧传》记载,"元帝践阼","时方修学校,简省博士,置《周易》王氏、《尚书》郑氏、《古文尚书》孔氏、《毛诗》郑氏、《周官》《礼记》郑氏、《春秋左传》杜氏服虔、《论语》《孝经》郑氏博士各一人,凡九人。其《仪礼》、《公羊》、《谷梁》及郑《易》皆省不置。鉴于此,荀崧上疏建议为郑《易》置博士一人,郑《仪礼》博士一人,《春秋公羊》博士一人,《谷梁》博士一人",得到了认可。《晋书·元帝纪》记载,太兴四年三月,"置《周易》《仪礼》《公羊》博士"。

如果说,《后汉书·郑玄列传》提及的《仪礼》之名概念尚模糊不清,那么,《晋书·荀崧传》则明确地提及郑注的三礼,其中有《仪礼》之名。可以说,在东晋元帝时《仪礼》之名已经取代了《礼》《礼经》《士礼》之名,正式进入经书行列。

关于《仪礼》的作者,历来说法不一。古文经学派认为是西周初年周公"制礼作乐"时所作。唐陆德明《经典释文·序例》、孔颖达《礼记正义序》、贾公彦《仪礼疏序》都说是周公所作。后来,宋魏了翁《仪礼要义序》、元敖继公《仪礼集说序》、清张尔岐《仪礼郑注句读》、李光坡《仪礼述注》、胡培翚《仪礼正义》,也都认为是周公所作。学者们往往从《仪礼》的用字、词句与《论语》《孟子》中的文句相印证,以及制定礼制的人的身份地位等方面加以

证明。从史料看,周公制礼确有其事,但是并无明证直接指明《仪礼》一书即为周公所作。或许当时也有文字记录周公所制之礼,但是几经流传,已经没有其书的确切记载。

《史记》《汉书》采取今文经学派的说法,认为《仪礼》是春秋末年,孔子采集周、鲁各国残存的礼仪加以记录整理而成书。孔子生活的时代,关于"礼"已经难见全貌,他"适周问礼",随时注意采集搜访。《史记》中说"记自孔氏",《汉书》说孔子"缀周之礼",都是说孔子收集整理周、鲁等国的礼仪制度,进而整理成文记录下来。可以想见,最初的礼仪形式是从上古的氏族部落约定俗成而来,周公治理天下,将前代的礼仪制度进一步明确规范,可能用文字形式加以规范。及至春秋之时,周王室衰微,孔子感慨天下礼崩乐坏,因而着意将所习之礼和收集到的周、鲁各国的即将失传的礼仪结合进行整理,用文字书写下来成为《仪礼》。《仪礼》中的各项礼仪形式极为繁复详尽,应该不是一人一时创制而成,当为历代礼制经过长期的演变发展而来的。周公即为演变发展期间规范完善礼制的一个重要人物。孔子在前人的基础之上加以整理而成《仪礼》一书。书中的用字、词句古朴简拙,也正说明有些礼就是承袭古礼而来,保存了较古的面貌。孔子之前,这些礼仪程式早已有之。这些礼仪活动和礼仪制度并非孔子创制,他不是制礼之人,只是起到了汇编整理、保存完善的作用。

今本《仪礼》十七篇,从内容上看,其中第十三篇《既夕礼》实际上是第十二篇《士丧礼》的下篇,第十七篇《有司》是第十六篇《少牢馈食礼》的下篇,所以全书实际上只记载了古代的十五种礼仪。

另外,至于《士冠礼》《士昏礼》等,其中有十一篇后附有《记》以补经文不足的,是孔子七十子之徒所作;插在《丧服》篇一句话或一段话中以解释它的意义的《传》,相传是孔子的学生子夏所作。这在《仪礼》的经文中,本来是没有的。

二、《仪礼》的流传和研究

《仪礼》在汉代也有今文、古文的分别。今文是用当时通行的隶书写的,古文是用六国古文写的。汉初,高堂生所传的《士礼》十七篇就是今文

《礼》。后来,萧奋传孟卿,孟卿传后仓,后仓传戴德、戴圣(德兄子)和庆普,于是《礼经》有大戴、小戴和庆氏学三家。两汉时,这三家都立有博士。古文《礼》藏孔壁中及鲁淹中,后出。《后汉书·儒林列传》说:"孔安国所献《礼》古经五十六篇,前世传其书,未有名家。"两汉都没有设立博士。

古文《仪礼》五十六篇中,除了今文已有的十七篇之外,另有三十九篇,关于其真伪,今文学派和古文学派进行了争论。这三十九篇,郑玄没有为之作注,后来也渐渐亡佚,因而被称为《逸礼》。现在通常所能见到的《仪礼》即今文的十七篇。

到东汉末,郑玄根据刘向《别录》本并参照古文本为之作注解,《后汉书·郑玄列传》说:"玄本习小戴《礼》,后以《古经》(即《礼》古经)校之,取其义长者,故为郑氏学。"郑注《仪礼》,既不偏于古文,也不偏于今文,而是择善而从。这样,经过郑玄作注流传至今的《仪礼》,实际上已是一本兼采了今古文的《仪礼》。

《仪礼》的传本,据《四库全书总目》引郑玄《三礼目录》,汉世所传有三种本子,一是戴德本,二是戴圣本,三是刘向《别录》本。这三种本子的次第各有不同。戴德本的次第是:冠礼第一,昏礼第二,(士)相见第三,士丧第四,既夕第五,士虞第六,特牲第七,少牢第八,有司彻第九,乡饮酒第十,乡射第十一,燕礼第十二,大射第十三,聘礼第十四,公食第十五,觐礼第十六,丧服第十七。戴圣本的次第是:冠礼第一,昏礼第二,(士)相见第三,乡饮酒第四,乡射第五,燕礼第六,大射第七,士虞第八,丧服第九,特牲第十,少牢第十,有司彻第十二,士丧第十三,既夕第十四,聘礼第十五,公食第十六,觐礼第十七。刘向《别录》本,即郑玄注、唐贾公彦疏本。因为刘向《别录》本的尊卑吉凶次序排列很有条理,故郑氏采用它。二戴本的尊卑吉凶次序杂乱,故郑不从(见贾公彦《疏》)。现二戴本已亡佚,它们的篇目次序分别散见在《仪礼注疏》各篇下贾公彦引"郑《目录》云"。

古代为《仪礼》作注的,在东汉以前未闻。郑玄以后,曹魏时的王肃曾经注有《仪礼》十七卷(见《隋书·经籍志》),但是到唐时已经亡佚,所以唐贾公彦《仪礼疏序》只说"《周礼》注者,则有多门;《仪礼》所注,后郑而已",没

有提到王肃。南北朝时代梁人沈重曾经作有《仪礼义》(见《北史·儒林传》)，还有无名氏两家(见《隋书·经籍志》)，但是都没有传下来。因此，贾公彦《仪礼疏序》也只说"其为章疏，则有二家：信都黄庆者，齐之盛德；李孟悊者，隋日硕儒"，而没有提及沈重等人。正因为唐以前为《仪礼》作注和疏的人很少，贾公彦《仪礼疏》所能依据的材料有限，所以不及他所作的《周礼疏》影响大。

至于唐以后的注或疏，宋有李如圭的《仪礼集释》、张淳的《仪礼识误》、魏了翁的《仪礼要义》、朱熹的《仪礼经传通解》，元有敖继公的《仪礼集说》。

清代，经学的研究达到一个鼎盛时期，《仪礼》相关注释等方面的研究也颇多。张尔岐著有《仪礼郑注句读》，另外有乾隆十三年敕撰的《钦定仪礼义疏》、李光坡的《仪礼述注》、吴廷华的《仪礼章句》、蔡德晋的《礼经本义》、沈彤的《仪礼小疏》、盛世佐的《仪礼集编》、胡培翚的《仪礼正义》、黄以周的《礼书通故》等。其中，胡培翚的《仪礼正义》征引详备，是研究《仪礼》的集大成之作。

此外，礼图是研究《仪礼》的另一个不容忽视的领域，也是研究《仪礼》的人所必不可少的参考书。关于礼图，宋有杨复的《仪礼图》和《仪礼旁通图》，清有《钦定仪礼义疏》后附的《仪礼图》和张惠言的《仪礼图》。由于张惠言的《仪礼图》后出，吸收了前人的成果，所以不但优于杨复的《仪礼图》，也较《钦定仪礼义疏》后附的《仪礼图》略胜。

三、《仪礼》的价值

《仪礼》这部流传久远的典籍，在今天仍有值得我们深入研究的价值。

《仪礼》中记载了先秦的冠婚丧祭、朝觐聘问等各种礼仪的礼法，透过行礼过程中的种种礼仪程式，勾画出古代社会的大致面貌，有助于我们了解古代社会等级制度、伦理思想、社会结构。

《仪礼》中所列举的礼仪之法中涉及了宫室建筑的布局，各种席位、器物的铺陈摆放，服饰饮食车驾的规制，等等。通过其中的文字，我们可以了解古代的房屋建筑、名物礼器、饮食起居等，与考古文物相互印证，从而了解古代社会人们生活的方方面面。

　　《仪礼》中所记载的很多礼节仪式，至今还有很多能在民间的日常生活习俗中找到影子，这是上古社会的礼仪制度在民间的遗存。例如婚丧之仪在民间的影响颇大，很多习俗讲究由来已久。研读《仪礼》，既有利于更好地读懂古书，亦有助于考证尚保存在民间的风俗习惯。

　　《仪礼》中的文句简朴古雅，保留了上古时期很多特有的语言风貌。通过《仪礼》一书及相关注释，我们可以进一步了解古今语言文字的发展演变情况，了解汉字的形、音、义三者之间的关系，以及汉字和传统文化之间的内在联系。本书为语言文字方面的研究提供了很多例证。

　　《仪礼》一书，对中国的礼仪制度、伦理思想、风俗习惯、传统文化等诸多方面有着极为深远的影响，时至今日仍然是值得人们研究的经典文献。

　　本书原文主要采用《十三经注疏》中的《仪礼注疏》(汉郑玄注、唐贾公彦疏)本，并参考了其他相关注本，如宋李如圭《仪礼集释》、清吴廷华《仪礼章句》、清凌廷堪《礼经释例》、清王引之《经义述闻》、清胡培翚《仪礼正义》等，也参考了当代人的一些注释、工具书，如《十三经直解》中的《仪礼直解》《三礼辞典》《三礼名物词研究》等。书中汉字的注音以《汉语大字典》为主要依据。

　　《钦定四库全书总目》说："《仪礼》文古义奥，传习者少，注释者亦代不数人。"今天注释《仪礼》，虽可参考的注家很多，但因《仪礼》文句古奥又往往简略不明，因而疏通起来仍颇感艰难。本人才疏学浅，古籍经义钻研不深，功力不达之处有之，书中或有疏漏谬误之处，望海内外专家读者不吝赐教，多多指正。

余光煜

2018年8月14日识于江西师范大学

目　录

总　序　　　　　　　　　　　　　　　　　　（1）

前　言　　　　　　　　　　　　　　　　　　（1）

士冠礼第一 …………… （1）

士昏礼第二 …………… （11）

士相见礼第三 ………… （21）

乡饮酒礼第四 ………… （25）

乡射礼第五 …………… （35）

燕礼第六 ……………… （57）

大射仪第七 …………… （67）

聘礼第八 ……………… （82）

公食大夫礼第九 ……… （100）

觐礼第十 ……………… （107）

丧服第十一 …………… （111）

士丧礼第十二 ………… （129）

既夕礼第十三 ………… （144）

士虞礼第十四 ………… （156）

特牲馈食礼第十五 …… （164）

少牢馈食礼第十六 …… （175）

有司彻第十七 ………… （185）

士冠礼第一

士冠礼。○士举行加冠的典礼。**筮于庙门。**○筮:指用蓍(shī)草卜问吉凶。**主人玄冠朝服,缁带素韠,即位于门东,西面。**○主人:将冠者的父兄,如果父亲在,就由父亲主持;如果父亲去世了,就由哥哥主持。玄冠:黑而微赤像天色的帽子,也叫委貌。朝服:古代士人见君时所穿的礼服,是用精细的麻布做的。缁(zī)带:用黑缯做的大带。素韠(bì):用白色熟皮做的蔽膝。**有司如主人服,即位于西方,东面北上。**○有司:指参与加冠礼的执事者,即筮者、占者、宰之类。北上:以北为上位。**筮与席、所卦者,具馔于西塾。**○筮:蓍草。席:蒲席。所卦者:指用来画爻计卦的工具,如木简、刀、笔等。具馔:陈放食物。西塾:指祢庙门外西边的堂屋。**布席于门中、闑西、阈外,西面。**○闑(niè):门橛,即门中央所竖立的短木,用以止门。阈(yù):门槛。**筮人执策,抽上韇,兼执之。进受命于主人。**○筮人:有司中主管卜筮的人。策:蓍草。抽上韇(dú):揭开盖。韇,藏蓍草的匣子,形圆,皮制。下藏蓍,上即盖。兼执之:指左手同时执上下韇。

宰自右少退,赞命。○宰:家宰,主人私臣。赞命:帮助主人命筮人卜筮。**筮人许诺,右还,即席坐,西面。卦者在左。**○右还(xuán):右转。卦者:筮人之副,主管执简记爻的人。**卒筮,书卦,执以示主人。主人受视,反之。筮人还,东面,旅占,卒,进告吉。**○旅占:众占。指三个筮人,每人各自进行卜筮。**若不吉,则筮远日,如初仪。**○筮远日:另卜远一点的日子。古人筮日之法,都是在这一个月的下旬卜筮下一个月的日子。如果是吉事,就在这一个月的下旬,先卜下个月上旬的日子;不吉,就卜下个月中旬的日子;又不吉,就卜下个月下旬的日子。丧事相反,先卜远日,后卜近日。冠礼是吉事,故先卜近日,后卜远日。均在当日举行。**彻筮席,宗人告事毕。**○彻:撤去。宗人:有司中主管礼的人。

以上述筮日之仪。

主人戒宾,宾礼辞,许。○戒:犹告。宾:主人僚友之属。礼辞:谦辞一次之后而

接受叫礼辞。**主人再拜,宾答拜。主人退,宾拜送。**○退:归去。拜送:行拜送之礼。送者拜,去者不答拜。

以上述戒宾之仪。

前期三日,筮宾,如求日之仪。○前期三日:冠期前三天。筮宾:在邀请的众宾中用卜筮挑选一人为加冠之宾,即正宾,为儿子进行加冠之礼。

以上述筮宾之仪。

乃宿宾。○宿:通"肃",恭敬地催请。**宾如主人服,出门左,西面,再拜,主人东面答拜。**○宾如主人服:主人朝服,宾亦朝服。**乃宿宾,宾许,主人再拜,宾答拜。**○乃宿宾:指主人亲自向宾致请辞。此与上文的"乃宿宾"不同,上文的"乃宿宾"指全节的内容是催请宾。**主人退,宾拜送。宿赞冠者一人,亦如之。**○赞冠者:佐助正宾行加冠之礼的人。他的地位的尊崇仅次于正宾,所以也要选择贤而习礼的人充任。

以上述宿宾、宿赞冠者之仪。

厥明夕,为期于庙门之外,主人立于门东,兄弟在其南,少退,西面,北上;有司皆如宿服,立于西方,东面,北上。○厥明夕:指宿宾、宿赞冠者的第二天晚上,即冠期前一天的晚上。厥,其。为期:约期,即约定加冠的时间。兄弟:指主人的兄弟辈亲戚。如宿服:如主人宿宾时所穿的朝服。**摈者请期,宰告曰:"质明行事。"**○摈者:主人的佐礼人,即宗人。请期:请问举行加冠的时刻。质明:第二天天刚亮的时候。**告兄弟及有司,告事毕。**○告:摈者告。**摈者告期于宾之家。**

以上述约期之仪。

夙兴,设洗,直于东荣,南北以堂深,水在洗东。○夙兴:早起。洗:承盥洗弃水的器具。直于东荣:把洗器设在正当东荣的下面。直,当,对着。荣,屋檐两头扬起的部分。南北以堂深:设洗器的地方距离堂的远近,以堂的深浅为标准。若堂深二丈,洗器距离堂亦二丈。**陈服于房中西墉下,东领,北上。**○陈服:陈放将冠者的衣服。房中西墉:东房内西边的墙。东领:衣领向东摆着。北上:以北为上。衣有尊卑,尊的摆在北边,依次而南,故首爵弁服,依次为皮弁服、玄端服。冠时先加卑服,放在南边,便其先取。**爵弁服:缥裳、纯衣、缁带、韎韐。**○爵弁服:戴爵弁时所穿的衣服。爵弁,冠名,色赤而微黑,跟雀(燕子)头颜色一样。爵通"雀",指燕子。古时冠和服的颜色必定相称,故常因冠以名服。缥(xūn)裳:浅红色的裙子。纯衣:黑色的丝衣。凡衣与冠同色的,就先说衣,后说裳。此爵弁与衣的颜色不同,所以先说裳。缁带:黑色的带子。韎(mèi)韐(gé):赤黄色的皮蔽膝。**皮弁服:素积、缁带、素韠。**○皮弁服:戴皮弁时所穿的礼服。皮弁,用白鹿皮

做的帽子。素积:腰间折叠起来的白缯裙子。积,衣褶。素韠:白色的皮蔽膝。**玄端:玄裳、黄裳、杂裳,可也。缁带、爵韠。**○玄端:指玄端服,即戴玄冠时所穿的礼服。玄冠,黑而微赤的帽子。玄端,玄衣,即黑而微赤的上衣。玄端,即朝服之衣,和爵弁只是裳的颜色不同。朝服是玄冠、玄端、素裳、缁带、素韠、素屦;玄端服是玄冠、玄端、玄裳(或黄裳、杂裳)、缁带、爵韠、黑屦。杂裳:杂色的裳。是说以穿玄裳为正,如无玄裳,就穿黄裳或杂裳也可以。爵韠:赤而微黑的皮蔽膝。**缁布冠,缺项,青组缨,属于缺,缁纚广终幅,长六尺;皮弁笄、爵弁笄,缁组纮纁边;同箧。**○缺项:缺,通"頍(kuǐ)";项,缁布冠没有固冠的笄,古时用布帛围在头发的周围,并在四只角上作缀,联结在冠上以固冠。另在两头作结,用两根带子(即青组缨)穿入结中,然后在项上结起来,所以叫项。青组缨:青色结冠的丝带。缁纚(xǐ):黑色包发的绸子,又叫束发巾。广终幅:古代布帛每幅阔二尺二寸,"广终幅"即阔有二尺二寸。纮:冠上的带子,先把丝带的一头系在笄的左端,然后绕下巴向上联结在笄的右端,余下的纮垂而为饰。这种做纮的丝带(组)中间是黑色的,两旁是浅红色的织边,所以叫缁组纮边。箧:古代藏衣物的竹器。**栉实于箪。**○栉:梳子和篦子的总称。实:放入。箪:竹器。**蒲筵二,在南。**○蒲筵二:两张蒲草做的筵席。一张用于冠子,一张用于醴子。**侧尊一甒醴在服北,有篚实勺、觯、角柶,脯醢,南上。**○侧尊:独设酒尊之意。一甒(wǔ)醴:一壶甜酒。甒,瓦制酒器,犹酒壶。醴,有糟的甜酒。篚:盛酒器的竹器。觯:酒器,圆腹,侈口,圈足,容三升。角柶:角制的匙,取酒器,长六寸,祭时用以挑醴。脯:干肉,盛在笾内。醢:肉酱,盛在豆内。**爵弁、皮弁、缁布冠各一匴,执以待于西坫南,南面,东上;宾升,则东面。**○匴(suǎn):古行冠礼时盛帽子的竹器。执:有司三人拿着。西坫(diàn):筑在堂西屋角的土台,是用来放东西的。

以上述冠日陈设之仪。

主人玄端爵韠立于阼阶下,直东序,西面。○阼(zuò)阶:东阶,又叫主阶,因系主人立位,西阶叫宾阶。直:当。东序:堂上东边的墙。**兄弟毕袗玄,立于洗东,西面,北上。**○兄弟:指主人亲族姻戚中的兄弟辈。毕:都。袗玄:袗,当为"纯"字,指衣与裳皆玄色之服。**摈者玄端,负东塾。**○摈者:导引宾客的人。负:背。东塾:门内东堂。**将冠者采衣,紒,在房中,南面。**○采衣:五色彩衣,未冠者穿的服装。采、彩为古、今字。紒(jì):同"髻",髻是髻的古字,结发。**宾如主人服,赞者玄端从之,立于外门之外。**○赞者:帮助正宾为冠者加冠的人,即上文所言赞冠者。外门:大门。宗庙有二门:庙门和大门。**摈者告,主人迎,出门,左,西面,再拜;宾答拜。**○告:指出请问宾,然后入告主人。左:大门外东边。出以东为左,入以东为右。**主人揖赞者,与宾揖,先入。每曲揖。**○曲:指折弯处,即转弯处。庙在大门内的东边,

入大门向东行为一曲,对着庙门北行为二曲。每当要转弯走的时候,主人就向宾一揖,表示请客人转弯走。**至于庙门,揖入,三揖,至于阶,三让。**○三揖:指进庙门后三次曲揖,即入门至门内屋檐滴水处分东、西向,主人向东,客人向西,二人相背而行,为一揖;主人和客人分别行至正对着东西阶之处,二人转弯北行又相见时,为二揖;行至当碑处,为三揖。三让:让升阶。主人三让,客人三辞,主人遂先升阶一级以导宾。**主人升,立于序端,西面;宾西序,东面。**○序端:指东序端,即堂上东边墙的南头。西序:指西序端。上文"序端"不说东,下文"西序"不说端,互文见义。又上文"主人升",下文不说"宾升",此省文。**赞者盥于洗西,升,立于房中,西面,南上。**

以上为迎宾及赞冠者。

主人之赞者筵于东序,少北,西面。○主人之赞者:主人的下属,其地位仅次于宾。筵:铺席。**将冠者出房,南面。赞者奠纚、笄、栉于筵南端。**○奠:置放。**宾揖将冠者,将冠者即筵坐,赞者坐,栉,设纚。**○坐:古人坐是用膝着地,两个足掌向后,臀部靠在脚后跟上。栉:梳理头发。设纚:用绸子把头发包束起来,然后加冠。**宾降,主人降。宾辞,主人对。**○宾辞:宾以主人无事不必下阶为辞劝止。主人对:主人以烦宾降阶盥洗不敢不降的话回答。**宾盥卒,一揖,一让,升。主人升,复初位。**○卒:毕。一揖一让:凡降洗降盥皆一揖一让。**宾筵前坐,正纚,兴,降西阶一等,执冠者升一等,东面授宾。宾右手执项,左手执前,进容,乃祝,坐如初,乃冠,兴,复位。**○项:此指冠的后端。前:指冠前。进容:上前致礼,端正仪容,以为冠者示范。祝:致加冠的祝辞。复位:回到西序端东面的位上。**赞者卒。**○赞者卒:指赞冠者替冠者安上頍,并把頍上的青组缨结在冠上,这样就完成了加冠的程序。**冠者兴,宾揖之,适房,服玄端爵韠,出房,南面。**○揖之:宾拱手行礼,使冠者往东房脱去童子服(彩衣),换上玄端服。南面:面朝南,让众人观看穿了成人服的仪容。

宾揖之,即筵坐,栉,设笄,宾盥、正纚如初。○揖之:此揖是示意冠者就筵坐。栉:梳理。加皮弁前,先脱去缁布冠,恐发乱,故须重新梳理。设笄:笄有两种,一是髻内安发的笄,一是皮弁、爵弁及六冕(大裘冕、衮冕、鷩冕、毳冕、绨冕、玄冕)等固冠的笄。此时尚未加皮弁,当是髻内安发的笄。栉,设笄,均指赞冠者,这时赞冠者仍坐在筵南端。宾盥、正纚如初:指仪式如初加时一样。**降二等,受皮弁,右执项,左执前,进祝,加之如初,复位。**○降二等:指下西阶两级接受皮弁,因皮弁尊于缁布冠,故礼重。**赞者卒纮。**○卒纮:系好帽带。纮,指系于颔下的帽带。**兴,宾揖之,适房,服素积素韠,容,出房,南面。**○兴:指冠者加皮弁后起身等候。容:整正仪容。

宾降三等,受爵弁,加之;服纁裳、韎韐。○降三等:走下三级台阶,即下至

地。因爵弁更尊,故下至地而受之。**其他如加皮弁之仪。**○指卒纮、容、出等仪式。**彻皮弁、冠、栉、筵,入于房。**○彻:撤去。彻者是赞冠者和主人的赞者。冠:指缁布冠。

以上述一加、再加、三加之仪。

筵于户西,南面。○筵:铺席。这是指主人的赞者铺席。户西:指室东门的西边。古代室东有户,室西有牖。牖,窗子。古代两扇门叫作"门",一扇门叫作"户"。筵设在户西,即设在户牖之间。**赞者洗于房中,侧酌醴,加柶,覆之,面叶。**○洗:洗觯。先洗手后洗觯。房中:指北堂。洗器设在北堂。侧酌醴:指独从瓦中酌醴酒到觯中。因无玄酒,只有醴。侧,独。柶(sì):舀酒器,形如匙。覆之:把柶反过来覆在觯上。叶:柶头。面:前。**宾揖冠者就筵,筵西南面。宾受醴于户东,加柶,面枋,筵前北面。**○这是"醴子",即父亲设甜酒致贺加冠的儿子,因父亲不便和儿子行礼,故由宾代行。枋:通"柄"。**冠者筵西拜,受觯,宾东面答拜。**○筵西拜:凡筵西拜皆南面。觯(zhì):古代酒器,容三升。**荐脯醢。**○荐:进献。**冠者即筵坐,左执觯,右祭脯醢,以柶祭醴三,兴,筵末坐,啐醴,建柶,兴,降筵,坐奠觯,拜,执觯兴,宾答拜。**○以柶祭醴三:用匙头挑动三下醴酒以祭古代造酒的人。筵末:筵席的西边头上。啐(cuì):小口饮酒品尝。凡祭坐在席中,饮坐在席末。建:立。凡柶未祭就覆在觯上待用,既祭尝就插在觯上。降筵:下筵席。因席间不拜。坐奠觯:跪着置放觯。拜:拜谢宾(代主人)之赐。

以上述宾醴冠者之仪。

冠者奠觯于荐东,降筵,北面坐取脯,降自西阶,适东壁,北面见于母。○奠觯于荐东:荐东,即荐左。凡奠爵、奠觯,将举饮者奠在右边,不举饮者奠在左边。此觯不再举饮,所以奠放在左边。荐,指盛放脯醢的笾、豆。适东壁:往东壁,即出闱门见母亲。时冠者的母亲在闱门之外。东壁,堂下的东墙。上有小门叫闱门,是妇人出入庙之处。**母拜受,子拜送,母又拜。**○母又拜:古代妇女与男子为礼,女先拜,男子答拜,女又拜,谓之侠拜。侠,通"夹"。此处侠拜,表示母亲以成人之礼待之。

以上述冠者见于母之仪。

宾降,直西序,东面。主人降,复初位。○复初位:指复阼阶下东序西面之位。**冠者立于西阶东,南面。宾字之,冠者对。**○字之:给冠者取字。对:应答。

以上述宾字冠者之仪。

宾出,主人送于庙门外。○出:这里指出庙门,不出大门,因主人将醴宾。**请醴宾,宾礼辞,许,宾就次。**○醴宾:用醴酒宴宾。次:设在庙门外西边,用帷幕或篱

席搭成,用来作为更换衣服或临时休息的地方。**冠者见于兄弟,兄弟再拜,冠者答拜;见赞者,西面拜,亦如之。入见姑姊如见母。**○入见姑姊如见母:姑姊,指父亲的姐姐,即姑母。入:入寝门。寝在庙西,与庙不同门。如见母,指北面见姑姊,姑姊亦拜两次。

以上述冠者见兄弟、赞者、姑姊之仪。

乃易服,服玄冠玄端爵韠,奠挚见于君,遂以挚见于乡大夫、乡先生。○易服:三加爵弁后,均服爵弁服。至此,始改服玄端。玄冠:玄端服所戴之冠。特言玄冠,以别于冠时的缁布冠。奠:置放在地上。挚:见面礼,今作"贽"。凡卑见尊,挚礼皆置于地,不亲授。乡大夫:周官名。天子六乡,每乡以卿一人各掌其政教禁令,位在司徒之下。乡先生:指卿大夫已致仕者,以及乡中德高望重的人。**乃醴宾以一献之礼。**○一献:指主人只献一次酒给宾,宾回敬主人一次。主人斟酒酬宾一次,所谓一献一酢一酬,没有亚献(第二次献酒)。**主人酬宾,束帛俪皮。**○酬宾:指请宾客饮酒并用财货致谢。束帛:帛五匹为束。俪皮:两张鹿皮。**赞者皆与,赞冠者为介。**○赞者皆与(yù):指主人方面凡参与了加冠之事的人,都得参加酒宴,并在众宾之列。介:次宾。助宾行礼者。

宾出,主人送于外门外,再拜,归宾俎。○归宾俎:把干肉盛在俎里送给宾带回家里。冠子一般不杀牲,故用干肉。归:通"馈",给予。

以上述醴宾、送宾、归俎之仪。

若不醴,则醮用酒。○醴是周代冠子之法,三加完了,才设醴醴子;醮是夏殷冠子之法,每加一次即醮一次,三加即醮三次。醴为太古造法,酒为后世造法,醴浊酒清,醴质酒文,行礼以质为重,故周代冠礼以醴为正,但也不废旧俗,可以用酒。用酒时,只有酌献,没有酬酢,所以叫作"醮"。主人酌酒敬客叫"献",客回敬主人叫"酢",主人回复客的回敬叫"酬"。**尊于房户之间,两甒,有禁,玄酒在西,加勺,南枋。**○房户之间:东房和室东边门的中间。禁:承放甒的木制器具。玄酒:清水。太古时代没有酒,以清水当酒,因其色玄,故称。南枋:柄朝南。**洗,有篚在西,南顺。**○洗:盛弃水的器皿。篚:方形竹制盛物器,有盖。南顺:朝南顺着摆放。**始加,醮用脯醢。宾降,取爵于篚,辞降如初。卒洗,升酌。**○辞降如初:指如上文"宾降,主人降,宾辞,主人对"的礼节。**冠者拜受,宾答拜,如初。**○如初:指如上文"冠者面南拜受,宾授爵东面答拜"的醴礼。**冠者升筵,坐,左执爵,右祭脯醢,祭酒,兴,筵末坐,啐酒,降筵,拜;宾答拜。冠者奠爵于荐东,立于筵西。彻荐爵,筵尊不彻。**○彻:撤去。荐:盛干肉的笾和盛肉酱的豆。爵:酒杯。筵:筵席。尊:指两个盛酒的甒。**加皮弁,如初仪。**○如初仪:指如上文再加皮弁的仪式。**再醮,摄酒,其他皆如初。**○其

他皆如初：指如始醮的仪式。摄酒：搅挠酒，使调和。**加爵弁，如初仪。三醮，有干肉折俎，啐之，其他如初。**○三醮：第三次举行用酒醮子的礼节。干肉折俎：把干肉斩断，盛在俎里面。俎，盛牲体的礼器。啐(jì)：尝。如初：指如始醮时。**北面取脯，见于母。若杀，则特豚。**○杀：杀牲。特豚：一只小猪。**载合升，离肺，实于鼎，设扃鼏。**○载合升：指把左右两半边肉合起来升载到鼎中。牲体在锅里煮叫烹，煮熟了把它从锅里装载到鼎里面叫升，再把它从鼎里拿起装载到俎里面叫载。此"载合升"也指升入鼎中，左右两半合在一起，载入俎中也是左右两半合在一起。离肺：为食用而设的肺，将肺割划而不断开。扃：抬鼎的木杠。鼏：鼎盖。**始醮，如初。**○如初：指如上文不杀牲的始醮。**再醮，两豆：葵菹，蠃醢；两笾：栗，脯。**○豆：盛濡湿菜肴的器皿，木制，形如高脚盘，有盖。葵菹(zū)：葵菜做的酱菜。蠃(luǒ)醢：螺蚌肉酱。蠃，同"螺"。笾：竹制盛干物的器皿，其形如豆，有盖。杀牲的再醮比不杀牲的再醮只是多一笾一豆，其他都相同。**三醮，摄酒如再醮，加俎。**○加俎：加豚俎。**啐之，皆如初，啐肺。**○啐：尝。啐肺：周人重肺，每食必先食肺。**卒醮，取笾脯以降，如初。**○如初：如见母的礼节。

以上述醮用酒之仪。

若孤子，则父兄戒宿。○孤子：指嫡子父亲已去世。父兄：指伯父、叔父或从兄。**冠之日，主人紒而迎宾，拜、揖、让，立于序端，皆如冠主，礼于阼。**○主人：将冠者。紒：指总角，即束发为两个髻，形状如角，为未成年男女的发型。冠主：主持冠礼的人，指冠者的父亲。因为冠者没有父亲，冠礼由自己主持，所以紒而迎宾。拜、揖、让、入庙、升阶、立于东序端，皆如父在为主的礼节。礼于阼：指三加都在阼阶行礼，三加完也在阼阶行醴礼，跟父在时不同。冠礼之正，应冠于东序，醴于户西。**凡拜，北面于阼阶上，宾亦北面于西阶上答拜。**○凡拜：指行醴礼或行醮礼时，拜受、拜谢都在阼阶上行礼，处在主人的正位上；宾在西阶上北面答拜，也处在宾的正位上。和父亲在时，冠者在筵西南面拜、宾在西序东面拜是不同的。**若杀，则举鼎陈于门外，直东塾，北面。**○杀：指杀牲。门外：庙门之外。直东塾：正对着东侧的厅堂。若父亲在，为冠子杀牲，鼎不能放在门外。

以上述孤子加冠之仪。

若庶子，则冠于房外，南面，遂醮焉。○庶子：妾所生的儿子。这是父冠庶子之礼。房外：房户之外，所设酒尊的东边。遂醮焉：就在房外加冠处行醮礼。

以上述庶子加冠之仪。

冠者母不在，则使人受脯于西阶下。○母不在：指有别的原因，或生病，或有孝服在身等不能参加。

以上述见母权宜之法。

戒宾，曰："某有子某，将加布于其首，愿吾子之教之也。"○前"某"代主人，即冠者父亲的名，后"某"代冠者的名。布：代指冠。吾子：相当于您。宾对曰："某不敏，恐不能共事，以病吾子，敢辞。"○不敏：不才，自谦之辞。共(gōng)事：敬事，言恭敬完事。病：犹辱。敢：表示冒昧请求。主人曰："某犹愿吾子之终教之也。"宾对曰："吾子重有命，某敢不从。"○重(chóng)：再次。敢：岂敢。宿曰："某将加布于某之首，吾子将莅之，敢宿。"○莅：光临。敢：犹言"冒昧"。宿：敬请。宾对曰："某敢不夙兴。"○敢不：岂敢不。夙兴：早起。

以上述戒宾、宿宾之辞。

始加，祝曰："令月吉日，始加元服。弃尔幼志，顺尔成德。寿考惟祺，介尔景福。"○令：善，美好。元服：首服，帽子。幼志：指儿童贪玩不懂事的思想行为。顺：慎。成德：成人的道德行为。祺：祥。介：大，助。景：大。再加，曰："吉月令辰，乃申尔服。敬尔威仪，淑慎尔德。眉寿万年，永受胡福。"○申：重，再。淑：善。眉寿：长寿。胡：远。三加，曰："以岁之正，以月之令，咸加尔服。兄弟具在，以成厥德。黄耇无疆，受天之庆。"○正：善。咸：皆。具：俱，皆。厥：其。黄耇(gǒu)：长寿。黄指老年人白发落了再生黄的；耇指老年人面像冻梨，色如浮垢。这是老寿之征。庆：赐。

醴辞，曰："甘醴惟厚，嘉荐令芳。拜受祭之，以定尔祥。承天之休，寿考不忘。"○醴辞：指三加完了，设甜酒宴宴请冠者的祝辞。惟：句中语助词，无义。嘉：善。荐：指脯醢。拜受祭之：指拜受觯、祭脯醢、祭醴。定：成。休：美，指福禄。寿考不忘：万寿无疆，永受福赐。

醮辞，曰："旨酒既清，嘉荐亶时，始加元服，兄弟具来。孝友时格，永乃保之。"○醮辞：给冠者加冠后用酒醮冠者的祝辞。这是加缁布冠的祝辞。亶：诚。时：善。孝友时格：孝友，对待父母、兄弟好的人。格，通"嘏(gǔ)"，大福，此为降福。时，通"是"。即孝友是嘏，犹言福孝友之人。永：久长。再醮，曰："旨酒既湑，嘉荐伊脯。乃申尔服，礼仪有序。祭此嘉爵，承天之祜。"○旨：美。湑(xǔ)：清。伊：句中语助词，无义。祜(hù)：福。三醮，曰："旨酒令芳，笾豆有楚。咸加尔服，肴升折俎。承天之庆，受福无疆。"○楚：陈列齐整之貌。肴升折俎：指肉煮熟切断后载入俎内。肴：此指俎中的肉。

字辞，曰："礼仪既备，令月吉日，昭告尔字，爰字孔嘉。髦士攸宜，

宜之于假。永受保之,曰伯某甫。"○字辞:为冠者取字的祝辞。礼仪既备:指三加已毕。昭:明。爰:句首助词,无义。孔嘉:很美。髦(máo)士:俊士。攸:所。于:为。假:通"嘏",福。仲、叔、季,唯其所当。○此七字非字辞,系作经文的人在文外加以补充说明的话,指取字时加上仲、叔、季,表示排行。

以上述醴辞、醮辞、命字之辞。

屦,夏用葛,玄端黑屦,青绚繶纯,纯博寸。○玄端黑屦:凡冠与衣同色,屦与裳同色。玄端服有玄裳、黄裳、杂裳的不同,而以玄衣、玄裳、黑屦为正。绚(qú):鞋上的鼻纽。用以穿结鞋带的,状如汉时的刀衣鼻。繶(yì):饰鞋子的圆丝带。纯(zhǔn):缘边,镶边。博:宽。素积白屦,以魁柎之,缁绚繶纯,纯博寸。○素积:白色带褶的裳,故用白屦配素积。魁:蜃蛤,此指用它的壳灰做白色颜料。柎(fù):通"附",涂附。爵弁纁屦,黑绚繶纯,纯博寸。○爵弁纁屦:指用纁屦配爵弁服。纁屦,浅红色的鞋子。冬,皮屦,可也。○可也:指冬天不一定非用皮鞋不可。如果为了温暖,用皮鞋也可以。不屦繐屦。○屦:穿(鞋子)。繐(suì)屦:细而疏的麻布做的鞋子。因为繐屦是丧服所穿的鞋子,冠礼是吉礼,故不宜穿。

以上述屦制之仪。

【记】

冠义。○凡说"记",都是后人所作,补经文的不足。有的是记礼的变异,也有的是作记者记他所闻知的相关礼仪。作记者已无考,但"记"作于"传"前,比"传"更古;或以为"七十子(孔子弟子)后学者所记",那所记就不是出自一人之手,也不是一时所完成。始冠,缁布之冠也。大古冠布,齐则缁之。○大(tài)古:指唐尧、虞舜以前。齐(zhāi):斋戒。缁:作动词,指染成黑色。其緌也,孔子曰:"吾未之闻也。冠而敝之,可也。"○緌(ruí):指结冠的带子在领下打结后下垂的部分。敝:抛弃。古代士以上初加冠用缁布冠,加冠完了就不再用,所以说可以抛弃。

以上记缁布冠之仪。

适子冠于阼,以著代也。○适(dí)子:嫡子。适,通"嫡"。阼:阼阶是主人的位置,嫡子将继承父亲为一家之主,所以冠于阼。著代:表明嫡子将代替父亲为主人。著,显明。醮于客位,加有成也。○醮于客位:客位指室东边门的西边,面向南方,这是堂上最尊的位置,是贵客所坐的,所以说客位。周法三加完了,设醴宴,冠者坐此;夏殷之法每一次加冠完了用酒宴醮冠者,冠者亦坐此。此醮于客位,兼指醴子和醮子。加有成也:尊美他有成人之德。加,通"嘉"。三加弥尊,谕其志也。○弥:益,更加。谕:教。冠而字之,敬其名也。○敬其名:古代儿子生了三个月,父亲就给他取名;加了冠,宾就给他取

字。取字之后，君父之前称名，至于他人则称字，是敬重其父给他取的名。

以上记三加及冠而命字之仪。

委貌，周道也；章甫，殷道也；毋追，夏后氏之道也。○委貌、章甫、毋追（duī）：此三者分别为周、殷、夏三代常用之冠。**周弁，殷冔，夏收。**○周代的爵弁，叫弁；商代的爵弁，叫冔（xǔ）；夏代的爵弁，叫收。**三王共皮弁、素积。**

以上记三代冠之同异。

无大夫冠礼，而有其昏礼。古者五十而后爵，何大夫冠礼之有？公侯之有冠礼也，夏之末造也。○造：作，始。夏初以上，诸侯虽父死子继，年未满五十，也还是服士服，行士礼，五十岁才爵为公侯，所以也没有冠礼。**天子之元子犹士也，天下无生而贵者也。**○元子：长子，世子。世子未即位，没有爵命，故还是士。**继世以立诸侯，象贤也。**○继世：子继父位。象贤：效法先贤。**以官爵人，德之杀也。**○杀（shài）：衰，等差。古代用官爵封给人，是根据道德好坏的差别。

以上记大夫以上冠皆用士礼之仪。

死而谥，今也；古者生无爵，死无谥。○今：指周衰的时代，作"记"之时。古：指殷商以前。谥：古代帝王、卿大夫、士死了，根据他生前的行为给他一个称号叫谥。

以上记士爵、谥古今之异。

士昏礼第二

昏礼,下达,纳采,用雁。○昏:今作"婚"。下达:男方使媒人求婚。达,通。纳采:男方送求婚礼物。用雁:用雁作为礼物,是取其顺阴阳往来、不失节序。**主人筵于户西,西上,右几。**○主人:女父。筵:为神设席。西上:为人设筵以东为上,此为神设筵,故以西为上。右几:神以右为尊,故为神设几,设在筵西头的右边。**使者玄端至。**○使者:男方派来纳采的人,即媒人。玄端:玄端服。**摈者出请事,入告。**○摈(bìn)者:主人家掌管佐礼、导引宾客的人。摈,同"傧"。请:犹问。**主人如宾服,迎于门外,再拜,宾不答拜。**○门外:大门外。宾不答拜:因为宾是奉使来的,非主人亲来,不敢当女方主人的盛礼,故避不答拜。**揖入,至于庙门,揖入,三揖,至于阶,三让。**○三揖:指走到门内屋檐下滴水处,主人、客人将拐弯的地方一揖;主人向右拐弯,客人向左拐弯以后,走到堂下正对东、西阶路的南边头上,这时两人又一揖;两人继续向北走,当走到堂下当碑(庭距阶三分之一长)的地方又一揖。**主人以宾升,西面,宾升西阶,当阿,东面致命,主人阼阶上北面再拜。**○以:率领,这里表示导引。阿:栋,即屋的中脊下近室的地方。**授于楹间,南面。**○授:当为"受"字之误,接受。楹间:厅堂前东西两个柱子之间。**宾降,出;主人降,授老雁。**○出:出庙门。老:管家,家臣之长。

以上述纳采之仪。

摈者出请。宾执雁,请问名,主人许,宾入授,如初礼。○宾执雁:宾前已授雁,此又执雁,明所携二雁,表示相匹偶之义。如初礼:如纳采之礼,也有迎于庙门、三揖、三让、升堂、致命、授雁而出等礼节。此一使兼行纳采、问名二礼。

摈者出请,宾告事毕。入告。出请醴宾。○醴宾,即礼宾。**宾礼辞,许。**○礼辞:一辞而许。**主人彻几,改筵,东上,侧尊甒醴于房中。**○彻几:撤去为神设的几。改筵:改设宴客的筵席。东上:今为人设筵,故以东为上。侧尊:侧,独;尊,古樽字,此指设尊。古代设尊多成双,一盛醴,一盛玄酒,此没有玄酒,只设一个酒尊,故叫侧尊。甒:瓦制盛酒器,形圆,腹大口小。醴:有酒糟的甜酒。**主人迎宾于庙门外,揖让**

如初，升，主人北面再拜，宾西阶上北面答拜。主人拂几，授校，拜送。宾以几辟，谓主人拭几，然后执几以几足授与宾。北面设于坐，左之，西阶上答拜。○拂几：拭几。表示敬客。校（qiào）：几足。辟（bì）：今作"避"，表示不敢当此礼。主人以几授宾，拜送，时宾有几在手，所以用几避让。赞者酌醴，加角柶，面叶，出于房。○赞者：佐助主人斟酒的人。面：前。叶：柶头。主人受醴，面枋，筵前西北面。○枋，通"柄"。宾拜，受醴，复位。主人阼阶上拜送。赞者荐脯醢。宾即筵坐，左执觯，祭脯醢，以柶祭醴三，西阶上北面坐，啐醴，建柶，兴，坐奠觯，遂拜。主人答拜。宾即筵，奠于荐左，降筵，北面坐取脯，主人辞。○奠：放。荐：指筵席上的笾豆。取脯：客人亲自取脯，这是表示尊重主人之赐，拿回去好向主人复命。主人辞：谢客人亲自拿并表示礼物菲薄。宾降，授人脯，出。○人：指宾的随从。主人送于门外，再拜。

以上述问名之仪。

纳吉，用雁，如纳采礼。○纳吉：告吉，男方卜得吉兆，备礼通知女方，确定婚姻之事。

纳徵，玄纁束帛，俪皮，如纳吉礼。○纳徵：派使者纳币以成婚礼。徵，成。以束帛为礼物叫作币，故纳徵也叫纳币。玄：黑而微赤，像天色。纁：浅红，像地色。婚礼束帛用玄帛三匹、纁帛两匹，取顺天地、备阴阳之意。束帛：五匹帛。俪皮：两张鹿皮。

请期，用雁。○请期：婚期男方卜得吉兆，告知女方，嫌于自专，所以说请期。主人辞，宾许，告期，如纳徵礼。○主人辞：古代婚期由男方决定，取阳倡阴和之义，故女父辞谢。

以上述纳吉、纳徵、请期之仪。

期，初昏，陈三鼎于寝门外东方，北面，北上。○期：到婚期那一天。初昏：黄昏。三鼎：盛豚、鱼、腊之鼎。寝：这里指新郎的寝室。北面：凡陈鼎于门外，以鼎面向北为正。北上：以北为上，从北向南渐次陈列。其实特豚，合升，去蹄。○特：犹一也。合升：合左右半体肉升入鼎内。去蹄：足甲不用，因其践地。举肺、脊二，祭肺二，鱼十有四，腊一肫，髀不升。○举肺：举，指用手拿着吃。举肺这里是指供食用的、割划而不切断的肺。肺，是气之主，周时特别重视。脊：脊骨肉。脊骨是体之正，所以也很重视。皆二，夫妻各一。祭肺：指切断成块的肺，供食前祭用。鱼十有四：夫妻各七。腊（xī）：干肉。此指兔子的干肉。肫（zhūn）：全，整体。髀：股，大腿。因其近于肛门，故不升于鼎。皆饪。○饪：煮熟。设扃鼏。○扃：鼎杠。鼏（mì）：鼎盖。设洗于阼阶东南。馔于房中，醯酱二豆，菹醢四豆，兼巾之；黍稷四敦，皆盖。○醯（xī）酱：用醋调和酱

制成。醯：醋。菹(zū)：葵菹。醢(hǎi)：肉酱。兼巾之：指六豆共一巾覆之。敦(duì)：古盛黍稷之器，上下合成圆球形，有足。**大羹湆在爨。**○大羹湆(qì)：湆，羹汁。煮的肉汁，不加盐和菜。因为是上牲，故称大。爨(cuàn)：灶。**尊于室中北墉下，有禁，玄酒在西，绤幂，加勺，皆南枋。**○尊：设尊。禁：承放瓹的木制器具。绤(xì)：粗葛布。幂：覆尊巾。**尊于房户之东，无玄酒，篚在南，实四爵合卺。**○篚：盛爵和卺的竹器。爵：酒器，容一升。卺(jǐn)：古时结婚吃交杯酒用的酒器，把匏分成两个瓢叫卺，夫妻各拿一个瓢饮酒。古时新婚夫妻凡三献酒（古叫酳），用爵献两次，合卺献一次，所以放了四爵一合卺。

以上述将亲迎预陈馔之仪。

主人爵弁，纁裳缁袘，从者毕玄端，乘墨车，从车二乘，执烛前马。○主人：指婿，即新郎。婿为妇主，故称主人。袘(yí)：黑色绸子做的裙边。墨车：黑漆的车。从车：从者所乘的车。执烛前马：仆役拿着火把走在马前照明引路。**妇车亦如之，有裧。**○妇车：夫家往迎妇之车。裧(chān)：同"襜"，车帷。**至于门外。主人筵于户西，西上，右几。**○主人：女父。筵：为先祖之神设筵席。

女次，纯衣纁袡，立于房中，南面。○次：妇女的发饰，编假发为之，亦称髢。袡(rán)：衣裳的边缘。**姆纚笄宵衣，在其右。**○姆：女师，以妇道教女子的人。纚(xǐ)：束发的帛。此处指用帛把发束起来。宵衣：黑色丝衣。宵，通"绡"，指用生丝织成的缯帛。**女从者毕袗玄，纚笄，被颖黼，在其后。**○毕：都。袗玄：袗，通"纯"。衣与裳均为玄色之服。被颖黼(fǔ)：穿上绣了白黑色斧形花纹的禅衣。颖(jiǒng)，通"褧"，禅衣，即单衣。**主人玄端，迎于门外，西面再拜，宾东面答拜。**○宾：此指婿。**主人揖入，宾执雁从。至于庙门，揖入，三揖，至于阶，三让。主人升，西面。宾升，北面，奠雁，再拜稽首，降，出。**○稽(qǐ)首：叩头至地，最重的拜礼。主人不答拜，因婿奠雁拜是为娶女，是与女赘见而拜的礼，故不答拜。**妇从，降自西阶，主人不降送。婿御妇车，授绥，姆辞不受。**○绥：上车时挽手所用的绳子。**妇乘以几，姆加景，乃驱，御者代。**○几：登车时的矮几。景：一种衣裙连在一起防御灰尘的单衣，一般用布，新娘用轻纱。驱：行。御者代：车轮转了三圈之后，由御者代替婿驾车。**婿乘其车先，俟于门外。**○先：在前导行。

以上述亲迎之仪。

妇至，主人揖妇以入。及寝门，揖入，升自西阶，媵布席于奥。○升自西阶：夫导妻一起从西阶升。媵：陪嫁者，即上文的女从者。奥：室内西南角。**夫入于室，即席，妇尊西，南面。媵、御沃盥交。**○御：夫家的女佣人。沃盥：浇水洗手。

媵、御沃盥交：夫妻将饮食，先洗手。女御进承水盘，媵人为夫浇水洗；媵人进承水盘，女御为妻浇水洗。交：交互。

赞者彻尊幂，举者盥，出，除幂，举鼎入，陈于阼阶南，西面，北上。○彻：撤去覆尊之巾。举者：举鼎的人（每鼎两人）。匕俎从设。○匕：取食器。曲柄浅斗，状如今之羹匙，用以从鼎中挑出牲体载于俎。俎：古代祭祀、设宴时盛牲体的礼器，有足。从设：跟从鼎而入，在鼎西设俎，在俎上加匕。北面载，执而俟。匕者逆退，复位于门东，北面，西上。○匕者：执匕的人。举鼎者，每鼎二人用木杠抬，左人（即左边举鼎的人）兼负责执俎并盛牲体入俎；右人（即右边举鼎的人）兼负责执匕并从鼎中取出牲体。逆退：谓三个鼎执匕的人按后进先出的次序退复原位。赞者设酱于席前，菹醢在其北，俎入，设于豆东，鱼次，腊特于俎北。○菹（zū）：指葵菹，即腌葵菜。醢（hǎi）：肉酱。俎：此指豚俎。特：单独。赞设黍于酱东，稷在其东，设湆于酱南，设对酱于东。○湆（qì）：肉汁（以豆盛）。对酱：为新妇而设的酱。夫西，妇东，所以说"对"。除豚、鱼、腊三俎共用外，其他都是对设的。

菹醢在其南，北上，设黍于腊北，其西稷，设湆于酱北。御布对席，赞启会，却于敦南，对敦于北。○对席：指妇席。夫席在西，妇席在东，故名。会：敦盖。却：仰置。对敦：对席的敦盖。赞告具，揖妇即对筵，皆坐，皆祭，祭荐黍稷肺。○告：西面告婿。具：具馔完毕。赞尔黍，授肺、脊，皆食，以湆酱，皆祭举，食举也。○尔：通"迩"，此指移近。以湆酱：指食用湆和酱。祭举：祭指祭肺和祭黍稷，举指举肺和脊。食举：指吃所举的肺和脊。凡食都是先祭而后食。三饭，卒食。○三饭：一口叫作一饭，三饭即三口饭。古代婚礼中，夫妇共食一牲，称"同牢"礼，表示夫妇相亲，不是正式用餐，故三饭而礼成。赞洗爵，酳酢主人，主人拜受，赞户内北面答拜。○酳（yìn）：食毕献酒漱口。主人：指婿，因对赞者而言，故称主人。酳妇亦如之，皆祭。赞以肝从，皆振祭哜肝，皆实于菹豆。○肝：指烧烤的肝。皆振祭：把肝沾染了盐，因怕沾染得过多，故须振而去之，然后祭。哜：尝。实：盛放。卒爵，皆拜，赞答拜，受爵。○皆拜：主人夫妇拜赞者献酒饮。再酳，如初，无从。○无从：再酳、三酳没有跟着献的菜肴。三酳，用卺，亦如之。赞洗爵，酌于户外尊，入户，西北面奠爵，拜，皆答拜。○户外尊：指东房门外的酒尊，一般叫外尊；室内的尊叫内尊，内尊只有新婚夫妇能用。坐祭，卒爵，拜，皆答拜，兴。主人出，妇复位。乃彻于房中，如设于室，尊否。○彻于房中：将室中食物撤至房中。这是为送嫁的和女佣人设的。尊否：尊不设，因有外尊。主人说服于房，媵受。妇说服于室，

御受,姆授巾。○说(tuō):通"脱"。巾:帨(shuì)巾,佩巾,用来洁身的。御衽于奥,媵衽良席,在东,皆有枕,北止。○衽:卧席,此指铺卧席。良:夫,这里是妇人对丈夫的称呼。北止:脚向北(头朝南)。止,后写作"趾"。主人入,亲说妇之缨。○缨:古代女的许嫁时所佩的缨饰。烛出。媵馂主人之余,御馂妇余,赞酌外尊酳之。○馂(jùn):剩余的食物。媵侍于户外,呼则闻。

以上述妇至成礼。

夙兴,妇沐浴,纚、笄、宵衣以俟见。○宵衣:古代士妻的常服。俟见:等待见面。质明,赞见妇于舅姑。○见:引见。舅姑:夫之父母。席于阼,舅即席;席于房外,南面,姑即席。○席于阼:舅席设于阼阶,主位。妇执笲枣栗,自门入,升自西阶,进拜,奠于席。○笲(fán):盛干果的竹器,外有包布。奠于席:把东西放在席上。表示舅尊,不敢亲授。舅坐抚之,兴,答拜。○抚之:抚枣栗表示接受。妇还,又拜。○妇还:退还席前,等待公公答拜然后又向席拜。妇人向男人拜,不管长辈平辈都是行侠(jiā)拜礼,即拜两次。降阶,受笲腶脩,升,进,北面拜,奠于席。○腶(duàn)脩:捣碎加上姜桂的干肉。姑坐举以兴,拜,授人。

以上述妇见舅姑之仪。

赞醴妇。○赞醴妇:赞礼者代表舅姑向新妇敬酒,有妇道新成、亲厚相待之意。席于户牖间,侧尊甒醴于房中,妇疑立于席西。○疑(níng)立:疑通"凝",正立不动。赞者酌醴,加柶,面枋,出房,席前北面。妇东面拜受。赞西阶上北面拜送,妇又拜,荐脯醢。妇升席,左执觯,右祭脯醢,以柶祭醴三。降席,东面坐啐醴,建柶,兴,拜。赞答拜,妇又拜,奠于荐东,北面坐取脯,降,出,授人于门外。○授人:人指新娘亲族,以脯归示父母。

以上述赞者醴妇之仪。

舅姑入于室,妇盥馈。○妇盥馈:洗手行馈舅姑的礼节。馈,进献。特豚,合升,侧载,无鱼腊,无稷,并南上,其他如取女礼。○侧载:右半边豚肉载在公公俎内,左半边豚肉载在婆婆俎内。侧,独,单。并南上:公婆共席在西南隅,菜肴的摆法都以南为上。其他:指酱、涪、湆、醢。取:今作"娶"。妇赞成祭,卒食,一酳,无从。○赞:帮助。成:指授给公婆肺脊及使知当放置之处。祭:指荐黍肺。卒食:亦三饭。酳(yìn):吃东西后,用酒漱口。无从:没有肝从献。席于北墉下。妇彻,设席前如初,西上。妇馂,舅辞,易酱。○彻:撤北墉下的席。易酱:以酱已食余,舅嫌不洁,故易酱。妇馂姑之馔,御赞祭豆、黍、肺,举肺、脊,乃食,卒。○御赞祭:指侍

者助妇祭。**姑酳之,妇拜受,姑拜送。坐祭,卒爵,姑受,奠之。妇彻于房中,媵御馂,姑酳之,虽无娣,媵先,于是与始饭之错。**○虽无娣,媵先:即使新娘没有妹妹从嫁,只有陪嫁的媵,当婆酳酒时也在夫家女御之前,因媵是客之故。于是与始饭之错:如始初男方人和女方人交错吃新婚夫妇剩余的菜一样交错食用舅姑食余。错,交错。

以上述妇馈舅姑之仪。

舅姑共飨妇以一献之礼,舅洗于南洗,姑洗于北洗,奠酬。○飨妇:用酒食款待媳妇,以答其馈。一献:舅献姑酬,共成一献。**舅姑先降自西阶,妇降自阼阶。归妇俎于妇氏人。**○妇俎:指飨新娘的牲体和干肉。飨新娘时,新娘没有吃,故舅姑使人送给新娘的从人,使反命于新娘的父母。妇氏人:指送新娘来的新娘的亲属。

以上述舅姑姑飨妇之仪。

舅飨送者以一献之礼,酬以束锦。○送者:女方父母所派来送女的人。男的指家臣之属,女的指妾婢之属。男的由舅飨之,女的由姑飨之,酬相同。束锦:五匹锦。**姑飨妇人送者,酬以束锦。若异邦,则赠丈夫送者以束锦。**○丈夫送者:指送婚中的男人。

以上述舅姑飨送者之仪。

若舅姑既没,则妇入三月乃奠菜。○既没:已去世。奠菜:设菜以祭。此礼只限于嫡妇,庶妇不庙见。**席于庙奥,东面,右几;席于北方,南面。**○庙:祢庙。**祝盥,妇盥于门外。妇执笲菜,祝帅妇以入。祝告,称妇之姓,曰:"某氏来妇,敢奠嘉菜于皇舅某子。"**○祝:男巫,祠庙中司祭礼的人。祝盥:在阼阶东南设洗之处洗手。祝先入设筵、几于室中,下阶洗手后,才出庙门导引妇入。帅:导引。某氏:某指新娘的姓,如齐称姜氏、鲁称姬氏之类。来妇:来做媳妇。嘉:美。皇:大。皇舅某子:称已去世的皇舅或字或谥。**妇拜扱地,坐奠菜于几东席上,还,又拜如初。**○扱(qì)地:手至地拜。妇人扱地,犹男人跪而稽首。**妇降堂,取笲菜,入,祝曰:"某氏来妇,敢告于皇姑某氏。"**○降堂:从西阶下堂。**奠菜于席,如初礼。妇出,祝阖牖户。**○阖:闭。牖:室西边窗子。**老醴妇于房中,南面,如舅姑醴妇之礼。**○老:家臣之长。舅姑既没,故老因庙见而设醴宴宴新娘于庙的东房。**婿飨妇送者丈夫、妇人,如舅姑飨礼。**

以上述舅姑既没,婚礼之仪。

【记】

士昏礼,凡行事必用昏、昕,受诸祢庙,辞无不腆、无辱。○昏:昏时,指婿亲迎之礼的时间。昕:黎明,日将出时,指男家派使者到女家纳采、问名、纳吉、纳徵、请

期五礼的时间。古人行事尚早,故用昕。祢庙:父庙。辞无不腆、无辱:双方辞令不用"不腆""辱"之类的客气话。腆,善。**挚不用死,皮帛必可制**。〇可制:指鹿皮和束帛等礼物必定要送可以制作衣服的。**腊必用鲜,鱼用鲋,必殽全**。〇腊必用鲜:干肉必定用新制作的,义取夫妇日新之意。鲋:鲫鱼。用鲋,义取夫妇相依附之意。必殽全:当作"殽必全"。殽,通"肴",指牲体。这是说牲体要全,且不可腐败,义取夫妇全节无亏之意。

以上记昏礼时、地、辞命、用物。

女子许嫁,笄而醴之,称字。〇许嫁:指已受纳徵礼。笄:簪子,这里指加笄。加笄是女子成年之礼,犹男子的加冠。女子许嫁而笄。称字:与男子冠而命字义同。**祖庙未毁,教于公宫,三月**。〇祖庙:奉祀女方祖先的宗庙。公宫:指诸侯之宫。教:教妇德、妇言、妇工、妇容。**若祖庙已毁,则教于宗室**。〇宗室:大宗之家。

以上记笄女、教女之事。

问名,主人受雁,还,西面对,宾受命,乃降。〇对:以女名回答。

以上记问名对宾之礼。

祭醴,始扱一祭,又扱再祭,宾右取脯,左奉之,乃归,执以反命。〇祭醴:指宾祭醴酒。扱(chā):挹取,指以柶插入觯中挹取醴酒祭。祭醴之法,始扱算一祭,再扱算二祭,三扱算三祭。

以上记祭醴之法。

纳徵,执皮,摄之,内文,兼执足,左首。〇摄(zhé):折叠。内文:把皮毛折在里面。文,指兽皮的花纹。兼执足:两手兼执四足。**随入,西上,参分庭一在南**。〇随入:执鹿皮的二人前后相随而入。参分庭一在南:参,通"三"。所立之处靠庭南面的三分之一处。**宾致命,释外足,见文**。〇释:放开。见:现。文:指鹿皮的花纹。**主人受币,士受皮者自东出于后,自左受,遂坐摄皮,逆退,适东壁**。〇受币:指宾所执的束帛。士:主人的私臣而身份是士的人。逆退:按照先进后退这样的次序倒着退出去。

以上记纳徵庭实之仪。

父醴女而俟迎者,母南面于房外。〇醴女:父亲设醴宴款待女儿。**女出于母左,父西面戒之,必有正焉,若衣,若笄,母戒诸西阶上,不降**。〇必有正焉:必有托戒之物。若衣,若笄:指若衣、若笄之类恒在身而不忘。

以上记父母诫女之仪。

妇乘以几,从者二人坐持几,相对。〇从者:夫家的从者。几:指妇登车垫脚之几。

以上记妇升车之仪。

妇入寝门,赞者彻尊幂,酌玄酒,三属于尊,弃余水于堂下阶间,加勺。○玄酒:清水。新婚用涗(shuì)水,即新过滤后洁清而新鲜的水。属(zhǔ):注。

以上记注玄酒之仪。

笲,缁被纁里,加于桥,舅答拜,宰彻笲。○笲(fán):竹器,圆形,状如今之篮,用黑而微赤的绸子包在篮子外面,用浅红色的绸子缝覆在篮子里面。被:表,外。桥:置放笲的木器,其制未详。

以上记笲饰及受笲之仪。

妇席荐馔于房。○荐:此指脯醢。飨妇,姑荐焉。○荐:进献。妇洗在北堂,直室东隅,篚在东,北面盥。○北堂:东房无北壁,靠北的一半叫北堂。妇酢舅,更爵,自荐。○酢:主人向客人敬酒叫献。客人回敬主人叫酢。主人答客人的敬酒叫酬。更爵:换酒尊。表示不敢用公公敬酒的酒尊,以免亵渎尊长。不敢辞洗,舅降,则辟于房,不敢拜洗。○辞洗、拜洗:本是宾主相等之礼,妇卑,舅洗爵时不敢辞,洗后不敢拜,表示不敢与之为礼。辟:后写作"避"。凡妇人相飨无降。○凡:此指姑飨妇人送者和舅没姑飨妇而言。无降:妇人洗爵洗手在北堂洗处,不须下阶,故言无降。

以上记醴妇、飨妇之仪。

妇入三月,然后祭行。○祭:指四时(春夏秋冬)常祭。

以上记妇助祭之期。

庶妇,则使人醮之,妇不馈。○庶妇:庶子的妻子。人:指室老,家臣之长。醮:酒不酬酢叫醮。

以上记庶妇与嫡妇之仪的不同。

昏辞曰:"吾子有惠,贶室某也。○昏辞:此纳采时男方使者回答女家摈者之辞。吾子:指女父。贶(kuàng):赐。室:妻,这里作动词用。某:指婿名。某有先人之礼,使某也请纳采。"○某:指婿父名。某也:使者自称名。某有先人之礼:指婿父有先世旧礼,纳采是秉承先人的遗礼,并不是自己兴出这个规矩。这是重本之意。对曰:"某之子惷愚,又弗能教。吾子命之,某不敢辞。"○某:女父名,下同。子:指女儿。惷(chǔn)愚:愚蠢。吾子:敬称,此指使者。致命,曰:"敢纳采。"○致命:使者升堂向女父传达主人的旨意。

以上述纳采之辞。

问名,曰:"某既受命,将加诸卜,敢请女为谁氏?"○某:使者自称。受命:指女父同意。氏:古人有姓有氏,后来常常姓氏混称。问名,本问女名,而说"谁氏",这是婉辞。对曰:"吾子有命。且以备数而择之,某不敢辞。"○命:指问女名。备

数:充数。"备数而择之"乃谦辞。

以上问名之辞。

醴,曰:"子为事故至于某之室。某有先人之礼。请醴从者。"对曰:"某既得将事矣,敢辞。""先人之礼,敢固以请。"○固:坚。"某辞不得命,敢不从也。"

以上记醴宾之辞。

纳吉,曰:"吾子有贶,命某加诸卜。占曰'吉',使某也敢告。"○吾子:指女父。贶:赐。指许以女名告之。某:上一个"某"指男父名,下一个"某"指使者名。对曰:"某之子不教,唯恐弗堪。子有吉,我与在,某不敢辞。"○弗堪:指不能尽妇道。我与在:我并存此吉。与(yù),犹兼。

以上记纳吉之辞。

纳徵,曰:"吾子有嘉命,贶室某也。某有先人之礼,俪皮束帛,使某也请纳徵。"○这是门外使者告摈者之辞。致命,曰:"某敢纳徵。"对曰:"吾子顺先典,贶某重礼,某不敢辞,敢不承命。"○顺:循。典:法,此指先人之礼。承:受。

以上记纳徵之辞。

请期,曰:"吾子有赐命,某既申受命矣。惟是三族之不虞,使某也请吉日。"○申:重,再。三族:指父兄弟、己兄弟、子兄弟。不虞:无忧,指无死丧。三族没有死丧,就可以结婚。对曰:"某既前受命矣,唯命是听。"曰:"某命某听命于吾子。"对曰:"某固唯命是听。"使者曰:"某使某受命,吾子不许。某敢不告期?曰'某日'。"对曰:"某敢不敬须。"○须:等待。

以上记请期之辞。

凡使者归,反命,曰:"某既得将事矣,敢以礼告。"○凡使者:指纳采、问名、纳吉、纳徵、请期五礼的使者。主人曰:"闻命矣。"○命:使者的话。

以上记使者复命之辞。

父醮子,命之曰:"往迎尔相,承我宗事。勖帅以敬,先妣之嗣,若则有常。"○迎尔相:迎来你的助手。勖帅以敬:勉励儿子要以身作则,率领妻子行为敬慎,以尽妇道。勖,勉。先妣之嗣:继承先妣之事。之,是。若:汝。子曰:"诺。唯恐弗堪,不敢忘命。"○堪:胜任。

以上记父向子进酒之辞。

宾至,摈者请,对曰:"吾子命某,以兹初昏,使某将,请承命。"○宾:

婿。吾子:敬称女父。某:前"某"为婿父名,后"某"为婿名。兹:此。使某将:使某行婚礼来迎。将,行。对曰:"某固敬具以须。"○固:一定。具:备办。须:等待。

父送女,命之曰:"戒之敬之,夙夜毋违命。"○夙夜:日夜。命:指舅姑和夫命。母施衿结帨,曰:"勉之敬之,夙夜无违宫事。"○施衿(jīn)结帨(shuì):结带于身以系佩巾。衿,带。帨,佩巾。宫事:家中之事。特指夫事。庶母及门内,施鞶,申之以父母之命,命之曰:"敬恭听,宗尔父母之言,夙夜无愆,视诸衿鞶。"○庶母:父之妾。鞶(pán):囊,丝制,用来盛帨巾。申:重申。宗:尊崇。愆(qiān):过错。婿授绥,姆辞曰:"未教,不足与为礼也。"○绥:执以登车之绳。

以上记亲迎、送女之言辞。

宗子无父,母命之;亲皆没,己躬命之。○宗子:嫡长子。命之:命使者。躬:亲自。支子,则称其宗,弟,称其兄。○支子:嫡长子的庶兄弟。称其宗:指命使者当称宗子的命令。弟:指宗子的同母弟。

以上记父母亡故之权变之仪。

若不亲迎,则妇入三月,然后婿见,曰:"某以得为外昏姻,请觌。"○不亲迎:指婿未去迎亲,使人迎之,这是礼之变。见:谒见,指请见女之父母。这是婿未亲迎,三月后见女父母之礼。外昏姻:指由婚姻关系而结成的亲戚。女家称昏,婿家称姻。觌(dí):见。主人对曰:"某以得为外昏姻之数,某之子未得濯溉于祭祀,是以未敢见。今吾子辱,请吾子之就宫,某将走见。"○主人:女父。濯溉:洗涤祭器。此处指未参与祭祀之事。就宫:回到自己家。走见:赶过去见你。对曰:"某以非他故,不足以辱命,请终赐见。"○非他故:言特来拜见岳父母之故。不足以辱命:言不足以辱礼辞之命。命,谓走见之言。对曰:"某得以为昏姻之故,不敢固辞,敢不从。"主人出门,左,西面;婿入门,东面,奠挚,再拜,出。○出门:出内门。入门:入大门。奠:放下。挚:初见人所持的礼物,此指雉。婚后第一次见,礼同初见。摈者以挚出,请受。○受:指婿受。婿礼辞,许,受挚,入。主人再拜,受,婿再拜送,出。见主妇,主妇阖扉,立于其内。○主妇:主人之妇,婿的岳母。阖扉:这里指关闭寝门内东室的左边门扇。即闭西边的门。必阖扉者,古代妇女不能跟外人接触,迎送宾客不出门,见兄弟不能走过门槛之故。婿立于门外,东面,主妇一拜,婿答再拜,主妇又拜,婿出。主人请醴,及揖、让、入,醴以一献之礼,主妇荐,奠酬,无币。○及:与。入:入大门与寝门。无币:凡醴宾、飨宾要用束帛或束锦酬谢,此没有,因与宾客不同。婿出,主人送,再拜。○送:送至大门外。

以上记未亲迎者见妇父母之仪。

士相见礼第三

士相见之礼,挚,冬用雉,夏用腒。○挚:初次求见时的见面礼。雉:指死雉。用雉义取耿介不犯于上之意。用死雉义取其不可生服、能致死效命之意。腒(jū):干雉肉。左头奉之,曰:"某也愿见。无由达。某子以命命某见。"○左头:鸟头朝左。奉:捧。某子:指介绍见主人的人。主人对曰:"某子命某见,吾子有辱,请吾子之就家也,某将走见。"○有:又。宾对曰:"某不足以辱命,请终赐见。"○命:指"请吾子之就家也,某将走见"之命。主人对曰:"某不敢为仪,固请吾子之就家也,某将走见。"○不敢为仪:犹言不敢讲表面话。固:一定。宾对曰:"某不敢为仪,固以请。"○固:坚决。主人对曰:"某也固辞,不得命,将走见,闻吾子称挚,敢辞挚。"○不得命:不得许可之命。走:犹出。称:举。宾对曰:"某不以挚不敢见。"○不以挚不敢见:指见所尊敬的人没有见面礼,嫌太简慢。主人对曰:"某不足以习礼,敢固辞。"○不足以习礼:托言对礼学习不足,犹言不敢当此盛礼。宾对曰:"某也不依于挚不敢见,固以请。"主人对曰:"某也固辞不得命,敢不敬从。"○以上主人的话都是宾在门外,摈者往返传言。出迎于门外,再拜,宾答再拜。主人揖,入门右,宾奉挚,入门左,主人再拜受,宾再拜送挚,出。主人请见,宾反见,退。○主人请见:因上文入门拜受、拜送时,宾主都庄重严肃,没有畅谈,所以主人又请见。主人送于门外,再拜。主人复见之,以其挚,曰:"向者吾子辱使某见,请还挚于将命者。"○复见之:主人到宾家回报见礼,礼尚往来之故。复:报,回报。向:以前,往日。某:主人的自称。将命者:传命者,指摈相。主人对曰:"某也既得见矣,敢辞。"○主人:此下凡称主人者即以前的宾,称宾者即以前的主人。宾对曰:"某也非敢求见,请还挚于将命者。"○非敢求见:宾主频见是不恭敬的行为,所以说不敢求见。主人对曰:"某也既得见矣,敢固辞。"宾对曰:"某不敢以闻,固以请于将命者。"○不敢以闻:

言不敢让还挚之事使主人知道。**主人对曰:"某也固辞,不得命,敢不从。"宾奉挚入,主人再拜受,宾再拜送挚,出,主人送于门外,再拜。**

以上述士与士相见之仪。

士见于大夫,终辞其挚,于其入也,一拜其辱也;宾退,送,再拜。○终辞其挚:大夫对士的拜见,不亲自至士家答拜,所以不能接受挚礼。入:入大门,不出迎。辱:辱临。

以上述士见大夫之仪。

若尝为臣者,则礼辞其挚,曰:"某也辞,不得命,不敢固辞。"○尝为臣者:指以前曾经做过大夫的家臣的人,而现在任职为侯国之士。臣,这里指家臣。礼辞:按礼节推辞(一辞而许)。**宾入,奠挚,再拜,主人答一拜。**○奠挚:把挚放在席上。尊卑不同,故不亲授。**宾出,使摈者还其挚于门外,曰:"某也使某还挚。"**○还其挚:凡不答拜而受其挚,只有君对臣才能这样,其他的人不能如此,故必还其挚。某:前"某"指主人,后"某"指摈者。**宾对曰:"某也既得见矣,敢辞。"**○敢辞:辞主人还其挚也。**摈者对曰:"某也命某,某非敢为仪也,敢以请。"**○某非敢为仪也:某,指主人。这是摈者转述主人命己之辞。**宾对曰:"某也夫子之贱私,不足以践礼。敢固辞。"**○夫子:指主人。私:家臣。古代卿大夫的家臣称私人。不足以践礼:不值得对我行宾礼。**摈者对曰:"某也使某,不敢为仪也,固以请。"宾对曰:"某固辞,不得命,敢不从。"再拜受。**

以上述士尝为大夫臣者见于大夫之仪。

下大夫相见,以雁,饰之以布,维之以索,如执雉。○下大夫:周王室及诸侯国卿以下有上大夫、中大夫、下大夫。《春秋左传·哀公三年》:"克敌者,上大夫受县,下大夫受郡。"《韩非子·外储说左下》:"故,晋国之法,上大夫二舆二乘,中大夫二舆一乘,下大夫专乘,此明等级也。"以雁:取雁知时,飞翔有行列。饰之以布:谓裁布为衣,披其身。维:系。指把足系起来。如执雉:指头朝左边捧着。**上大夫相见,以羔,饰之以布,四维之,结于面,左头,如麛执之,如士相见之礼。**○以羔:羔是羊子。羊性驯顺,能听从率领,群而不党。卿职在尽忠于君,率下不偏,故卿执羔。结于面:用绳系其四足相交于背上,然后在胸前打结。面,胸。如麛执之:如秋天献麛所执方式相同,指左手执前两足,右手执后两足。麛(mí),鹿子。如士相见之礼:指所执挚礼虽不同,仪式是一样的。

以上述大夫相见之仪。

始见于君,执挚至下,容弥蹙。○下:堂下。容弥蹙:容止显得恭敬诚实,局促不安。**庶人见于君,不为容,进退走。**○不为容:不为趋翔之容,趋翔趋走似鸟飞。

表示庄重、敬畏。进退走：指进入和退出都要快步行进。**士大夫则奠挚，再拜稽首，君答一拜。**○稽首：头至地拜。再拜稽首是臣见君之礼。

以上述大夫、士、庶人见君之仪。

若他邦之人，则使摈者还其挚，曰："寡君使某还挚。"○他邦之人：指别国之臣。还其挚：因非本国之臣。**宾对曰："君不有其外臣，臣不敢辞。"再拜稽首，受。**

以上述他邦之人见君之仪。

凡燕见于君，必辩君之南面。○燕见：指君在休息时私见。必辩君之南面：必定要辨别国君所坐的位置是不是面向南方，如果是面向南方，那就北面对之。辩：通"辨"。**若不得，则正方，不疑君。**○方：向。疑：通"拟"，测度。**君在堂，升见，无方阶，辩君所在。**○君在堂：指君休息时在堂上。方阶：规定的台阶。

以上述燕见君之仪。

凡言，非对也，妥而后传言。○凡言：指向君言事。非对：如果不是对答君言。妥：安坐，指君安坐。传言：犹出言。**与君言，言使臣；与大人言，言事君；与老者言，言使弟子；与幼者言，言孝弟于父兄；与众言，言忠信慈祥；与居官者言，言忠信。**○言使臣：言任用下臣之事。大人：指卿大夫。言事君：言事君以忠心。言使弟子：言使弟子之事。**凡与大人言，始视面，中视抱，卒视面，毋改。**○抱：指衣领以下至衣带以上的部位。毋改：指静待对方的回答，不要变动失容。**众皆若是。**○众：指在场的诸卿大夫。**若父，则游目，毋上于面，毋下于带。**○游目：是说目可旁视，以观察他身心安否。因为父子主恩，与见君、见大夫目不旁游、只能视一条直线（领与带之间）不同。上于面，等于傲；下于带，等于忧。**若不言，立则视足，坐则视膝。**

以上述进言之仪。

凡侍坐于君子，君子欠伸，问日之早晏，以食具告，改居，则请退可也。○君子：指卿大夫和国中贤者。欠伸：打呵欠伸懒腰。以食具告：把食物是否已备办好告诉从者。改居：改变坐处，因体倦之故。请退可也：晚辈对于长辈，请见不请退，但是如果有上述几种情况之一，那就可以请退。**夜侍坐，问夜，膳荤，请退可也。**○问夜：问时数，指钟鼓漏刻之数。膳荤：膳，食用；荤，姜、葱、蒜、薤等辛臭之类的菜。食用葱薤之类可以止睡。

以上述侍坐于君子之仪。

若君赐之食,则君祭,先饭,遍尝膳,饮而俟。○先饭:指臣先尝一口黍稷,示为君尝食。君命之食,然后食。若有将食者,则俟君之食,然后食。○将食者:进食者,指膳宰。膳宰进食,臣就须待君食后才食。若君赐之爵,则下席,再拜稽首,受爵,升席,祭,卒爵而俟,君卒爵,然后授虚爵。○授虚爵:亦先于君把虚爵授给司爵者。退,坐取屦,隐辟,而后屦。○坐取屦:侍君长坐要脱屦于阶侧然后升堂,现在要先退,所以要到堂下阶侧取屦,然后在隐僻的地方穿上。辟:僻。君为之兴,则曰:"君无为兴,臣不敢辞。"○臣不敢辞:是说臣不敢与君为礼之意。这是以"不敢辞"辞之。君若降送之,则不敢顾辞,遂出。○不敢顾辞:不敢回顾告辞,表示不敢当非常之礼。大夫则辞,退、下、比及门,三辞。○大夫则辞:大夫位尊,不嫌与君为礼,所以可以向君告辞。比:等到。三辞:大夫起而退则君兴,一辞;下阶则君降,二辞;及门则君送,三辞。

以上述君赐饮食相送之礼仪。

若先生、异爵者请见之,则辞。○先生:指告老辞职在家的人。异爵者:指卿大夫慕士之德特来拜见,爵位不同,所以说异爵者。辞不得命,则曰:"某无以见,辞不得命,将走见。"○无以见:这里指没有德能让你来见我。走见:赶去见你。先见之。○先见之:指先拜见宾。

以上述先生、异爵者见士之仪。

非以君命使,则不称寡大夫、(士则曰)寡君之老。○寡大夫、寡君之老:此言非以使者身份出境,则不称"寡大夫""寡君之老"。按《礼记·玉藻》所述,大夫奉君命出使他国,上大夫,摈者称"寡君之老";下大夫,摈者称"寡大夫"。大夫因私至邻国,则家臣为摈,摈者称其名,下称"寡君之某"。士则曰:此三字疑衍。凡执币者不趋,容弥蹙以为仪;○执币:指执皮帛行礼。不趋:即缓步,主谨慎。趋,快走。以为仪:以此为仪容。执玉者则唯舒武,举前曳踵。○舒武:行步舒徐,指缓步而行。举前曳踵:指将行时初举足的前部,然后拖着足后跟,足不离地地走,以防跌倒。凡自称于君,士、大夫,则曰"下臣";宅者在邦,则曰"市井之臣";在野,则曰"草茅之臣";庶人,则曰"刺草之臣";他国之人,则曰"外臣"。○士大夫:指在职者。宅者:指告老在家或未仕之士。在邦:指在国城中。在野:指在郊外。刺草:犹除草种田,这是农夫之事。

以上述交往之称谓及执币玉之仪。

乡饮酒礼第四

乡饮酒之礼，主人就先生而谋宾介。○主人：指诸侯的乡大夫。先生：告老辞官归乡的人。古者年七十辞官回乡，在乡学中担任教职，大夫叫父师，士叫少师，熟知乡人中的贤者、能者，所以乡大夫要跟他们商定宾、介、众宾的人选，将献其最贤者于国君，故与之饮酒而以宾礼礼之。介：副，此指辅佐宾的陪客。主人戒宾，宾拜辱，主人答拜，乃请宾。○戒：告。拜辱：拜其屈辱见己。宾礼辞，许，主人再拜，宾答拜。○礼辞：按礼节推辞。主人退，宾拜辱。○拜辱：指以拜谢其辱临。介亦如之。

以上述谋宾、戒宾之仪。

乃席宾、主人、介。○席：铺席。众宾之席皆不属焉。○属（zhǔ）：连接。不属，指众宾皆独坐。尊两壶于房户间，斯禁，有玄酒，在西，设篚于禁南，东肆，加二勺于两壶。○尊：指设酒尊、壶。房户间：东房西边，室门东边，两者之间。斯禁：承载酒尊、壶的木制器具，为长方形木盘，下有两杠，无足。东肆：由西而东陈列。宾席在窗前，南向；主人席在阼阶上，西向；介席在西阶上，东向。设洗于阼阶东南，南北以堂深，东西当东荣，水在洗东，篚在洗西，南肆。○南北以堂深：堂深，指从堂廉北至堂室之壁。这是说堂下设洗之处，以堂的深浅为标准，假令堂深二丈，洗亦去堂二丈。荣：屋翼。

以上述筵席陈设。

羹定。○羹定：肉煮熟了。羹，肉。主人速宾，宾拜辱，主人答拜，还，宾拜辱。○速：召。还：犹退。介亦如之。宾及众宾皆从之。○从：跟随。众宾：谓介亦在其中。主人一相迎于门外，再拜宾，宾答拜，拜介，介答拜。○相（xiàng）：主人的属吏，立之以为摈赞传命者。不叫摈而叫相者，主要在于赞助行礼，不在于接宾。揖众宾。主人揖，先入。○揖：揖宾。宾厌介，入门左，介厌众宾，入，众宾皆入门左，北上。○厌（yè）：长揖推手叫揖，引手叫厌。推手，指手远于胸，即双手抱拳长揖；引手，指手着于胸，即双手抱拳着胸微揖。主人与宾三揖，至于阶，

三让,主人升,宾升,主人阼阶上当楣北面再拜,宾西阶上当楣北面答拜。○三揖:将进揖,即入门将右曲(主人)左曲(宾)揖;当陈(对着东西阶的两条堂涂)揖,即将北曲揖(因门与陈不相对),故入门必再曲([转弯]然后当陈[路]);主宾各由东西陈向两阶走,至遥当碑处揖,即所谓当碑揖。当楣:指厅堂前东西两个柱子中间略靠前一点的地方。楣,房屋的横梁,即二梁,屋的正梁,前后各一。

以上述速宾、迎宾、拜至之仪。

主人坐取爵于篚,降洗,宾降。○坐:跪坐。古人席地陈设,所以取爵、奠爵必跪。主人坐奠爵于阶前,辞,宾对。○对:答。主人坐取爵,兴,适洗,南面坐奠爵于篚下,盥洗。○篚下:指篚北。宾进东,北面辞洗。○宾进东:宾从西阶下降位略南行到遥当洗器的南边时再东行几步,然后北面辞洗。主人坐奠爵于篚,兴,对。宾复位,当西序,东面。主人坐取爵,沃洗者西北面。○沃洗者:主人的属吏。古人盥洗,并用人执器盥沃,下别有器盛其弃水,故有沃洗者。西北面:主人南面洗,沃洗者西北面浇水,斜向主人。卒洗,主人一揖,一让,升。○升:俱升。宾拜洗,主人坐奠爵,遂拜,降盥。宾降,主人辞,宾对,复位,当西序。卒盥,揖、让、升,宾西阶上疑立。○疑(níng)立:正立自定的样子。主人坐取爵,实之,宾之席前,西北面献宾。○实之:指给爵盛满酒。宾西阶上拜,主人少退。○少退:略退以避其拜。宾进受爵以复位。主人阼阶上拜送爵,宾少退。荐脯醢。○荐:进。脯醢(fǔ hǎi):佐酒的菜肴。宾升席,自西方。乃设折俎。○折俎:盛放肢解节折牲体的俎。荐脯醢在宾升席前,荐折俎在宾升席后。主人阼阶东疑立,宾坐,左执爵,祭脯醢。○疑立:正立自定的样子,表示敬宾。奠爵于荐西,兴,右手取肺,却左手执本,坐,弗缭,右绝末以祭,尚左手,哜之,兴,加于俎。○却:缩。本:指肺大端(头)。弗缭:只把肺尖挽取下来祭,不用缭祭。缭祭,指用左手拿着肺的上头,右手抚摸至肺尖,然后回环旋转,把肺尖挽取下来祭。缭祭是大夫之礼,宾只是士,故不用缭祭。末:指肺尖。尚左手:左手放在上方。古人尊左,故左手在上。坐,挩手,遂祭酒。○挩(shuì):拭。兴,席末坐,啐酒。○席末:席西端末。降席,坐奠爵,拜,告旨,执爵兴。主人阼阶上答拜。○降席:从席西下。宾西阶上北面坐,卒爵,兴,坐奠爵,遂拜,执爵兴。主人阼阶上答拜。

宾降洗,主人降。宾坐奠爵,兴,辞。主人对。宾坐取爵,适洗南,北面。主人阼阶东,南面辞洗。宾坐奠爵于篚,兴,对。主人复阼

阶东,西面。宾东北面盥,坐取爵,卒洗,揖让如初,升。○如初:指一揖一让。主人拜洗,宾答拜,兴,降盥,如主人礼。○如主人礼:指如上文所述主人降盥之坐取爵之仪式。宾实爵,主人之席前东南面酢主人。○酢:客人回敬主人的献酒称酢。主人阼阶上拜,宾少退,主人进受爵,复位,宾西阶上拜送爵。荐脯醢,主人升席自北方,设折俎,祭如宾礼,不告旨。○不告旨:不称酒美。因为酒是主人自己的。自席前适阼阶上,北面坐卒爵,兴,坐奠爵,遂拜,执爵兴。宾西阶上答拜。主人坐奠爵于序端,阼阶上北面再拜崇酒,宾西阶上答拜。○崇酒:添加酒。崇,充,添酌充满之意。

主人坐取觯于篚,降洗。宾降,主人辞降。宾不辞洗,立当西序,东面。卒洗,揖,让,升,宾西阶上疑立,主人实觯酬宾,阼阶上北面坐奠觯,遂拜,执觯兴,宾西阶上答拜。○酬:劝酒。凡主人先饮以劝宾叫作酬。酬礼在宾酢主人之后,用觯不用爵,含有更新示敬之意。遂拜:表示劝酒之意。坐祭,遂饮,卒觯,兴,坐奠觯,遂拜,执觯兴。○遂饮、遂拜:自己先饮,并希望宾饮,故拜以劝之。宾西阶上答拜。主人降洗,宾降辞,如献礼,升,不拜洗。○如献礼:指如主人向宾献酒时,主人降阶洗爵至升堂之间的礼节。宾西阶上立,主人实觯,宾之席前北面,宾西阶上拜,主人少退,卒拜,进,坐奠觯于荐西。○立:亦疑立,下并同。奠觯于荐西:主人不亲授,礼亦俭省于献酒时。宾辞,坐取觯,复位,主人阼阶上拜送,宾北面坐奠觯于荐东,复位。○辞:辞谢主人奠觯。

主人揖,降,宾降,立于阶西,当序,东面。○主人揖,降:谓将与介为礼,故揖宾,表示自己将降之意。礼的通例,凡欲入、欲升、欲降必先揖以示其意。宾降:知主人将与介为礼,故谦不敢独居堂上。当序:正对着堂的西墙。主人以介揖让升拜,如宾礼。○以:与。揖让升拜:指从门左揖介升堂经过三揖、三让及升堂后当楣拜并如迎宾礼,此为简略记述。主人迎宾时介和众宾尚站立在门左(门西),所以也要经过三揖。主人坐取爵于东序端,降洗,介降,主人辞降,介辞洗,如宾礼。○如宾礼:指主人献宾时主人辞降、宾辞洗的礼节。升,不拜洗。○不拜洗:向介献酒的礼数比宾低,因而不拜洗。介西阶上立。○立:即"疑立"。主人实爵,介之席前,西南面献介。介西阶上北面拜,主人少退,介进,北面受爵,复位。主人介右北面拜送爵,介少退。○北面拜:凡堂上之拜皆北面。主人立于西阶东,荐脯醢。介升席自北方,设折俎,祭如宾礼,不啐肺,不啐酒,不告旨。自南方降

席,北面坐,卒爵,兴,坐奠爵,遂拜,执爵兴。主人介右答拜。

介降洗,主人复阼阶,降辞,如初。○复:返回。如初:如宾酢之时。指介辞主人从己降,主人辞介为己洗。卒洗,主人盥。○主人盥:谓介卑于宾,不敢酌酢主人,只给主人空爵,由主人自酌,故洗手。介揖让升,授主人爵于两楹之间。介西阶上立,主人实爵,酢于西阶上,介右坐奠爵,遂拜,执爵兴。○酢于西阶上:主人承介意自酢。介答拜,主人坐祭,遂饮,卒爵兴,坐奠爵,遂拜,执爵兴,介答拜。○介答拜:主人拜才答拜,也还是不敢酌酢主人之意。主人坐奠爵于西楹南,介右再拜崇酒,介答拜。

主人复阼阶,揖降,介降,立于宾南。主人西南面三拜众宾,众宾皆答一拜。主人揖升,坐取爵于西楹下,降洗,升,实爵,于西阶上献众宾,众宾之长升拜受者三人。○主人揖升:主人自升,众宾不升,仍在堂下。至主人到西阶上献爵,众宾才一一升受之。众宾之长升拜受者三人:宾众宾中年长者三人升堂拜受爵,这就是三宾。主人拜送。坐祭,立饮,不拜既爵,授主人爵,降,复位。○既爵:喝尽爵中的酒。复位:指复西阶下的位。众宾献,则不拜受爵,坐祭,立饮。○众宾:三宾以下。每一人献,则荐诸其席。○每一人献:指三宾中的每一位接受献酒时。荐:进献。众宾辩有脯醢。○辩:通"遍"。主人以爵降,奠于篚。○奠于篚:放在篚中。指不复用。

以上述主人献宾,介、众宾酬酢之仪。

揖,让,升,宾厌介升,介厌众宾升,众宾序升,即席。○揖,让,升:主人单独与宾一揖,一让,升。厌:引手揖。序升:按次序升堂。一人洗,升,举觯于宾。○一人:此指主人的属吏,相礼的人。举觯:举起饮觯中的酒,表示旅酬的开始,即开始进酒。实觯,西阶上坐奠觯,遂拜,执觯兴,宾席末答拜。坐祭,遂饮,卒觯,兴,坐奠觯,遂拜,执觯兴,宾答拜。降洗,升,实觯,立于西阶上,宾拜。○宾席末答拜:指在席西南面。此实觯、遂拜、坐祭、遂饮、卒觯,都是举觯者自饮以导宾。进,坐奠觯于荐西,宾辞,坐受以兴。○宾辞:辞不亲授。兴:因相礼者将拜,须退避拜之故。依礼,地位相当的双方才能接受爵觯。地位卑者对于尊者只能"奠觯(爵)",不敢亲授,此时如果尊者辞谢,则卑者可以亲授。这里因赞礼者地位太低,所以始终不敢亲授,宾也只能坐而受之。举觯者西阶上拜送,宾坐奠觯于其所。○举觯者:上文的"一人",相礼者。其所:指荐的西边。举觯者降。○降:事毕下阶。

以上述主人属吏举觯敬宾。

设席于堂廉,东上。○此为乐工布席。堂廉:堂的侧边,即堂基的边沿。这里指堂基的南边。工四人,二瑟,瑟先,相者二人,皆左何瑟,后首,挎越,内弦,右手相。○工四人:谓大夫的乐工规定为四人。工,指乐工。二瑟:二人鼓瑟。歌者亦二人。瑟先:瑟工走在前,歌工在后。相(xiàng)者二人:鼓瑟的是盲人,故需人相扶。每工一人,以其弟子为之,并背瑟。后首:瑟之首在后。何(hè):古"荷"字,背负。挎越:用指钩住瑟底下的小孔。挎(kū),用手指钩着。越(huó),瑟底的小孔。内弦:弦向内,侧着背。乐正先升,立于西阶东。○乐正:掌管音乐的官。工入,升自西阶,北面坐,相者东面坐,遂授瑟,乃降。工歌《鹿鸣》《四牡》《皇皇者华》。○《鹿鸣》《四牡》《皇皇者华》:这三者都是《诗经·小雅》篇名。《鹿鸣》是"燕群臣嘉宾"的乐歌,《四牡》是"劳使臣之来"的乐歌,《皇皇者华(huá)》是"君遣使臣"的乐歌。这就是《礼记·乡饮酒义》所说的"升歌三终",即升堂歌此三篇诗。古以歌一篇诗完为一终,歌三篇完,故叫"三终"。卒歌,主人献工,工左瑟,一人拜,不兴受爵,主人阼阶上拜送爵。○一人:指四人中年长的人。荐脯醢,使人相祭。○使人相祭:派人帮助他们祭酒、祭脯醢。相,助。工饮,不拜既爵,授主人爵。○既爵:尽爵,犹言干杯。不拜既爵:本来喝完了酒要下拜,叫"卒爵拜"。乐工贱,故不拜既爵。众工则不拜受爵,祭,饮,辩有脯醢,不祭。○众乐工又比上面四工省,只是献酒礼重,故祭,脯醢则不祭。辩:通"遍"。大师则为之洗,宾介降,主人辞降,工不辞洗。○大(tài)师:乐工之长。天子、诸侯有常官,天子的大师是下大夫,诸侯的大师是上士。大夫没有常官,如果君赐给他乐及乐人,那乐工之长也叫作大师,这才为他洗爵,因为尊敬他。工:这里指大师。

笙入,堂下磬南,北面立,乐《南陔》《白华》《华黍》。○笙:吹笙的人。堂下之乐,笙为主,磬在堂下阼阶前略西一点的地方。笙在磬的南边。《南陔(gāi)》《白华(huā)》《华黍》:这三者都是《诗经·小雅》中的篇名。只存目而无诗。《南陔》歌"孝子相戒以养",《白华》歌"孝子之洁白",《华黍》歌"时和年丰宜黍稷"。乐:奏。吹笙的人进到堂下吹奏《南陔》等三篇诗,就是《礼记·乡饮酒义》所说的"笙入三终"。主人献之于西阶上。一人拜,尽阶,不升堂,受爵,主人拜送爵。○一人:指吹笙中年长的人。吹笙者三人,和一人,共四人。尽阶:指登上最后一级阶。此主人是乡大夫,阶当为第五级。阶前坐祭,立饮,不拜既爵,升,授主人爵。众笙则不拜受爵,坐祭,立饮,辩有脯醢,不祭。○众笙:指除"一人"外其余三位吹笙者。

乃间歌《鱼丽》,笙《由庚》;歌《南有嘉鱼》,笙《崇丘》;歌《南山有台》,笙《由仪》。○间(jiàn)歌:更迭歌奏。指堂上鼓瑟一歌,堂下吹笙一曲,更代歌奏。《鱼丽》等六者都是《诗经·小雅》篇名。存目而无诗。《鱼丽(lí)》歌"万物盛多,能备礼

也",此歌主人物多酒美,优待宾客;《南有嘉鱼》歌"乐与贤也",指天下太平,乐与贤者共之,此歌赞主人能礼贤下士;《南山有台》歌"乐得贤也",此歌赞主人爱友贤者为邦家之基。《由庚》《崇丘》《由仪》:三者今佚。《由庚》歌万物得由其道,《崇丘》歌万物极其高大,《由仪》歌万物生长各得其宜。这是《礼记·乡饮酒义》所说的"间歌三终"。

乃合乐。《周南》:《关雎》《葛覃》《卷耳》;《召南》:《鹊巢》《采蘩》《采蘋》。○合乐:指歌乐和各种乐器都奏唱起来,即堂上有歌瑟,堂下有笙磬合奏这六篇诗。《周南》《召南》:均为《国风》的篇名,为《国风》之首,系王后、国君夫人房中的乐歌。《关雎》是说后妃之德的,《葛覃》是说后妃之职的,《卷耳》是说后妃之志的。这三篇诗是《周南》之首。《鹊巢》是说侯国国君夫人之德的,《采蘩》是说侯国国君夫人不失职的,《采蘋》是说卿大夫之妻能遵循法度的。这六篇诗,古人认为是夫妇的规则、生民的根本、王政的开端,也是教化的源头,所以古代国君和臣下及四方的来宾宴会时用它们合乐演奏。这就是《礼记·乡饮酒义》所说的"合乐三终"。**工告于乐正曰:"正歌备。"**○工:指乐工之长。正歌:宴酒时献酒、酬酒正式用的歌。备:齐备。此指歌乐完毕。**乐正告于宾,乃降。**○降:指正歌已完,没有事了,故下阶站在西阶的东边北面。

以上述升歌、笙奏、合乐乐宾之仪。

主人降席自南方,侧降,作相为司正。○侧降:独降,宾、介不从降,因降是为立司正以监酒仪,属主人的事情,故不从降。作:使。相:前一相,迎宾门外的人。司正:正宾主之礼的人。因主人将留宾行旅酬之礼,恐有懈怠失仪,故立司正来监督。**司正礼辞,许诺。主人拜,司正答拜。主人升,复席。司正洗觯,升自西阶,阼阶上北面受命于主人。主人曰:"请安于宾。"司正告于宾,宾礼辞,许。**○请安:请留下。安,止。**司正告于主人,主人阼阶上再拜,宾西阶上答拜,司正立于楹间以相拜,皆揖,复席。**○再拜:拜宾同意留下。相拜:指赞助主人和宾行拜礼。当在宾主拜前,此在宾主拜后者,为行文的方便。

司正实觯,降自西阶,阶间北面坐奠觯,退共,少立。○阶间:堂下两阶之间东西相等、南北当中庭的地方。共(gǒng):拱手。少:通"稍"。**坐取觯,不祭,遂饮。卒觯,兴,坐奠觯,遂拜;执觯兴,盥洗;北面坐奠觯于其所,退立于觯南。**○盥:衍字,当删。

宾北面坐取俎西之觯,阼阶上北面酬主人。主人降席,立于宾东。○立于宾东:这是正献之后的旅酬之仪,旅酬同阶,故主立于宾东,礼省于正酬时。**宾坐奠觯,遂拜,执觯兴,主人答拜。不祭,立饮,不拜卒觯,不洗,实觯,东南面授主人。**○凡旅酬,皆拜,不祭,立饮。**主人阼阶上拜,宾少退,主人受觯,**

宾拜送于主人之西,宾揖,复席。○复席:回到自己的席位。

主人西阶上酬介,介降席自南方,立于主人之西,如宾酬主人之礼。主人揖,复席。○主人得宾觯未饮,西阶上酬介,亦先拜介,然后自饮、实觯、授介。

司正升相旅,曰:"某子受酬。"受酬者降席。○旅:顺序。即旅酬,指众人按照次序相互敬酒。于是介酬众宾,众宾又依次相互酬酒。相旅:指监察旅酬,恐有失礼。宾主及介旅酬不监,因为主人和宾介习礼久,不致失礼,同时也为了尊敬他们。某:众宾姓,同姓则以伯、仲区别之,又同则以其字名相区别。司正退,立于序端,东面。○序端:堂上西边墙头处。受酬者自介右。○介右:介东,北面以东为右。凡授受之法,授给从右方。接受从左方。此第一个众宾受介酬,本应从介左受,可是从介右受,因介位在此,为了尊重介,使不失位,故改从右受。自介右:右后省"受"字。众受酬者受自左。拜,兴,饮。皆如宾酬主人之礼。辩,卒受者以觯降,坐奠于篚。○辩:通"遍",周遍。遍及堂下的每位众宾。司正降,复位。

以上述旅酬之仪。

使二人举觯于宾、介,洗,升,实觯于西阶上,皆坐奠觯,遂拜,执觯兴,宾、介席末答拜。○二人:主人的属吏,相礼者。一举觯给宾,一举觯给介,均先自酢导饮。皆坐祭,遂饮,卒觯,兴。坐奠觯,遂拜,执觯兴。宾、介席末答拜。逆降,洗,升,实觯,皆立于西阶上,宾、介皆拜。○逆降:后升者先降。皆拜:席末拜,指宾在席西,南面;介在席南,东面。皆进,荐西奠之,宾辞,坐取觯以兴。○皆进:一人往宾席,把觯放在所荐脯醢的西边;一人往介席,把觯放在荐的南边。介则荐南奠之,介坐受以兴。○取、受:宾说取,介说受,尊卑异文。退,皆拜送,降。宾、介奠于其所。

司正升自西阶,受命于主人,主人曰:"请坐于宾。"○请坐于宾:犹言请宾坐下。坐,坐饮。在此以前都是站着行礼,久而疲劳,故主人使司正请他们坐下。宾辞以俎。○辞以俎:因俎是礼器中贵重的,当俎而坐是亵慢的行为,所以宾辞以俎,表示不敢坐。主人请彻俎,宾许。○请彻俎:顺宾意以安定宾心。司正因又向宾传达主人的意见。司正降阶前,命弟子俟彻俎。○阶前:西阶前。弟子:宾之年幼者。俟:等待。彻俎:俎是主人的属吏所设。今使弟子等候撤俎,说明撤俎是宾的意思。司正升,立于序端。宾降席,北面;主人降席,阼阶上北面;介降席,西阶上北面;遵者降席,席东,南面。○降席:谓均站着等待撤俎。遵者:本乡官至大夫特来观礼的人。主人邀请其与会乐宾,是因为其仪表足以令人遵循、效法,故称。遵者的席在东房前所

设两壶的东边。宾取俎,还授司正,司正以降,宾从之。○还授:还(xuán),旋转,回身。俎在席前,向席取俎后,必旋转其身授给接的人。主人取俎,还授弟子,弟子以降,自西阶,主人降自阼阶。介取俎,还授弟子,弟子以降,介从之。若有诸公、大夫,则使人受俎,如宾礼。○使人受俎:人,也是弟子。众宾皆降。○众宾皆降:众宾席无俎,从降,因将设宴之故。

以上述彻俎之仪。

说屦,揖让如初,升,坐。○说屦:说,通"脱"。凡堂上行礼之法,是站着行礼,不脱屦,坐就脱屦。屦不能空着在堂上,所以必须下阶脱了才上来。如初:指如初升阶。不同的是以前升是站立,现在升是坐。乃羞。○羞:进,献上。所进的,是狗臡和醢。无筭爵。无筭乐。○无筭(suàn)爵:筭,同"算",数。宾主宴饮,爵行无数,醉而止。无筭乐:奏乐无数,尽欢为止。

以上述坐宴之仪。

宾出,奏《陔》。○《陔》:指《陔夏》,乐章名。《周礼》钟师所掌,宾出而奏之,惧其失礼,故奏《陔夏》戒之。主人送于门外,再拜。○门东西面拜,宾、介不答拜。

以上述宾出之仪。

宾若有遵者,诸公、大夫,则既一人举觯,乃入。○遵者:指诸公、大夫来观礼者,所以也叫作宾。但限在一人举觯后入,不能干扰正礼。周时,天子有三公(大师、大傅、大保)辅助天子掌握军政大权,又有三孤(少师、少傅、少保),为三公的副职。大国只有三孤,没有三公。这里的"公",指三孤而言。席于宾东,公三重,大夫再重。○三重、再重:都用蒲席,黑布缘边。三重,即三层席;再重,即两层席。公如大夫入,主人降,宾介降,众宾皆降,复初位。○如:或。复初位:复阶西东面的位。主人迎,揖,让,升,公升如宾礼,辞一席,使一人去之。○如宾礼:指拜至、献爵、酢爵跟宾的礼节一样。辞一席:指三重席请去掉一重。大夫则如介礼。○如介礼:指入门、升堂、献、酢等皆如同介礼。有诸公,则辞加席,委于席端,主人不彻;无诸公,则大夫辞加席,主人对,不去加席。○加席:席上席。古人设席,铺在地上垫底的竹席叫作筵,在竹席上加上蒲席叫作席,两者合起来叫作重席。士一般用重席;大夫再重,即在重席上加上一床蒲席;公三重,即在重席上加上两床蒲席。委:卷曲。不去加席:再重去掉一席,就跟普通席一样,不足以表示大夫的尊贵,所以不去加席。

以上补述遵者入席之仪。

明日,宾服乡服以拜赐。○明日:次日,第二天。乡服:指昨日所穿之朝服。主人如宾服以拜辱。○如宾服:和宾一样,亦穿朝服。拜辱:拜谢宾亲自屈尊来见。主

人释服，乃息司正。○释服：脱朝服，穿玄端服。因为将犒劳司正，礼降于前，故穿玄端服。息：慰劳，此指用酒食慰劳。乡饮酒礼完了，乃设酒宴慰劳司正等所有赞礼的人，司正为宾。**无介，不杀，荐脯醢，羞唯所有，征唯所欲，以告于先生君子，可也。** ○不杀：不杀牲。羞：佳肴，此指所进食物。征：召。告：请。先生：指年老从事教学的人，因筋力衰，行正礼不能参加，此宴不需要费力，故可以请来。君子：指乡中有德行的人。**宾、介不与。** ○与：参与。乡饮酒礼所请的宾和介不参加这个宴会。**乡乐唯欲。** ○乡乐：指《周南》《召南》中的六篇。如果要奏乐章，那么乡乐是可以随意奏的，可以不拘次序。

以上述拜赐、拜辱、息司正之仪。

【记】

乡朝服而谋宾、介，皆使能，不宿戒。○乡：指乡大夫。朝服：指冠玄端、缁带、素韠、白屦。使能：指举贤能。使，举。宿戒：不在行礼的前一天再请。戒，告诉。

蒲筵，缁布纯。 ○纯（zhǔn）：缘边。**尊，绤幂，宾至彻之。** ○绤（xì）幂：用粗葛布蒙酒尊。绤，葛布。幂，盖酒尊的巾。**其牲，狗也，亨于堂东北。** ○亨：后写作"烹"，煮。**献用爵，其他用觯。** ○献酒、酢酒用爵，其他酬酒、举觯等用觯。爵尊，不能亵用，故只用于献酒（包括酢酒）。**荐脯五挺，横祭于其上，出自左房。** ○挺：或作"脡"，干肉条，长尺二寸。荐脯用笾盛，别有半挺，横放在五条干肉上，用作祭祀。左房：东房。**俎由东壁，自西阶升。** ○俎：盛有狗肉的俎。狗肉在东壁之北烹煮熟了就把它升载到俎里面。**宾俎，脊、胁、肩、肺；主人俎，脊、胁、臂、肺；介俎，脊、胁、肫、胳、肺。** ○肩：动物的前腿根部分。臂：动物的前肢。宾俎用肩，主人俎用臂，尊宾。肫（chún）：后体股骨的一部分。胳：牲畜的后胫骨。介俎用胳，又卑于主人。其间前胫还有臑，后胫还有肫，而介不用者，因为要留作大夫俎。凡牲体前面的胫骨（自膝至脚跟的部分）有三：肩、臂、臑（nào）；后面的胫骨有二：肫、胳。尊者的俎用尊骨，卑者的俎用卑骨。**肺皆离，皆右体，进腠。** ○肺皆离：肺皆离割而不绝也。进腠：肉皮向上。

以上补记器具牲羞之类礼仪。

以爵拜者，不徒作。 ○以爵拜者：指凡奠爵拜执爵兴的。不徒作：是说不空起，起必有所事。**坐卒爵者，拜既爵；立卒爵者，不拜既爵。** ○坐卒爵者，拜既爵：坐着喝完酒的人，指主人和宾介，喝完酒要下拜。主人和宾、介身份较贵，礼隆重。立卒爵者：站着喝完酒的人，指众宾以下，身份较低，礼简，故喝完爵中的酒不拜。**凡奠者，于左；将举，于右。众宾之长一人辞洗，如宾礼。** ○一人：指三宾之中年长的人。**立者，东面，北上；若有北面者，则东上。** ○若有北面者：指贤者多，堂下面朝东站不下，就要站到门西、面朝北。**乐正与立者，皆荐以齿。** ○与立者：与乐正站在一起的

人,此指相礼的人。荐以齿:根据年龄大小,献酒和进脯醢。**凡举爵,三作,而不徒爵。**○三作:三次执爵或觯起身。不徒爵:不光是有爵,而且要荐脯醢。谓献宾、献大夫、献工皆有荐。**乐作,大夫不入。**○大夫进来,当在一人举觯之后、未乐作之前,以助主人乐贤。乐作之后,那就后于乐贤者了,故不入。**献工与笙,取爵于上篚;既献,奠于下篚。**○工:指歌工和瑟工。笙:指吹笙的乐人。上篚:指堂上东房的篚。上篚三爵:献宾、献介、献堂上堂下众宾,献毕,降,奠于下篚,此一爵;献工与笙,献毕,降,奠于下篚,此二爵;献大夫,此三爵。此说明献宾、献大夫、献工各不同爵。下篚:堂下洗西的篚。**其笙,则献诸西阶上。磬,阶间缩霤,北面鼓之。**○阶间:堂下东西阶之间。缩霤:缩,纵,霤以东西为纵;霤(liù),屋檐下接水的长槽,此指磬悬在堂下东西两阶之间,上当堂的南霤。北面鼓之:站在磬的南边面朝北敲打。**主人、介,凡升席自北方,降自南方。司正,既举觯,而荐诸其位。**○司正:主人的属吏,跟正宾不同,所以对他不献爵。有荐是因为他为司正举觯之故,所以有脯醢之荐。**凡旅,不洗。**○旅:旅酬。一人举觯为旅酬之始,一人举觯后,均不洗,礼俭省于前。**不洗者不祭。既旅,士不入。**○既旅:旅酬已经开始,后于正礼,所以不入。士:指来观礼者。**彻俎,宾、介、遵者之俎,受者以降,遂出授从者。**○从者:宾、介、遵者的随从。**主人之俎,以东。**○主人的俎,拿到东壁藏起来。**乐正命奏《陔》,宾出,至于阶,《陔》作。若有诸公,则大夫于主人之北,西面。主人之赞者,西面,北上,不与,无筭爵然后与。**○赞者:主人的属吏,佐助主人有关乡饮酒礼诸事。与:参与。主人的赞者不参与正礼的献饮,行无算爵时,才能参与宴饮。筭:同"算"。

以上补记礼乐的礼节。

乡射礼第五

乡射之礼。主人戒宾,宾出迎,再拜,主人答再拜,乃请。○主人:州长。诸侯的州长,以士为之。宾:州中德行、道艺堪为民表率或出仕于公为士的人。**宾礼辞,许,主人再拜,宾答再拜,主人退,宾送,再拜。**○退:还州序(州的学宫),检查射事。乡射礼在州学序进行。**无介。**

以上述戒宾之仪。

乃席宾,南面,东上。众宾之席继而西。○继:继宾席。**席主人于阼阶上,西面。尊于宾席之东,两壶,斯禁,左玄酒,皆加勺;篚在其南,东肆。**○尊:此指摆设酒壶。摆设的方法面向北,以西(左)为上,故玄酒壶在西,醴酒壶在东。斯禁:承放酒器的木制器具,为长方形木盘,下有两杠,无足。篚:贮藏爵和觯等的圆形竹器,在酒壶南,东向陈之,首在西。肆:陈列、摆放。**设洗于阼阶东南,南北以堂深,东西当东荣。水在洗东。篚在洗西,南肆。县于洗东北,西面。**○县:后写作"悬",这里指悬挂的磬。乡饮酒礼没有射的事情,故磬悬在阶间,今避射位,故磬悬在洗的东北。**乃张侯,下纲不及地武。**○侯:箭靶,布制。纲:把侯的舌(即布上下左右四边伸出的部分)系在两根木杆上的绳子。武:足迹。中等人的足迹有一尺二寸。**不系左下纲,中掩束之。**○不系左下纲:侯以左为尊,所以还没有到射的时候就不把它系起来。中掩束之:中即侯身,箭靶的中心。将侯左下方的绳子(即左下纲)向斜上方掩折,把它系在右上方的木杆上,把侯的中部盖住。**乏参侯道,居侯党之一,西五步。**○乏:古代行射礼时,唱靶人(获者)用来护身的器具;用皮革制成,像小屏风,箭射到时力已减弱,故称乏。"之一"二字当在"参侯道"下,应为"乏,参侯道之一,居侯党西五步"。乡射侯的侯道五十弓,弓制六尺,和步相同,所以也说"五十步",侯道全长三十丈。参侯道之一,即"三分侯道中的一分",就是十丈。居:处。党:偏近。五步:三丈。乡射设侯的地方距离堂三十丈,那么"乏"就南北的方向来说,设在北边距离侯十丈、距离堂二十丈的地方;就东西的方向来说,设在偏离侯的西边三丈的地方。

以上述射场的陈设。

羹定。○羹定：肉煮熟了。羹，此指狗肉。主人朝服，乃速宾。○速：召。宾朝服出迎，再拜，主人答再拜，退，宾送，再拜。宾及众宾遂从之。

及门，主人一相出迎于门外，再拜，宾答再拜。○相：主人的属官，傧赞传命者。揖众宾。○众宾：位略卑于宾，可能是乡人中没有爵位的。主人以宾揖，先入。○以：与。宾厌众宾，众宾皆入门左，东面，北上。宾少进。主人以宾三揖，皆行，及阶，三让，主人升一等，宾升。主人阼阶上当楣北面再拜，宾西阶上当楣北面答再拜。○楣：横梁。

以上述速宾、迎宾、拜至之仪。

主人坐取爵于上篚，以降。宾降。主人阼阶前西面坐奠爵，兴辞降。宾对。主人坐取爵，兴，适洗，南面坐奠爵于篚下，盥，洗。宾进，东北面辞洗。主人坐奠爵于篚，兴，对，宾反位。主人卒洗，一揖，一让，以宾升，宾西阶上北面拜洗。主人阼阶上北面奠爵，遂答拜，乃降。宾降，主人辞降，宾对。主人卒盥，一揖，一让，升，宾升，西阶上疑立。○疑（níng）立：站着不动。主人坐取爵，实之宾席之前，西北面献宾。宾西阶上北面拜，主人少退。宾进，受爵于席前，复位。主人阼阶上拜送爵，宾少退。荐脯醢。宾升席自西方，乃设折俎。○折俎：指盛放肢解节折牲体的俎。主人阼阶东疑立。宾坐，左执爵，右祭脯醢，奠爵于荐西，兴，取肺，坐，绝祭。○绝祭：左手执肺的下部，右手扭断肺尖以祭。尚左手，哜之，兴，加于俎，坐挩手，执爵；遂祭酒，兴，席末坐啐酒；降席，坐奠爵，拜，告旨。○哜：尝。挩（shuì）：拭。啐酒：小口尝了口酒。告旨：称赞酒美。执爵兴，主人阼阶上答拜，宾西阶上北面坐卒爵，兴，坐奠爵，遂拜，执爵兴。主人阼阶上答拜。

宾以虚爵降，主人降。○虚爵：空的酒爵。这是宾刚饮用过的，为示洁敬，所以下堂洗爵。主人降：主人从宾降。宾西阶前东面坐奠爵，兴，辞降。主人对。宾坐取爵，适洗，北面，坐奠爵于篚下，兴，盥，洗。○篚下：指篚北。主人阼阶之东、南面辞洗，宾坐奠爵于篚，兴，对，主人反位。○反位：指阼阶下东边西面之位。宾卒洗，揖让如初，升。主人拜洗，宾答拜，兴，降盥，如主人之礼。宾升，实爵主人之席前，东南面酢主人。○酢：客酌酒回敬主人。主人阼阶上拜，宾少退，主人进受爵，复位，宾西阶上拜送爵。荐脯

醮,主人升席自北方,乃设折俎,祭如宾礼,不告旨。○祭如宾礼:指祭脯醢(祭荐)、祭肺(祭俎)、祭酒及啐肺、啐酒等。自席前适阼阶上,北面坐卒爵,兴,坐奠爵,遂拜,执爵兴。宾西阶上北面答拜。主人坐奠爵于序端,阼阶上再拜崇酒,宾西阶上答再拜。○崇酒:加满酒。

主人坐取觯于篚以降。宾降,主人奠觯,辞降,宾对,东面立。主人坐取觯,洗,宾不辞洗。○宾不辞洗:因主人将自饮。卒洗,揖,让,升,宾西阶上疑立,主人实觯,酬之,阼阶上北面坐奠觯,遂拜,执觯兴。宾西阶上北面答拜,主人坐祭,遂饮,卒觯,兴,坐奠觯,遂拜,执觯兴。宾西阶上北面答拜。○遂饮:先自饮以劝酒,所谓先干为敬。主人降洗,宾降辞,如献礼。升,不拜洗。○不拜洗:酬礼较献礼俭省,故不拜洗。宾西阶上立。主人实觯宾之席前,北面,宾西阶上拜,主人坐奠觯于荐西。宾辞,坐取觯以兴,反位。○宾辞:辞谢主人又亲自回敬酒。主人阼阶上拜送,宾北面坐奠觯于荐东,反位。

以上述主人与宾献、酢、酬之仪。

主人揖,降。宾降,东面立于西阶西,当西序。主人西南面三拜众宾,众宾皆答一拜。○主人三拜:示遍拜。主人揖,升,坐取爵于序端。○爵:宾酢主人时主人置放的。降洗,升,实爵,西阶上献众宾,众宾之长升拜受者三人。主人拜送。坐祭,立饮,不拜既爵,授主人爵,降,复位。○复位:复堂下西边宾南之位。众宾皆不拜受爵,坐祭,立饮。○自第四人以下也都登堂受爵,但不拜受爵。每一人献,则荐诸其席。○每一人献:此指堂上有席的三宾中每一位接受献酒的时候。荐诸其席:荐脯醢于三宾之席。众宾辩有脯醢。○众宾:指堂下无席者。辩:通"遍"。主人以虚爵降,奠于篚。

以上述主人献众宾之仪。

揖,让,升。宾厌众宾升,众宾皆升,就席。一人洗,举觯于宾,升,实觯,西阶上坐奠觯,拜,执觯兴,宾席末答拜。○一人:指主人的属吏,赞礼者。举觯者坐祭,遂饮,卒觯,兴,坐奠觯,拜,执觯兴,宾答拜。降洗,升,实之,西阶上北面。宾拜,举觯者进,坐奠觯于荐西。○坐奠觯于荐西:举觯者地位低,不敢亲授尊者,所以放在荐西。宾辞,坐取以兴。举觯者西阶上拜送,宾反奠于其所,举觯者降。

以上述一人举觯之仪。

大夫若有遵者，则入门左。○遵者：指乡中做大夫的人。周王朝以礼乐化民，欲人民遵法他们，故称遵者。入门左：遵者不在门外等候主人迎接，直接入门左，礼减于正宾。**主人降，宾及众宾皆降，复初位。**○降：下堂到门内迎接遵者。复初位：复初入门内站在门西（即门左）东面的位置，等候大夫升堂。**主人揖让，以大夫升，拜至；大夫答拜。**○主人揖让：指用迎正宾之礼，从三揖三让以至一揖一让的礼节。**主人以爵降，大夫降，主人辞降，大夫辞洗，如宾礼。席于尊东。**○尊东：所设酒尊的东边。因州序（学宫）没有房、室，故以酒尊表示设席的位置。**升，不拜洗，主人实爵，席前献于大夫，大夫西阶上拜，进，受爵，反位。主人大夫之右拜送。大夫辞加席，主人对，不去加席。**○加席：席上再加一重席，称加席，表示尊重。**乃荐脯醢。大夫升席，设折俎，祭如宾礼，不啐肺，不啐酒，不告旨，西阶上卒爵，拜，主人答拜。**○凡说"不"者，礼减于宾。**大夫降洗，主人复阼阶，降辞，如初。卒洗，主人盥，揖，让，升，大夫授主人爵于两楹间，复位。**○爵：指空爵。不亲自斟酒，跟介一样。**主人实爵，以酢于西阶上，坐奠爵，拜，大夫答拜。**○酢：客人（遵者）用酒回报主人。**坐祭，卒爵，拜，大夫答拜。主人坐奠爵于西楹南，再拜崇酒，大夫答拜。主人复阼阶，揖，降。大夫降，立于宾南。**○立于宾南：大夫虽尊，但由于是观礼，故降于正宾。**主人揖，让，以宾升，大夫及众宾皆升，就席。**

以上述遵者入献酢之仪。

席工于西阶上，少东。乐正先升，北面立于其西。工四人，二瑟，瑟先；相者皆左何瑟，面鼓，执越，内弦，右手相；入，升自西阶，北面，东上。○何：同"荷"。面鼓：可以叩击之处在前，指瑟首在前。执越：钩住瑟下孔。越（huó），瑟底小孔。右手相：相者用右手扶住乐工。**工坐，相者坐授瑟，乃降。笙入，立于县中，西面。**○县中：磬东。县，后写作"悬"，指悬挂钟磬的架子，这里指代钟磬。执笙者站在磬东，面朝西，便于合奏。**乃合乐，《周南》：《关雎》《葛覃》《卷耳》，《召南》：《鹊巢》《采蘩》《采蘋》。工不兴，告于乐正，曰："正歌备。"**○不兴：工是盲人，所以礼可俭省，不用站起来。正歌备：正歌也指所歌的《周南》《召南》《小雅》等篇，都是《风》《雅》之正。备，齐备、完成。**乐正告于宾，乃降。**

以上述合乐乐宾之仪。

主人取爵于上篚，献工，大师，则为之洗。○上篚：堂上之篚。大师：太师，

乐工之长。他的身份跟一般乐工不同,是比较尊贵的。**宾降,主人辞降。工不辞洗。**○工不辞洗:工,指太师。因为是盲人,所以既不从降,也不辞洗。**卒洗,升,实爵,工不兴,左瑟,一人拜受爵。**○左瑟:把瑟放在左边,身在瑟右向主人,因为要避主人授爵。拜受爵:有太师就太师受爵,没有太师就众乐工中的年长者一人受爵。**主人阼阶上拜送爵,荐脯醢,使人相祭。工饮,不拜既爵,授主人爵。众工不拜受爵,祭,饮,辩有脯醢,不祭。不洗,遂献笙于西阶上。笙一人拜于下,尽阶,不升堂,受爵,主人拜送爵;阶前坐祭,立饮,不拜既爵;升,授主人爵。众笙不拜,受爵,坐祭,立饮,辩有脯醢,不祭。主人以爵降,奠于篚,反升,就席。**

以上述献工与笙之仪。

主人降席自南方,侧降。○侧降:独降。因主人降是为立司正,宾不从降。**作相为司正,司正礼辞,许诺。**○作:使。相:此前在门口迎宾的相。司正:饮酒时临时设立的正主宾之礼的官。**主人再拜,司正答拜。主人升,就席。司正洗觯,升自西阶,由楹内适阼阶上,北面受命于主人。**○楹内:楹北。**西阶上北面请安于宾。**○请安于宾:这是传主人之命,请宾安坐。**宾礼辞,许,司正告于主人,遂立于楹间以相拜。主人阼阶上再拜,宾西阶上答再拜,皆揖,就席。司正实觯,降自西阶,中庭北面坐奠觯,兴,退,少立;进,坐取觯,兴;反坐,不祭,遂卒觯,兴;坐奠觯,拜,执觯兴;洗,北面坐奠于其所,兴;少退,北面立于觯南。未旅。**○未旅:是说众人未按次序递相酬酒。本应旅酬,因射,恐醉影响射事,所以不旅酬先射。

三耦俟于堂西,南面,东上。○三耦:凡射,两人并射叫作耦。天子六耦,诸侯四耦,大夫、士三耦,叫作正耦。乡射正耦三,用六人。此时虽有三耦的人数,但还没有确定同耦的人,因此俟此以待司射比耦。**司射适堂西,袒、决、遂,取弓于阶西,兼挟乘矢,升自西阶,阶上北面告于宾,曰:"弓矢既具,有司请射。"**○司射:主人的属吏,临时设立掌管射事。袒:脱去左上衣,露出左臂。决:通"抉"。射箭用以钩弦的器具,用象骨制成,也叫扳指,套在右手大拇指上。遂:射箭时穿在左臂上的射鞲(gōu),即护臂,用皮革制成。遂,又叫拾,但两者略有区别,一般穿时叫遂,脱时叫拾。挟:夹箭在第二、三指之间。乘矢:四支箭。有司:指司马,主管射礼。诸侯的州长没有司马,所以说有司,用来称主管射礼的人。**宾对曰:"某不能,为二三子许诺。"**○某不能:谦辞,意思是我能力不够。二三子:指众宾以下。**司射适阼阶上,东北面告于主人,曰:"请**

射于宾,宾许。"

司射降自西阶,阶前西面,命弟子纳射器。○弟子:宾里面的年幼者,即州学中的学生。纳:入。射器:弓箭之属。乃纳射器,皆在堂西,宾与大夫之弓倚于西序,矢在弓下,北括。○西序:与下面"东序东"相对为文,当脱一"西"字,应为"西序西",即西堂的西边。括:箭的末端受弦处。众弓倚于堂西,矢在其上,主人之弓矢在东序东。○东序东:东堂的东边。

司射不释弓矢,遂以比三耦于堂西。○比:指排次比较而选出。三耦之南,北面,命上射,曰:"某御于子。"○上射:凡耦,尊者立右为上射,武事尚右,左为下。某指下射。御:侍射。命下射,曰:"子与某子射。"○某子:犹言某君。子,尊称。上射尊于下射,故上射称某子,下射称某。

司正为司马。○司正主饮酒之礼,司马主射礼,先前立司正是为了旅酬,此时已转入射事,故令司正改任司马。司马命张侯,弟子说束,遂系左下纲。○张侯:张开箭靶。说:通"脱"。束:指上文掩束侯中心的绳结。司马又命获者倚旌于侯中。○获者:报靶的人。旌:报靶者所执之旗。侯中:侯北正中的地方。获者由西方,坐取旌,倚于侯中,乃退。○坐取:跪取。旌放在地上,故须跪取。乃退:指退到侯西设乏的地方。

乐正适西方,命弟子赞工迁乐于下。○赞:帮助。迁乐:搬迁乐器,避射位。弟子相工如初入,降自西阶,阼阶下之东南,堂前三笴,西面北上坐。○如初入:亦如上升堂时,左何瑟、面鼓、执越、内弦、右手相。堂前三笴(gě):笴,箭杆,长三尺。这是说处在堂前三笴的位置。乐正北面,立于其南。

以上述射前准备、乐正迁乐之仪。

司射犹挟乘矢,以命三耦:"各与其耦让取弓矢,拾。"○乘矢:四支箭。让:揖让。射的顺序是上射先、下射后,此处教其揖让只是礼节性的谦让。拾(jiè):递相,指一个接一个,按次序地取弓矢。三耦皆袒、决、遂。○袒、决、遂:袒露左臂,套上扳指,穿上臂衣。有司左执弣,右执弦,而授弓,遂授矢。○有司:指纳射器的弟子。弣(fǔ):弓把的中部手执之处。三耦皆执弓,搢三而挟一个。○搢(jìn):插。插在带子右边。一个:指一支箭。司射先立于所设中之西南,东面。○中:鹿中。古习射时用作盛筹(即竹筹码)的工具,刻木为鹿形,前足屈跪,凿背为口。射中了,就纳筹于口以记数。三耦皆进,由司射之西,立于其西南,东面北上而俟。○进:每耦(二人)并行,上射在左,下射在右。

以上述是三耦取射器俟射之仪。

司射东面立于三耦之北,搢三而挟一个。揖,进。当阶,北面揖;及阶,揖;升堂,揖。豫则钩楹内,堂则由楹外,当左物,北面揖。○豫(xiè):古代州学,即"序"。钩楹:绕楹。物:限定射箭的人射时所站立的地方用红或黑画地作十字形以为站立的范围,叫作物。共画两个,左边的叫左物,右边的叫右物。序没有室,物就画在栋下面的左、右两边;庠有室,物就画在前楣下面的左、右两边。这样前往物的路线就有两种。豫则钩楹内:指绕过西边屋柱,所以叫内。堂则由楹外:堂,指乡学之堂,即"庠",乡学有堂有室,因为物在前楣下,所以不需要绕过西边屋柱,只需要由它的南边东行,因此叫外。及物,揖。左足履物,不方足,还,视侯中,俯正足。○左足履物:先用左足踩在左物东边的纵画上,这时还是北面,立尚未定,所以右足不必急于与左足并立成方形。方足:并足。还(xuán):旋转。由北面向右转改为南向。正足:把足站正。左先右后,使左右两足各踩在横画的两头上。不去旌。○不去旌:凡射,获者拿着旗子隐在箭靶西边的乏后面唱获。这是司射教射,不计算射中与否,不必唱获,故不去旗。诱射,将乘矢,执弓不挟,右执弦。○诱射:教授射箭的技巧。将:取。挟:用拇指勾弦。南面揖,揖如升射,降,出于其位南,适堂西,改取一个,挟之。○改:更。改取一个:司射的四支箭已射完,所以到此另取一支挟之。遂适阶西,取扑,搢之,以反位。○扑:鞭子,用来处罚违教的人。

以上述司射诱射之仪。

司马命获者执旌以负侯。○负侯:背对着侯站着。旌先靠在侯上,三耦将射,所以命获者执旌面朝北背向侯站着听候命令。侯:箭靶。获者适侯,执旌负侯而俟。○俟:等候。司射还,当上耦,西面作上耦射,司射反位。○还(xuán):旋,应是左旋。作:使。上耦揖,进,上射在左,并行。当阶,北面揖,及阶,揖。上射先升三等,下射从之,中等。○上射先升三等:上射略尊,故先升三级台阶。中(zhòng)等:中间隔一级台阶,以示尊敬。上射升堂,少左,下射升,上射揖,并行。○少左:稍稍向左站立,指略向西,让下射升阶。并行:并右转东行。皆当其物北面揖,及物揖。○皆当其物:都对着各自的射位符号。皆左足履物,还,视侯中,合足而俟。○合足:并足。指左右两足并立在十字的左右横画上。司马适堂西,不决遂,袒执弓,出于司射之南,升自西阶;钩楹,由上射之后,西南面立于物间。○不决遂:不套扳指,不穿臂衣,因为不射箭。钩楹:绕着楹。右执弣,南扬弓,命去侯。○弣:弓的末端。本字作"弰(shāo)"。命去侯:命获者离开侯至设乏处避射。去:离开。获者执旌许诺,声不绝,以至于乏;坐,东面偃旌,兴而俟。

○偃:放倒。司马出于下射之南,还其后,降自西阶,反由司射之南适堂西,释弓,袭,反位,立于司射之南。○袭:此指穿上衣服,不再袒。反:指复由旧路。司射进,与司马交于阶前,相左,由堂下西阶之东北面视上射,命曰:"无射获,无猎获。"○相左:司马南行走在西,司射北行走在东,这时两人阶前相遇,两人各以左臂相迎,所以说相左。无射获:不要射中获者。猎获:箭从获者旁射过。射获、猎获这两种都是偏离箭靶很严重的情况,故举以戒射者。上射揖,司射退,反位。乃射,上射既发,挟弓矢,而后下射射,拾发,以将乘矢。○挟弓矢:把箭夹在弓上准备再射。拾(jiè):依次更迭,轮流。将乘矢:发射四支箭。获者坐而获,举旌以宫,偃旌以商,获而未释获。○获:唱获,指大声报射中了。唱获必举旌,使众人都能听见又都能看见。举旌为唱获之初,偃是唱获快要完了。宫声大,商声小,故初唱声大,末了声小。获而未释获:即使射中了,也不放射中的算筹。因为三耦之射是习射,所以不计胜负。卒射,皆执弓,不挟,南面揖,揖如升射。○不挟:箭已尽,不再加箭于弦上,亦右手执弦。如升射:指堂下三揖,堂上三揖,均在升时揖处揖。上射降三等,下射少右,从之,中等,并行,上射于左。与升射者相左,交于阶前,相揖。○相左:左方擦肩而过。由司马之南适堂西,释弓,说决拾,袭而俟于堂西,南面,东上。○说决拾:脱去扳指和臂衣。说决遂而言拾者,别于用时也。三耦卒射,亦如之。○三耦:三当作"二",字之误。二耦,指次耦、下耦。司射去扑,倚于西阶之西,升堂,北面告于宾,曰:"三耦卒射。"○去扑:将上堂告宾。因为扑是刑器,见尊长必去掉刑器,表示尊敬。宾揖。

以上述三耦射。

司射降,搢扑,反位。○搢扑:把扑插在腰带上。司马适堂西,袒,执弓,由其位南,进,与司射交于阶前,相左,升自西阶,钩楹,自右物之后立于物间,西南面,揖弓,命取矢。○揖弓:拿着弓在手上揖。这是推手揖。获者执旌许诺,声不绝,以旌负侯而俟。○许诺:答应取箭之事。俟:以旌指挥等待弟子取箭。司马出于左物之南,还其后,降自西阶,遂适堂前,北面立于所设楅之南,命弟子设楅。○楅(bī):插箭的器具,龙首蛇身,其背覆以皮韦。乃设楅于中庭,南当洗,东肆。○东肆:向东陈列,首在西。司马由司射之南退,释弓于堂西,袭,反位。弟子取矢。北面坐委于楅,北括,乃退。○委:放。指把箭堆放在楅上。括:通"栝",箭的末端。司马袭,进,当楅南,北面坐,左右抚矢而乘之。○袭:指穿上上衣,不再袒。抚:持。左右抚矢而乘之:指用左手和右手

拿着箭，右手四支放在楅的东边，左手四支放在楅的西边。乘之，把箭四支一组分放。若矢不备，则司马又袒执弓，如初，升，命曰："取矢不索。"○不备：不全，不够四支一组的数目。如初：指往堂西袒臂拿弓以至登堂揖弓均跟上文命取箭的仪式一样。不索：不尽，指备有余数。弟子自西方应曰："诺。"乃复求矢，加于楅。○求：取。

　　以上述第一番射事之仪。

　　司射倚扑于阶西，升，请射于宾，如初。○请射：请三耦之外的人都参加射箭。如初：指如此前登堂后在西阶上北面而告之仪。宾许诺。宾、主人、大夫若皆与射，则遂告于宾，适阼阶上，告于主人，主人与宾为耦。○主人与宾为耦，宾作上射，主人作下射。遂告于大夫。大夫虽众，皆与士为耦。○士指众宾。以耦告于大夫，曰："某御于子。"西阶上北面作众宾射。○众宾：当指堂上三宾和堂下众宾而言。司射降，搢扑，由司马之南适堂西，立，比众耦。○比众耦：排好一组一组射箭之耦。众宾将与射者皆降，由司马之南适堂西，继三耦而立，东上，大夫之耦为上。○继三耦而立：站在三耦之西。大夫之耦为上：大夫之耦为上耦。若有东面者，则北上。宾、主人与大夫皆未降。司射乃比众耦辩。○比众耦辩：将众宾之耦全部搭配完毕。

　　遂命三耦拾取矢，司射反位。○拾(jiè)：更替，轮流。三耦拾取矢，皆袒、决、遂、执弓，进，立于司马之西南。司射作上耦取矢，司射反位。○作：使。上耦揖，进，当楅北面揖，及楅揖。上射东面，下射西面。上射揖，进，坐，横弓，却手自弓下取一个，兼诸弣，顺羽，且兴，执弦而左还，退反位，东面揖。○横弓：向南把弓仆倒放。却手：指仰右手从弓下取楅上的箭。兼诸弣：指取箭后，左手拿着箭把，右手把取出的箭交给左手，左手便把箭放弓把上同时拿着。兼，并。弓弣，弓把。左还：向左转。下射进，坐，横弓，覆手自弓上取一个，兴，其他如上射。○覆手：手心向下。既拾取乘矢，揖，皆左还，南面揖，皆少进，当楅南，皆左还，北面，搢三挟一个，揖，皆左还，上射于右，与进者相左，相揖，退反位。三耦拾取矢，亦如之。○三：当作"二"。后者遂取诱射之矢，兼乘矢而取之，以授有司于西方，而后反位。○后者：指下耦的下射。遂取诱射之矢，兼乘矢而取：下耦的下射先取自己的四矢搢三挟一外，又取诱射四矢并挟在手指间。有司：指主管纳射器的弟子。

　　众宾未拾取矢，皆袒、决、遂、执弓，搢三挟一个，由堂西进，继三耦之南而立，东面，北上，大夫之耦为上。○众宾未拾取矢：众宾在堂下各自取四

支箭,但不轮流拿取。未,犹不也。

司射作射如初,一耦揖升如初。○一耦,指上耦。**司马命去侯,获者许诺。司马降,释弓,反位。司射犹挟一个,去扑,与司马交于阶前,升,请释获于宾。**○释获:射中叫获。射中了,就取一支筹码放在地上以便计算叫释获。**宾许,降,搢扑,西面立于所设中之东,北面,命释获者设中,遂视之。**○中:指盛算(筹码)之器。释获者:指取算筹码的人。**释获者执鹿中,一人执筭以从之。**○释获者:指数算筹码的人。鹿中:盛算的器具,刻木为鹿形,前足屈跪,凿背为口,射中,纳算于口以记数。**释获者坐设中,南当楅,西当西序,东面。**○当:正对着。**兴,受筭,坐实八筭于中,横委其余于中西,南末,兴,共而俟。**○实八筭于中:一耦八支箭,故盛八支筹码在鹿中里面。横委其余于中西:鹿中东西设置,头向东,横放其余的筹码在它的西边。南末:尾部向南。共:拱手。**司射遂进,由堂下北面命曰:"不贯不释。"**○贯:贯穿(箭靶)。不释:不放射中的筹码,即不算中。**上射揖,司射退。反位。释获者坐取中之八筭,改实八筭于中,兴,执而俟。**

以上述司射作射请释获。

乃射。○乃射:指上射和下射轮流射箭。**若中,则释获者坐而释获,每一个释一筭。上射于右,下射于左。**○上射于右,下射于左:上射射中了的筹码放在鹿中的右边(即南边),下射射中了的筹码放在鹿中的左边(即北边)。**若有余筭,则反委之。**○反委之:如果没有射中,手上就有剩余的筹码,就把它放回鹿中的后面。**又取中之八筭,改实八筭于中,兴,执而俟。三耦卒射。**

以上述三耦射与释放。

宾、主人、大夫揖,皆由其阶降,揖,主人堂东袒、决、遂,执弓,搢三挟一个,宾于堂西亦如之。○堂东:堂下的东边。**皆由其阶,阶下揖,升堂揖。**○皆由其阶:主人由阼阶,宾由西阶,跟三耦上、下射均由西阶不同。三耦的升降都是上射先、下射后,而宾和主人的耦,主人虽是下射,也还是按照一般的常礼,主人先升降,宾后升降。**主人为下射,皆当其物,北面揖,及物揖,乃射。卒,南面揖,皆由其阶,阶上揖,降阶揖。宾序西,主人序东,皆释弓,说决拾,袭,反位,升;及阶揖,升堂揖,皆就席。**○宾序西,主人序东:序指堂上的墙,序西当是西序西即西堂的西边,序东当是东序东即东堂的东边。

以上述宾、主人射。

大夫袒、决、遂,执弓,搢三挟一个,由堂西出于司射之西,就其耦。○就其耦:大夫出司射之西就之,并站在他的南边。**大夫为下射。揖,进,耦少退,**

揖，如三耦。○耦少退：耦稍稍后退，表示不敢跟大夫并行，示敬。**及阶，耦先升，卒射，揖，如升射。**○耦先升：耦先升三级，然后大夫升一级，与上、下射同。**耦先降，降阶，耦少退，皆释弓于堂西，袭。耦遂止于堂西，大夫升，就席。**

以上述大夫与耦射。

众宾继射，释获，皆如初。○众宾：指不跟大夫为耦射箭的人。皆如初：指如三耦射箭时一样。**司射所作唯上耦。**○司射所作唯上耦：作犹使，司射只使上耦射箭，其余之耦按序而射，不再下命。唯，只。**卒射，释获者遂以所执余获升自西阶，尽阶，不升堂，告于宾，曰："左右卒射。"**○卒射：众耦均射完了。所执余获：指拿在手上没有放出去的筹码。左右：指上射、下射。**降，反位，坐委余获于中西，兴，共而俟。**○俟：等候司射看过筹码，然后计算。

以上述众宾继射、释获、告卒射。

司马袒、决、执弓，升，命取矢，如初。○决：衍文。如初：指与初射同。**获者许诺，以旌负侯，如初。司马降，释弓，反位。弟子委矢，如初。大夫之矢，则兼束之以茅，上握焉。**○上握：箭以镞为上，括为下，握在中央，所以上握是指在手握之处的上面一点的地方。兼束之以茅：四支一束用茅草扎好，便于取用。**司马乘矢，如初。**○乘矢：四支四支地数取箭。

司射遂适西阶西，释弓，去扑，袭，进，由中东立于中南，北面视筹。○去扑：去掉刑杖，即把刑杖放下。**释获者东面于中西坐，先数右获，二筹为纯，一纯以取实于左手，十纯则缩而委之，每委异之，有余纯则横于下，一筹为奇，奇则又缩诸纯下。**○二筹为纯（quán）：纯，一双，是古射礼中用以计算射具、算筹的单位。二根筹码称一纯。十纯则缩而委之：满十纯则纵放在一起。缩，纵。委，堆积。每委异之：上了十双就另放一堆，以便计数。有余纯：不上十双的。横于下：横放在每委的西边，头南末北。释获者面朝东，故以西为下。缩诸纯下：纵放在余纯的西边。**兴，自前适左，东面，坐，兼敛筹，实于左手，一纯以委，十则异之，其余如右获。司射复位。释获者遂进取贤获，执以升，自西阶，尽阶，不升堂，告于宾。**○贤获：得胜方的算筹。**若右胜，则曰："右贤于左。"若左胜，则曰："左贤于右。"以纯数告。**○以纯数告：胜的一方如果是双数，就说"若干纯"；如果是单数，就说"若干奇"。例如十支算筹就说"五纯"，九支算筹就说"九奇"或"四纯一奇"。**若有奇者，亦曰："奇。"若左右钧，则左右皆执一筹以告，曰："左右钧。"**○左右钧：左右的算筹相等。**降，复位，坐，兼敛筹，实八筹于中，委其**

余于中西,兴,共而俟。○兼敛筹:同时把左右两边的筹码及横放在鹿中西面未用的算筹一起收拢来拿在手上。

司射适堂西,命弟子设丰。○丰:承爵之器,形似豆而低矮。设丰是将饮(yìn)射箭输了的人。弟子奉丰升,设于西楹之西,乃降。○奉:捧。胜者之弟子洗觯,升,酌,南面坐奠于丰上;降、袒、执弓,反位。○胜者之弟子:胜者之党(群)中的年少者。司射遂袒、执弓,挟一个,搢扑,北面于三耦之南,命三耦及众宾:"胜者皆袒、决、遂,执张弓,不胜者皆袭,说决拾,却左手,右加弛弓于其上,遂以执拊。"○张弓:弦拉紧的弓。弛弓:弦放松的弓。却:仰。弓拊:弓把中部。司射先反位。三耦及众射者皆与其耦进立于射位,北上。司射作升饮者,如作射。一耦进,揖,如升射,及阶,胜者先升,升堂少右。○揖,如升射:指升堂前三揖,耦进揖,当阶北面揖,及阶揖。不胜者进,北面坐取丰上之觯,兴,少退,立卒觯,进,坐奠于丰下,兴,揖,不胜者先降,与升饮者相左,交于阶前,相揖,出于司马之南,遂适堂西,释弓,袭而俟。有执爵者。○执爵者:主人使赞者代替弟子执爵斟酒,因为弟子也参加了射箭。赞者,主人的属吏,没有参加射箭。执爵者坐取觯,实之,反奠于丰上。升饮者如初,三耦卒饮。宾、主人、大夫不胜,则不执弓。执爵者取觯降洗,升,实之,以授于席前。受觯以适西阶上,北面立饮,卒觯,授执爵者,反就席。大夫饮,则耦不升。若大夫之耦不胜,则亦执弛弓,特升饮。○特:独。大夫和他的耦尊卑不同,故不同升。众宾继饮射爵者辩,乃彻丰与觯。○射爵:即罚爵。辩:通"遍"。

司马洗爵,升,实之以降,献获者于侯。○献获者:向获者敬酒。因获者受命于司马,故司马献获者。于侯:因报告射箭中靶的功劳,故献于侯(箭靶)。荐脯醢,设折俎,俎与荐皆三祭。○三祭:在侯的右、左、中三处设荐与俎,并以酒祭之,故称三祭。获者负侯,北面拜受爵,司马西面拜送爵。○拜送爵不同面,避主人献爵之故。上文主人献宾献众宾皆北面,与受献者同面,故此献者与受献者不同面,表示不敢同于主人。获者执爵,使人执其荐与俎从之,适右个,设荐俎。○人:指主人的赞者即上文设荐俎的人。右个:侯的右舌。侯北向以东为右,以西为左。设荐俎:荐指盛脯的笾和盛醢的豆。获者南面坐,左执爵,祭脯醢;执爵兴,取肺,坐祭;遂祭酒。兴,适左个、中,皆如之。左个之西北三步,东面设荐俎,获者荐右东面立饮,不拜既爵。○左个之西北三步:距离箭靶左舌西北三步的地方,这是获

者受献的正位。**司马受爵,奠于篚,复位。获者执其荐,使人执俎从之,辟设于乏南。**○辟设(荐俎)于乏南:辟,避开正位。是说荐俎设在乏的南边稍偏之处,不当正面,以免妨碍举旌旗。**获者负侯而俟。**

司射适阶西,释弓矢,去扑,说决拾,袭;适洗,洗爵;升,实之以降,献释获者于其位,少南。○少南:避正当鹿中,所以偏南一点。**荐脯醢折俎,有祭。**○有祭:有供祭的脯醢和切肺。**释获者荐右东面拜,受爵,司射北面拜送爵。**○荐右:荐南。**释获者就其荐坐,左执爵,祭脯醢,兴,取肺,坐祭,遂祭酒,兴,司射之西、北面立饮,不拜既爵。司射受爵,奠于篚。释获者少西辟荐,反位。**○少西辟荐:荐指荐(笾、豆)和俎。使荐稍偏西一点,避开荐和俎,也以免再射时妨碍司射视筹。

以上述第二番射事之仪。

司射适堂西,袒、决、遂,取弓于阶西,挟一个,搢扑,以反位。司射去扑,倚于阶西,升,请射于宾,如初。宾许。司射降,搢扑,由司马之南适堂西,命三耦及众宾皆袒、决、遂、执弓,就位。○就位:就射位,指司射西南东面之位。**司射先反位。**○先:指先于三耦及众宾。**三耦及众宾皆袒、决、遂,执弓,各以其耦进,反于射位。**○以:与。

司射作拾取矢。○作:使。**三耦拾取矢如初,反位。宾、主人、大夫降揖如初。主人堂东,宾堂西,皆袒、决、遂,执弓,皆进,阶前揖,及楅揖,拾取矢如三耦。**○及楅揖:当楅揖。**卒,北面搢三挟一个,揖,退。宾堂西,主人堂东,皆释弓矢,袭,及阶揖,升堂揖,就席。大夫袒、决、遂,执弓,就其耦。揖,皆进,如三耦。耦东面,大夫西面。大夫进,坐说矢束,兴,反位。**○说:通"脱"。大夫的箭用茅束了,表示尊敬大夫。大夫不敢当此尊异之礼,故解束,表示要跟他的对手同样取箭。**而后耦揖,进,坐,兼取乘矢,顺羽而兴,反位,揖。**○兼取乘矢:并取四支箭,不欲麻烦大夫轮流拾取,亦尊之之意。**大夫进,坐,亦兼取乘矢,如其耦,北面,搢三挟一个,揖,退。耦反位,大夫遂适序西,释弓矢,袭,升即席。**○耦反位:返司马西南的射位。大夫尊,不和耦序立,故适序西释弓矢后仍升就堂上之席。**众宾继拾取矢,皆如三耦,以反位。**○以:而。

司射犹挟一个以进,作上射如初。○以:而。进:由司马的东面向南前进。作:使,命令。**一耦揖升,如初。**○一耦:上耦。**司马升,命去侯,获者许诺;**

司马降,释弓,反位。司射与司马交于阶前,去扑,袭,升,请以乐乐于宾,宾许诺。〇乐乐(yuè lè):前"乐"字,音乐;后"乐"字,快乐。司射降,搢扑,东面命乐正,曰:"请以乐乐于宾,宾许。"司射遂适阶间,堂下北面,命曰:"不鼓不释。"〇不鼓不释:射箭不和鼓的节奏相应,即使射中也不放射中的筹码。上射揖,司射退,反位。乐正东面命大师,曰:"奏《驺虞》,间若一。"大师不兴,许诺。乐正退,反位。〇大(tài)师:指乐工之长。《驺(zōu)虞》:《诗经·召南》篇名。驺虞,义兽,白虎黑文,尾长于躯,不食生物,不履生草。间若一:指每节之间鼓声节拍长短快慢都要如一。乃奏《驺虞》以射。三耦卒射,宾、主人、大夫、众宾继射,释获,如初。卒射,降。〇降:指主人下东阶至堂东,宾、大夫下西阶至堂西,各放下弓,脱去决、拾,穿好左上衣,然后登堂就各人的原位。不过,宾、主人、大夫降而复升在前,此"卒射降"则是专指众耦中的最后卒射者。释获者执余获,升告左右卒射,如初。司马升,命取矢,获者许诺。司马降,释弓,反位。弟子委矢,司马乘之,皆如初。司射释弓,视筹,如初。释获者以贤获与钧告,如初,降,复位。

司射命设丰,设丰、实觯,如初。遂命胜者执张弓,不胜者执弛弓,升饮,如初。

司射犹袒、决、遂,左执弓,右执一个,兼诸弦,面镞,适堂西,以命拾取矢,如初。〇执:侧持弦矢叫执,这是对正持弦矢叫挟而言。正持弦矢叫挟者,矢横在弦上而持之;侧持弦矢叫执者,矢头向上并在弦上持之。兼诸弦:并放在弦上。面镞:箭头向上。

司射反位。三耦及宾、主人、大夫、众宾皆袒、决、遂,拾取矢,如初。矢不挟,兼诸弦弣以退,不反位,遂授有司于堂西。〇矢不挟:指跟司射一样侧着拿弓弦及箭。兼诸弦弣:除执一支箭并于弦如司射外,又把三支箭与弓把并执于手,这是跟司射不同的。不反位:指三耦及众宾包括大夫和他的耦不返射位,只是由司马之南至堂西把弓箭授给有司。宾则由阶下至堂西授给有司,主人则由阶下至堂东授给有司。辩拾取矢,揖,皆升,就席。〇揖,皆升:指宾、主人、大夫及三宾席在堂上的皆升。三耦及众宾则留在堂西。

司射乃适堂西,释弓,去扑,说决、拾,袭,反位。〇说:通"脱"。司马命弟子说侯之左下纲而释之,命获者以旌退,命弟子退福。〇说:通"脱"。释:不束。司射命释获者退中与筹,而俟。〇而俟:至堂西等候旅酬。

以上述第三番射事之仪。

司马反为司正,退复觯南而立。○上文立司正时,司正中庭北面立于觯南,射事开始后改任司马,射事毕又重为司正,以监旅酬。反,同"返"。乐正命弟子赞工即位,弟子相工如其降也,升自西阶,反坐。○如其降:其礼仪如迁位降阶时,弟子左肩上背着瑟,右手牵引着乐工。反:返。宾北面坐取俎西之觯,兴,阼阶上北面酬主人。主人降席,立于宾东。宾坐奠觯,拜,执觯兴。主人答拜。宾不祭,卒觯,不拜,不洗,实之,进东南面,主人阼阶上北面拜,宾少退,主人进受觯,宾主人之西北面拜送。宾揖,就席。主人以觯适西阶上酬大夫,大夫降席,立于主人之西,如宾酬主人之礼。主人揖,就席。若无大夫,则长受酬,亦如之。○长:指堂上三宾中的年长者。司正升自西阶相旅,作受酬者,曰:"某酬某子。"○相旅:帮助进行旅酬,防卑幼失了辈分次序。某:指字名,称酬者。某子:某指姓氏,某子是敬称,犹言某君,此称受酬者。受酬者降席。司正退立于西序端,东面。○退立:俟后酬者。众受酬者拜、兴、饮,皆如宾酬主人之礼。辩,遂酬在下者,皆升受酬于西阶上,卒受者以觯降,奠于篚。○在下者:指站在堂下的众宾,另外也包括众有司即主人之赞者无堂上位的人。

司正降,复位。使二人举觯于宾与大夫。○二人:主人的赞者。举觯者皆洗觯,升,实之,西阶上北面皆坐奠觯,拜,执觯兴,宾与大夫皆席末答拜。举觯者皆坐祭,遂饮,卒觯,兴,坐奠觯,拜,执觯兴,宾与大夫皆答拜。举觯者逆降,洗,升,实觯,皆立于西阶上,北面,东上,宾与大夫拜。举觯者皆进,坐奠于荐右,宾与大夫辞,坐受觯以兴。○坐奠:谓赞者卑,不敢亲授。辞:辞赞者坐奠觯、不亲授。这是表示对赞者的尊重。举觯者退,反位,皆拜送,乃降。宾与大夫坐,反奠于其所,兴。若无大夫则唯宾。

司正升自西阶,阼阶上受命于主人,适西阶上,北面请坐于宾,宾辞以俎。○请坐于宾:请宾坐。坐,指宴坐,即饮宴坐着谈心。辞以俎:俎是菜肴中最珍贵的,言不敢因宴坐亵渎珍贵的菜肴。反命于主人,主人曰:"请彻俎。"宾许。司正降自西阶,阶前命弟子俟彻俎。司正升,立于序端;宾降席,北面;主人降席自南方,阼阶上北面;大夫降席,席东南面。宾取俎,还授司正,司正以降自西阶,宾从之降,遂立于阶西,东面。司正以俎出,授

从者；主人取俎，还授弟子，弟子受俎，降自西阶，以东，主人降自阼阶，西面立；大夫取俎，还授弟子，弟子以降自西阶，遂出授从者。○以东：以俎而东。大夫从之降，立于宾南；众宾皆降，立于大夫之南，少退，北上。

主人以宾揖让，说屦，乃升；大夫及众宾皆说屦，升，坐。乃羞。○说：通"脱"。将要饮酒，所以先在阶前脱鞋，才上堂。屦(jù)：用麻葛制成的鞋。无筭爵，使二人举觯，宾与大夫不兴，取奠觯饮，卒觯，不拜。○无筭爵：不限制喝酒的数量，尽欢而止。二人：举觯的二人。不拜：礼凡坐卒爵必拜既爵，这是宴坐，故卒爵皆不拜。执觯者受觯，遂实之，宾觯以之主人，大夫之觯长受，而错，皆不拜。○长：指众宾长。错：指二觯交错相酬。辩，卒受者兴，以旅在下者于西阶上。○辩：通"遍"。指堂上众宾以上都喝完了。卒受者：指堂上最后接受觯饮酒的(二人)。旅：按照年龄大小的次序登西阶受酬，受酬者皆立饮。

长受酬，酬者不拜，乃饮，卒觯，以实之，受酬者不拜受。○长受酬：指堂下年龄最大的登阶接受酬酒。辩旅，皆不拜。执觯者皆与旅。卒受者以虚觯降，奠于篚。执觯者洗，升，实觯，反奠于宾与大夫。无筭乐。○无筭乐：饮酒时合奏乡乐没有次数限制。

以上述射讫饮酒之仪。

宾兴，乐正命奏《陔》。○《陔(gāi)》：《陔夏》，古诗名，已亡。《周礼·钟师》注引杜子春云："客醉而出，奏《陔夏》。"宾降及阶，《陔》作。○降：离席。宾出，众宾皆出，主人送于门外，再拜。

以上述宾出送宾之仪。

明日，宾朝服以拜赐于门外。○明日：次日，第二天。主人不见，如宾服，遂从之，拜辱于门外，乃退。○不见：谓礼不能多次见，多次见就亵渎了礼。拜辱：拜谢宾屈辱来见。

主人释服，乃息司正。○释服：脱朝服，穿玄端。息：慰劳。无介，不杀，使人速。○无介：劳礼较乡饮酒礼简略，故无介。介指副手、辅佐人员。不杀：不杀牲，故无俎。速：请。迎于门外，不拜，入升，不拜至，不拜洗，荐脯醢，无俎。宾酢主人，主人不崇酒，不拜众宾。○不崇酒："不拜崇酒"之省，即主人不必拜谢宾加酒。既献众宾，一人举觯，遂无筭爵。无司正，宾不与。○宾不与：参加乡射的宾不参与。征唯所欲，以告于乡先生、君子，可也。○征：召。告：请。乡先

生:乡大夫告老还乡因事没参加乡射礼者。君子:乡中有道德和学问而不肯做官的人。**羞唯所有。乡乐,唯欲。**○乡乐:指《周南》《召南》等乐章。

以上述宾拜赐、息司正之仪,射礼全终。

【记】

大夫与,则公士为宾。○公士:指已做官的士人。乡射的宾,一般用乡人中有道德、学问而未做官的处士担任,如果有大夫参加,那就要用已做官的公士担任。因为处士跟大夫地位悬殊。**使能,不宿戒。**○使能:用有才能、有道德的人。宿:预先。戒:告,请。

以上补记宾之身份。

其牲,狗也,亨于堂东北。○亨:同"烹"。**尊绤幂,宾至,彻之。**○绤(xì)幂:用粗葛布做酒尊的盖。**蒲筵,缁布纯。**○缁布纯(zhǔn):用黑葛布给蒲席镶边。纯,缘,镶边。

以上补记牲与尊幂、筵。

西序之席北上。○众宾之长的席位在宾之西,排至西序处。

以上补记西序之席。

献用爵,其他用觯。○献用爵:谓爵尊,多用则不敬,所以只用于主人献爵。**以爵拜者不徒作。**○以爵拜:指拜既爵,即喝完酒之后拜谢。不徒作:指不空起来,起来必用酒回敬主人。徒,空。

以上补记爵、觯之用及以爵拜者。

荐,脯用笾,五胏;祭半胏,横于上;醢以豆,出自东房。胏长尺二寸。○胏(zhí):脯脡(tǐng),即干肉条。

以上补记脯醢。

俎由东壁,自西阶升。宾俎,脊、胁、肩、肺;主人俎,脊、胁、臂、肺。○脊:指脊骨肉。胁:从腋下至肋骨尽处,这里指肋骨肉。肩:指前腿最上部的肉。臂:动物的前肢,在肩骨之下、臑骨之上,这里指脚骨之上那一部分的肉。俎所盛的都是肉,周人以骨为贵,所以用骨的名称代替肉的名称。**肺皆离。**○离:割开,但不切断。**皆右体也。进腠。**○进腠:把靠近牲体的部分放在前面。

以上补记俎。

凡举爵,三作,而不徒爵。○三作:三起,指献宾、献大夫、献乐工。不徒爵:不空献爵,指都有进献的脯、醢等。**凡奠者,于左;将举者,于右。众宾之长一人辞洗,如宾礼。**○众宾之长:此指三宾之长。

以上补记献酬之仪。

若有诸公，则如宾礼，大夫如介礼；无诸公，则大夫如宾礼。○诸公：大国之公，即六卿中掌握国政的，其位独尊，故称。乡射礼没有介，这是用乡饮酒礼的宾介，说明诸公和大夫的等级差别。**乐作，大夫不入。**

以上补记遵者诸公大夫之差别。

乐正与立者齿。○立者：堂下站着的众宾。齿：按年齿排序。

三笙一和而成声。○三笙一和：三人吹笙，一人吹和，共四人。笙，大的叫巢，小的叫和。

献工与笙，取爵于上篚，既献，奠于下篚。其笙，则献诸西阶上。

立者，东面，北上。○立者：堂下站立的众宾。

司正既举觯，而荐诸其位。

三耦者，使弟子，司射前戒之。○弟子：众宾中的年轻人。戒：告。

司射之弓矢与扑倚于西阶之西。

以上补记与乐正、众宾、司正、三耦等相关的礼节。

司射既袒、决、遂而升，司马阶前命张侯，遂命倚旌。○司射请射，经文在弟子纳射器前，司马命张侯倚旌，经文在司射比三耦之后，其实两事是同时进行的，记文就是在说明这一点。

以上补记司射、司马并行之节。

凡侯，天子熊侯，白质；诸侯麋侯，赤质；大夫布侯，画以虎豹；士布侯，画以鹿豕。○周时射礼有三：大射、宾射、燕射。大射是天子将祭因择士而举行的射礼，宾射是天子因以诸侯为宾而举行的射礼，燕射是天子与群臣因闲暇宴饮为乐而举行的射礼。三射所用的箭靶也有三种：大射用皮侯，宾射用采侯，燕射用兽侯。皮侯是用虎、熊、豹、麋的皮装饰，缀虎皮的叫虎侯，缀熊皮的叫熊侯，缀豹皮的叫豹侯，缀麋皮的叫麋侯。采侯是在侯的中心画上各种彩色，并在它的两边画上彩色云气。兽侯是画熊、麋、虎、豹、鹿、豕等兽类动物的头像在箭靶的中心之内。质：底子。**凡画者，丹质。**○画者：指大夫和士的箭靶。丹质：画上红色做底子。

以上补记侯之规制。

射自楹间，物长如笴，其间容弓，距随长武。○楹间：指堂上东西两个屋柱之间。物：指射箭的人射箭时，所站的地方用红色或黑色画的十字形标记。笴(gě)：箭杆，长三尺。弓：长六尺，即一步。距随：指物的横画而言。开始用左足踩着物横画的东头为距，然后用右足踩着物横画的西头为随，取其左足至、右足随之的意思。武：足迹，长一尺二寸。

序则物当栋，堂则物当楣。○序：州学，没有室。栋：大梁。堂：指乡学的堂。楣：前梁。

命负侯者，由其位。○其：指司马。位：在司射之南。

凡适堂西，皆出入于司马之南，唯宾与大夫降阶遂西取弓矢。○凡：指司射、司马、三耦、众宾。宾没有射位，大夫不站在射位，所以适堂西取弓箭不由司马之南。

以上补记侯、射位、适堂西取弓矢等礼节。

旌各以其物。○旌：旗的总名。各以其物：指获者所执各用主人平时所建的旗子。物，亦旗名。**无物，则以白羽与朱羽糅，杠长三仞，以鸿脰韬上二寻。**○无物：指小国的州长。小国乡大夫一命，它的州长、士不命。不命，犹言不列等，指没有官阶。不命的士没有物，就用白的羽毛和朱红色的羽毛杂缀在杠的头上作为旗子。糅：混杂。仞：七尺。以鸿脰韬上二寻：指用绸子把旗杠上面包裹起来像大雁的长颈。鸿脰（dòu），大雁的颈。韬，套住。寻，八尺。

以上补记旌。

凡挟矢，于二指之间横之。○二指：食指和中指。

以上补记挟矢之法。

司射在司马之北，司马无事不执弓。○不执弓：司射主管射事，故常执弓挟箭。司马不主管射事，故有事才执弓。

以上补记司射之位、司马执弓之规。

始射，获而未释获，复释获，复用乐行之。○始射：第一番三耦习射，故不释获。复：复射，指第二番射，宾、主人、大夫、众宾都参加，故释获。复用乐行之：谓第三番射时都已熟练，故用乐节制。这说明射礼的渐进有序。

以上补记三番射渐进之礼仪。

上射于右。○右：指右物。

以上补记射位之左右。

楅长如笴，博三寸，厚寸有半，龙首，其中蛇交，韦当。○楅：插箭的器叫作楅。博：广。寸有半：一寸半。有，又。龙首：两端为龙首。蛇交：楅的中间为蛇身，两两相交。韦当：用丹红色的皮制成，用来插箭的器具。韦，皮。当，通"裆"（dāng），直心背的衣，即背心。**楅，髹，横而拳之。**○髹（xiū）：赤黑色的漆。**南面坐而奠之，南北当洗。**

以上补记箭架之规制。

射者有过，则挞之。○挞：鞭挞。

以上补记罚有过者之规。

众宾不与射者不降。○众宾：指堂上的三宾。不与射：不参加射事。

以上补记众宾不与射者之仪。

取诱射之矢者,既拾取矢而后兼诱射之乘矢而取之。○乘(shèng):四。

以上补记取诱射乘矢之仪。

宾、主人射,则司射摈升降,卒射即席,而反位卒事。○摈:导引。

以上述司射摈升降之仪。

鹿中,髹,前足跪,凿背容八算,释获者奉之,先首。○鹿中:是盛算(筹码)的器具,外形像一只鹿。髹(xiū):赤黑色的漆。奉:捧。

以上补记鹿中的规制。

大夫降,立于堂西以俟射。○俟射:等待射箭。于堂西而不在射位,尊大夫,不使久列于射位,射至乃就其耦。**大夫与士射,袒纁襦,耦少退于物。**○纁襦:浅红色里衣。尊者不露体,所以射前先穿纁襦在衣内,袒上衣时便露出左边的纁襦,因而叫袒纁襦。退于物:为了尊敬大夫,上耦就在右物上稍微退一点。

以上补记大夫参射时相关之仪。

司射释弓矢,视算,与献释获者释弓矢。

以上补记司射释弓矢之仪。

礼射不主皮。主皮之射者,胜者又射,不胜者降。○礼射:指以礼乐射,即射时有礼(动作形容合于礼)兼作乐(射时符合鼓乐的节奏)。这是与军旅的武射相对而言的。大射、宾射、燕射,都属于礼射。不主皮:主于射中而不在于是否射穿革,贵其有礼,所谓君子尚德不尚力。主皮之射:没有侯,只张兽皮射。兽皮一般用犀兕或牛的皮,因为这些皮较坚厚,只有强有力的箭才能射穿。主皮之射目的在习战,故不但要射中,而且要射穿皮革。《议语·八俏》云:"射不主皮,为力不同科,古之道也。"

以上补记礼射不主皮及与主皮之射的区别。

主人亦饮于西阶上。○指不胜,受罚饮酒。

以上补记主人受罚之仪。

获者之俎,折脊、胁、肺、臑。○折:折断,指折分其牲体,不用全体。臑(nào):牲体的前肢,在臂骨之下、踝骨之上的脚骨肉。**东方谓之右个。释获者之俎,折脊、胁、肺,皆有祭。**○皆:指获者和释获者。祭:祭肺。俎中的肺是举食的肺,不是祭肺,故记特加说明另有祭肺。此句当接"获者之俎,折脊、胁、肺、臑"之后,原书误置于此。

以上补记获者、释获者俎实。

大夫说矢束,坐说之。○说:通"脱"。大夫把自己本来束起来的箭亲自跪着解开来(表示要与众耦一样,轮流取箭)。

以上补记大夫脱矢束之仪。

歌《驺虞》，若《采蘋》，皆五终。○若：或。五终：指每一耦射歌五终。歌诗一篇或奏乐一曲为一终。先用一终来听，先听后射。上射、下射共射八支箭，一终射两支，四终射八支。共五终。

以上补记奏乐之仪。

射无筭。○无筭：众宾继射，没有一定的数目。

以上补记射耦无定数。

古者于旅也语，凡旅不洗，不洗者不祭。既旅，士不入。○古者于旅也语：周盛时，礼成乐备，旅酬时才可以说话。

以上补记旅酬的相关礼仪。

大夫后出，主人送于门外，再拜。

以上补记送大夫的相关礼仪。

乡侯，上个五寻，中十尺。○乡侯：乡射所用的箭靶。上个：指上舌，是箭靶的最上一幅布。寻：八尺。五寻指上幅用布四丈。中：侯的中心。正方，宽和高相等。**侯道五十弓，弓二寸以为侯中。**○侯道：射程。侯中的大小取法于射程的远近。弓：与步相应，一步六尺，故弓等于六尺，是侯道为三十尺。弓二寸以为侯中：每弓取正二寸的比例决定侯中的大小，故侯中为正十尺，即正方一丈。**倍中以为躬。**○躬：身。指靶心的上面和下面各横接一幅，各用布二丈。**倍躬以为左右舌。**○左右舌：此指上个；上个用布一幅长四丈，其中二丈，左右各出一丈。就其出于外而言叫作舌，就其在躬的两边而言叫作个。**下舌半上舌。**○下舌半上舌：下舌伸出躬的部分是上舌伸出躬的部分的一半，即五尺。

以上补记乡侯之规制。

箭筭八十，长尺有握，握素。○箭筭：指用箭竹做的计算胜败的算筹。握：一握有四指宽，一指一寸，一握为四寸。握素：指所握之处因刊削成了白色的，所以叫握素。

以上补记箭筭规制。

楚扑长如筭，刊本尺。○楚：荆木。扑：鞭子。刊本尺：手持处一尺经过刊削。本，根，指鞭子靠近根部的手所持处。

君射，则为下射，上射退于物一笴，既发，则答君而俟。○退于物一笴：从物上退后一笴（三尺）的距离。谓不敢与君并。答：对。俟：等待君射。**君，乐作而后就物，君袒朱襦以射。**○君：国君。乐作：指第三番射。**小臣以巾执矢以授。若饮君，如燕，则夹爵。**○饮（yìn）君：指君射输了，使饮罚酒。如燕：指如燕礼宾媵爵（献酒）于公之礼。夹爵：此指先自饮然后酌酒献君，君饮后又自己酌饮。

君国中射,则皮树中,以翿旌获,白羽与朱羽糅。○国中:城中。此指燕射。皮树中:用木头刻成的一种人面兽形、名叫皮树的野兽,在它背上凿一个口,做盛计算射中的筹码的器具。翿(dào):杠顶上用羽毛作为装饰的旗子。以翿旌获:用翿旌报告射中与否。于郊,则闾中,以旌获。○于郊:指城郊的大射。闾中:用木头刻成一种像驴子样只有一只角的名叫闾的野兽,在它的背上凿一个口,做成中。旌:旗的一种,在旗杠顶上用五种彩色的羽毛做装饰。于竟,则虎中,龙旜。○竟:边境。两国国君在边境相会,因而举行射礼。这是宾射。虎中:用木头刻成虎形并在背上凿一个口做成中。龙旜(zhān):整个旗子都用红色绸子做成,绸子上画了一条龙,所以叫龙旜。"龙旜"应说"以龙旜获",此省文。大夫,兕中,各以其物获。○兕中:用木头刻成兕的形状,并在它的背上凿一个口做成中。各以其物获:各人用各人所建标志身份的旗子给获者执以唱获(报告射中与否)。物,为《周礼·司常》九旗之一。这种旗子中间是红色绸子,四周是用白色绸子缘的边,所以说杂帛为物。士,鹿中,翿旌以获。○翿旌以获:指小国的州长,他们的官阶够不上一命(最低级)的不能建物,就用翿旌给获者唱获。唯君有射于国中,其余否。○有:得。臣不习武事于君侧。只有国君才能够在城中举行射礼,其余人臣则不可以。

君在,大夫射,则肉袒。

以上补记君射的相关礼仪。

燕礼第六

燕礼,小臣戒与者。○小臣戒与者:小臣是太仆之佐。周时天子燕饮,太仆相,小臣佐助。诸侯礼下于天子,故小臣为相。戒:告。与(yù)者:参与的人。膳宰具官馔于寝东。○膳宰:掌管饮食的官。具官馔:备办诸官所饮食的酒、牲、脯、醢等。馔,食物。寝东:路寝外东壁之东。乐人县。○乐(yuè)人:掌管乐事的人。县:古"悬"字。悬挂钟磬等乐器。设洗篚于阼阶东南,当东霤。罍水在东,篚在洗西,南肆。设膳篚在其北,西面。○洗,盥洗时用以盛接弃水的器具。东霤(liù):东边屋檐滴水处。罍(léi):酒的代称。一种盛酒盛水的器具,腹大口小,形似壶,比瓶小。肆:陈。膳篚:盛国君酒器觚等的竹器。司宫尊于东楹之西,两方壶,左玄酒,南上。○司宫:天子的宫人之官,掌管六寝(路寝一、小寝五)的修治和宫中扫除、执烛、供给炉炭等劳役之事。尊:此指设尊,摆放酒器。两方壶:卿大夫、士的酒尊。公尊瓦大两,有丰,幂用绤若锡,在尊南,南上。○瓦大(tài):有虞氏(虞舜)之尊。大,太,取其太古之意,以瓦为之。丰:承酒尊之器,形似豆,低而大。绤(xì):粗葛布,夏天用。若:或。锡:通"緆(xī)",细麻布,冬天用。尊士旅食于门西,两圜壶。○士旅食:指下文的"士旅食者"。士,士人。旅,众。士旅食者,指官家供给粮食而没有正式任职为士的众士人,所谓府史胥徒、庶人之在官者。食,封禄。司宫筵宾于户西,东上,无加席也。○筵:铺筵。户西:堂上室的东门西边的前面。加席:筵席上再加一层席,称重席。重席上再加一层,称加席。射人告具。○射人:掌管卿大夫的席位和射仪的官。具:指上文所说的都准备好了。小臣设公席于阼阶上,西乡,设加席。公升即位于席,西乡。○乡:通"向"。小臣纳卿大夫,卿大夫皆入门右,北面,东上;士立于西方,东面,北上;祝史立于门东,北面,东上;小臣师一人在东堂下,南面;士旅食者立于门西,东上。○纳:使之入内,这里指以公命引进来。祝史:祝掌祈祷辟除,史掌记事纠察。小臣师:小臣正之佐,太仆的属官。公降,立于阼阶之东南,南乡,尔卿,卿西面,北上;尔大夫,大夫皆少进。○尔卿:指揖之使近。下"尔大夫"同。尔,

古"迹"字,近。

　　射人请宾,公曰:"命某为宾。"○请宾:请君命谁为宾。某:大夫名。大夫为宾者,尚贤之意。卿不为宾。**射人命宾,宾少进,礼辞。反命,又命之,宾再拜稽首,许诺。**○稽首:行跪拜礼时头至地拜,为拜礼之最重者。**射人反命。宾出,立于门外,东面。**○宾出:前大夫以臣礼入,此当更以宾礼入,故出立于门外,以便重新按照宾的礼节入门。**公揖卿大夫,乃升,就席。**

　　小臣自阼阶下,北面请执幂者与羞膳者。○请:亦请君命。执幂者:拿瓦太上覆巾的人。羞膳者:进庶羞给公的人。羞,进。膳,庶羞。凡君的饮食,都称膳。执幂者、羞膳者,都由士充当。**乃命执幂者,执幂者升自西阶,立于尊南,北面,东上。膳宰请羞于诸公卿者。**○诸公指大国的公。

　　以上述告诫、设具、命宾等燕前之仪。

　　射人纳宾,宾入,及庭,公降一等揖之。公升就席。宾升自西阶,主人亦升自西阶,宾右北面至再拜,宾答再拜。○主人:此指宰夫。诸侯称膳夫为宰夫,掌国君饮食。因为君地位最尊,不能亲自向宾献酒,所以用宰夫代为主人。主人亦升自西阶:主人本应由阼阶,因宰夫是臣,虽代国君做主人向宾献酒,也不能由阼阶升。**主人降洗,洗南,西北面。宾降,阶西,东面,主人辞降,宾对。主人北面盥,坐取觚洗。**○觚:酒杯。古酒杯容一升叫爵,二升叫觚,三升叫觯,四升叫角,五升叫散。贵者献用爵,贱者献用散,尊者举觯,卑者举角。此献避正主(国君),所以降一等用觚。**宾少进,辞洗。主人坐奠觚于篚,兴对。宾反位。主人卒洗,宾揖,乃升。主人升,宾拜洗,主人宾右奠觚,答拜,降盥。宾降,主人辞,宾对。卒盥,宾揖,升,主人升,坐取觚。执幂者举幂,主人酌膳,执幂者反幂。**○酌膳:酌国君尊中的酒,表示尊敬宾。**主人筵前献宾,宾西阶上拜,筵前受爵,反位,主人宾右拜送爵。膳宰荐脯醢,宾升筵,膳宰设折俎。**○膳宰:宰夫。上既膳宰为主人,此又说膳宰,天子膳夫上士二人,中士四人,下士八人。今一人为主人,故一人仍供膳宰之职。**宾坐,左执爵,右祭脯醢,奠爵于荐右,兴;取肺,坐,绝祭,嚌之,兴,加于俎;坐挩手,执爵,遂祭酒,兴;席末坐,啐酒,降席,坐奠爵,拜,告旨,执爵兴,主人答拜。**○绝祭:直接把肺绝断以祭。挩(shuì):擦拭。降席:离席。**宾西阶上北面坐卒爵,兴;坐奠爵,遂拜,主人答拜。宾以虚爵降,主人降。宾洗南坐奠觚,少进,辞降。主人东面对。宾坐取觚,奠于篚下,盥洗。主人辞洗。宾坐奠觚于篚,**

兴,对,卒洗;及阶,揖,升。主人升,拜洗如宾礼。宾降盥,主人降,宾辞降。卒盥,揖,升;酌膳,执幂如初。以酢主人于西阶上,主人北面拜受爵,宾主人之左拜送爵。主人坐祭,不啐酒,不拜酒,不告旨;遂卒爵,兴,坐奠爵,拜,执爵兴,宾答拜。○不拜酒:拜酒指拜谢以美酒给己饮,这是主人自己的酒,故不拜酒,不称酒美。**主人不崇酒,以虚爵降,奠于篚。**○不崇酒:不加满酒。**宾降,立于西阶西。射人升宾,宾升,立于序内,东面。**序:此处指西墙。

主人盥,洗象觚,升,实之,东北面献于公,公拜受爵。主人降自西阶,阼阶下北面拜送爵。○象觚:酒器。口大身长,以象骨为饰,国君所用。**士荐脯醢,膳宰设折俎,升自西阶。公祭,如宾礼,膳宰赞授肺。**○赞授肺:谓公尊,不亲自取肺,故由膳宰帮助取出。**不拜酒,立卒爵,坐奠爵,拜,执爵兴,主人答拜。升,受爵以降,奠于膳篚。更爵,洗,升,酌膳酒以降,酢于阼阶下。**○更爵:更换爵,不敢沿用公爵。酢于阶下:君尊,不酢其臣,故主人在阼阶下自酢。**北面坐奠爵,再拜稽首,公答再拜。主人坐祭,遂卒爵,再拜稽首,公答再拜。主人奠爵于篚。主人盥洗,升,媵觚于宾。**○媵(yìng):送。**酌散,西阶上坐奠爵,拜宾,宾降筵,北面答拜。**○散:方壶中的酒。**主人坐祭,遂饮,宾辞。卒爵,拜,宾答拜。主人降洗,宾降。主人辞降,宾辞洗。卒洗,揖,升,不拜洗。主人酌膳,宾西阶上拜,受爵于筵前,反位,主人拜送爵。宾升席坐,祭酒,遂奠于荐东。主人降,复位,宾降筵西,东南面立。**○复位:指复门西东面的位。

以上述正献之仪。

小臣自阼阶下请媵爵者,公命长。○请媵爵者:献酬礼毕,更举酒给公(国君),以为旅酬的开始,所以要请国君选定进爵(即媵爵)的人选。此处的爵即觯。长:指下大夫之长。**小臣作下大夫二人媵爵。**○作:使。**媵爵者阼阶下皆北面再拜稽首,公答再拜。媵爵者立于洗南,西面,北上,序进,盥,洗角觯,升自西阶。**○序进:依次序上前。角觯:酒器,圆腹,侈口,圆足,受四升,饰以角。升:亦序升。**序进酌散,交于楹北。**○交:指先者既酌,后者进酌,往来相交,各在其左。**降,阼阶下皆奠觯,再拜稽首,执觯兴,公答再拜。媵爵者皆坐祭,遂卒觯,兴;坐奠觯,再拜稽首,执觯兴,公答再拜。媵爵者执觯待于洗南。**○待:待公命。**小臣请致者。**○请致者:请公命致觯的人,或用一或用二,由公决定。

致，诣送，送觯给公叫致。若君命皆致，则序进，奠觯于篚，阼阶下皆再拜稽首，公答再拜。媵爵者洗象觯，升，实之；序进，坐奠于荐南，北上。○象觯：指象觚，公所饮者。降，阼阶下皆再拜稽首送觯，公答再拜。公坐取大夫所媵觯，兴，以酬宾；宾降，西阶下再拜稽首。公命小臣辞，宾升，成拜。○成拜：凡下拜或将拜未拜或拜而未拜完，听到君命即登堂，是拜礼未完成。故升堂复拜，以完成其拜。公坐奠觯，答再拜，执觯兴，立卒觯。宾下拜，小臣辞，宾升，再拜稽首。公坐奠觯，答再拜，执觯兴。宾进受虚爵，降，奠于篚，易觯洗。○易觯：公爵不沿用，故易爵。公有命，则不易不洗。○不易：谓仍用象觯，因公有意优待臣下。不洗：因尊君而不洗。反升，酌膳觯，下，拜，小臣辞，宾升，再拜稽首，公答再拜。○反：指正往洗易觯，因公命，遂返。膳觯：公饮的酒，指瓦大中的酒。宾以旅酬于西阶上。射人作大夫长升受旅，宾大夫之右坐奠觯，拜，执觯兴，大夫答拜。○大夫长：指上大夫。旅：指旅酬，即按次序劝大夫饮酒。受旅：受旅酬。宾坐祭，立饮，卒觯，不拜。若膳觯也，则降更觯洗，升，实散，大夫拜受，宾拜送。○若膳：上文公如果优待宾不易觯，仍用公觯即用膳觯饮，那么宾饮后就要更觯，不能用于别人，不是膳觯就不必更觯。更：更换。散：酒尊名，容五升。大夫辩受酬，如受宾酬之礼，不祭。○辩：通"遍"。卒受者以虚觯降，奠于篚。

主人洗，升，实散，献卿于西阶上。司宫兼卷重席，设于宾左，东上。○兼卷重席：同时卷起卿的两重席。卿升，拜，受觚，主人拜送觚。卿辞重席，司宫彻之，乃荐脯醢。卿升席坐，左执爵，右祭脯醢，遂祭酒，不啐酒；降席，西阶上北面坐卒爵，兴；坐奠爵，拜，执爵兴。主人答拜，受爵。卿降，复位。○复位：复堂下阶东洗北西面北上之位。辩献卿，主人以虚爵降，奠于篚。射人乃升卿，卿皆升，就席。○升卿：请卿升。若有诸公，则先卿献之，如献卿之礼。○诸公：指大国的公。席于阼阶西，北面，东上，无加席。○加席：是指加在重席上的席，比重席更尊。

小臣又请媵爵者，二大夫媵爵如初。请致者，若命长致，则媵爵者奠觯于篚，一人待于洗南。○若命长致：指若命媵爵二人中的尊者送爵。一人：指不致觯的人。长致，致者阼阶下再拜，稽首，公答再拜。洗象觯，升，实之，坐奠于荐南，降，与立于洗南者二人皆再拜稽首送觯，公答再拜。

公又行一爵,若宾若长,唯公所酬。○行:指行酬,即进行劝酒。一爵:指所奠在荐南的觯。若:或。长:公卿中的尊者。上文已酬了宾,此当指公卿的尊者。以旅于西阶上,如初。○以:因此。如初:如上公酬宾的礼节。大夫卒受者以虚觯降,奠于篚。

主人洗,升,献大夫于西阶上。大夫升,拜,受觚,主人拜送觚。大夫坐祭,立卒爵,不拜既爵。主人受爵。大夫降,复位。胥荐主人于洗北,西面,脯醢,无脀。○胥:膳宰的属吏。脀(zhēng):俎实,指盛在俎里的肉。辩献大夫,遂荐之。继宾以西,东上。○辩:通"遍"。继宾以西:大夫席设在宾席的西边。卒,射人乃升大夫,大夫皆升,就席。

以上述旅酬之仪。

席工于西阶上,少东。乐正先升,北面立于其西。○席工:为乐工设席。小臣纳工,工四人,二瑟。小臣左何瑟,面鼓,执越,内弦,右手相,入,升自西阶,北面东上坐。○面鼓:瑟可以鼓的部分朝前。小臣坐授瑟,乃降。工歌《鹿鸣》《四牡》《皇皇者华》。○《鹿鸣》《四牡》《皇皇者华》:均为《诗经·小雅》篇名。《鹿鸣》是君与臣下及四方的宾客宴饮讲道修政的乐歌,《四牡》是君慰劳使臣出使回来的乐歌,《皇皇者华》是君遣使臣的乐歌。

卒歌,主人洗,升,献工。工不兴,左瑟,一人拜受爵,主人西阶上拜送爵。荐脯醢,使人相祭。○使人相祭:使扶工者帮助祭荐祭酒。相,佐助。卒爵不拜,主人受爵。众工不拜受爵,坐祭,遂卒爵。辩有脯醢,不祭。主人受爵,降,奠于篚。公又举奠觯,唯公所赐,以旅于西阶上,如初。○觯:媵爵者第二次奠在公席荐南的觯。这是第三次举觯,媵爵者所奠的三个觯举完了。唯公所赐:指赐给受酬的大夫,唯公所欲。如初:指如上献宾、献卿而举觯。卒。笙入,立于县中,奏《南陔》《白华》《华黍》。○县中:所悬挂的钟磬的中间。《南陔》《白华》《华黍》:均为《诗经·小雅》中的篇名,其辞已亡。《诗序》说:"《南陔》,孝子规诫以善也;《白华》,孝子之洁白也;《华黍》,时和岁丰,宜黍稷也。有其义而亡其辞。"

主人洗,升。献笙于西阶上。一人拜,尽阶,不升堂,受爵,降,主人拜送爵。阶前坐祭,立卒爵,不拜既爵,升,授主人。众笙不拜受爵,降;坐祭,立卒爵。辩有脯醢,不祭。

乃间:歌《鱼丽》,笙《由庚》;歌《南有嘉鱼》,笙《崇丘》;歌《南山有台》,笙《由仪》。○间:这是堂上的瑟和堂下的笙相间奏唱,所谓"间歌三终"。间

(jiàn):更迭,交替。《鱼丽》等六篇,均是《诗经·小雅》中的篇名。《鱼丽》言"美万物盛多能备礼也",《由庚》言"万物得由其道也",故二者相配。《南有嘉鱼》言"君子至诚,乐与贤者共之也",《崇丘》言"万物得极其高大也",故二者相配。《南山有台》言"乐得贤也,得贤则能为邦家立太平之基也",《由仪》言"万物之生各得其宜也",故二者相配。**遂歌乡乐,《周南》:《关雎》《葛覃》《卷耳》;《召南》:《鹊巢》《采蘩》《采苹》。**○这是合乐三终。乡乐:《关雎》《葛覃》诸篇所说的都是修身齐家的事情,自天子至于百姓都是要重视学习的,所以乡饮酒、乡射、士大夫家都可以用此为乐,所以叫作乡乐。于是堂上的乐和堂下的乐共同合奏乡乐。**大师告于乐正,曰:"正歌备。"**○大(tài)师:乐工之长。正歌:升歌及笙各三终,间歌三终,合乐三终,共为一备。备:成,完备。**乐正由楹内、东楹之东告于公,乃降,复位。**

以上述乐宾之仪。

射人自阼阶下,请立司正,公许,射人遂为司正。○司正:正宾主之礼者。

司正洗角觯,南面坐奠于中庭,升,东楹之东受命,西阶上北面命卿大夫:"君曰:'以我安。'"○以我安:以我之命安之。望诸臣共留安坐宴饮。**卿大夫皆对曰:"诺,敢不安。"**○敢:犹岂敢。

司正降自西阶,南面坐取觯,升,酌散,降,南面坐奠觯,右还,北面少立,坐取觯,兴,坐,不祭,卒觯,奠之,兴,再拜稽首,左还,南面坐取觯,洗,南面反奠于其所。

升自西阶,东楹之东请彻俎,降,公许,告于宾。○"降"当在"公许,告于宾"后,言告后乃降。因宾在堂上,当在堂上告,不当在堂下告。**宾北面取俎以出,膳宰彻公俎,降自阼阶,以东。**○膳宰、降自阼阶:从阼阶上下,表示重君物,若君亲自撤。

卿大夫皆降,东面,北上。宾反入,及卿大夫皆说屦,升,就席,公以宾及卿大夫皆坐,乃安。○说:通"脱"。以:与。安:通"宴",宴饮。

羞庶羞,大夫祭荐。○羞:进。庶羞:众珍味。大夫祭荐:祭脯醢。初献大夫于西阶上,未升席,故未祭,至此升席乃祭。**司正升受命,皆命:"君曰:'无不醉。'"**○皆命:命宾与卿大夫。无:毋。**宾及卿大夫皆兴,对曰:"诺。敢不醉!"皆反坐。**○反:返。

主人洗,升,献士于西阶上。士长升,拜受觯,主人拜送觯。士坐

祭,立饮,不拜既爵。其他不拜,坐祭,立饮。○士长:士之尊者。其他:指长以下众士。不拜:指受爵、既爵等都不拜。乃荐司正与射人一人、司士一人、执幂二人,立于觯南,东上。○射人:上文射人为司正,此复说射人,因射人有二人。司士:掌朝仪的官,犹今之司仪。辩献士,士既献者立于东方,西面,北上。乃荐士,祝、史、小臣师亦就其位而荐之。○荐士:士通"事",指参与了燕礼的事情的人。小臣师:小臣之长。主人就旅食之尊而献之。旅食不拜受爵,坐祭,立饮。

若射,则大射正为司射,如乡射之礼。○大射正:射人之长。

宾降洗,升,媵觚于公。酌散,下拜,公降一等,小臣辞,宾升,再拜稽首,公答再拜。宾坐祭,卒爵,再拜稽首,公答再拜。宾降洗象觯,升,酌膳,坐奠于荐南,降拜,小臣辞,宾升,成拜,公答再拜,宾反位。公坐取宾所媵觯,兴,唯公所赐,受者如初受酬之礼,降,更爵洗;升,酌膳,下拜,小臣辞,升,成拜,公答拜。乃就席,坐行之。○坐行之:坐着相互劝酒。有执爵者,唯受于公者拜。司正命执爵者爵辩,卒受者兴以酬士。○酬士:酬堂下的士。大夫卒受者以爵兴,西阶上酬士。士升,大夫奠爵拜,士答拜。大夫立卒爵,不拜,实之,士拜受,大夫拜送。士旅于西阶上,辩,士旅酌,卒。○士旅酌:旅,此指按次序。士与士依次序递相斟酒行酬。

主人洗,升自西阶,献庶子于阼阶上,如献士之礼。○庶子:官名。掌管诸侯、卿大夫庶子的教育。辩,降洗,遂献左右正与内小臣,皆于阼阶上,如献庶子之礼。○左右:君的左右。正:长。内小臣:太监。

无筭爵。○无筭爵:爵行无次数,尽醉而已。士也,有执膳爵者,有执散爵者。○士也:指执爵的都是士。膳爵:君饮的爵。散爵:宾、卿大夫等饮的爵。执膳爵者酌以进公,公不拜受。执散爵者酌以之公,命所赐。○酌以之公:酌酒去君处,待君命。命所赐:命赐给谁。所赐者兴,受爵,降席下,奠爵,再拜稽首,公答拜。○席下:席西。受赐爵者以爵就席坐,公卒爵然后饮。执膳爵者受公爵,酌,反奠之。受赐爵者兴,授执散爵,执散爵者乃酌行之。○授执散爵:"爵"后脱一"者"字,当补。授执散爵者,指坐饮卒爵起,以空爵授执散爵者,使代酌行酬。唯受爵于公者拜。卒受爵者兴,以酬士于西阶上。士升,大夫不拜,乃饮,实爵,士不拜受爵,大夫就席。士旅酌亦如之。公有命彻

幂,则卿大夫皆降,西阶下北面东上再拜稽首,公命小臣辞,公答再拜,大夫皆辟。○彻幂:撤去盖壶之幂,意在期望众臣尽兴喝壶中的酒。辞:辞拜。公虽有命辞拜,但众臣仍在阶下拜。不升拜者,表明虽醉,仍谨守臣礼。辟:避开,不敢受公拜。遂升反坐。士终旅于上,如初。○士终旅于上:士正进行旅酬,因撤幂,卿大夫皆降,旅酬便停下来,至此重又进行,以至于终了。无筭乐。○指升歌、间歌、合乐没有次数,尽欢而已。

以上述燕末无筭爵、无筭乐、坐宴尽欢之仪。

宵,则庶子执烛于阼阶上,司宫执烛于西阶上,甸人执大烛于庭,阍人为大烛于门外。○宵:夜。庶子:官名,掌管诸侯、卿大夫庶子的教育。烛:古指火把。司宫:天子宫中之官,掌管执烛的事情。甸:诸侯叫甸人,天子叫甸师,掌管耕种王田及供给薪蒸(薪柴)之事。阍人:掌晨昏开关宫门及设门燎(地下点的烛)等事。宾醉,北面坐取其荐脯以降,奏《陔》,宾所执脯以赐钟人于门内霤,遂出。○取荐脯:凡饮食之礼以荐脯为重,故取以表示光荣并尊重君赐。陔(gāi):《陔夏》,九夏之一,古乐章名,宾醉而奏之,以防失礼。钟人:掌乐事以钟鼓奏《九夏》。内霤:门内檐下。卿大夫皆出,公不送。

以上述燕毕宾出、终结燕礼之仪。

公与客燕,曰:"寡君有不腆之酒,以请吾子之与寡君须臾焉,使某也以请。"○不腆:谦词,不美。这是公将宴别国使者,派使臣就客馆告使者之辞。须臾:短时间(相会)。对曰:"寡君,君之私也。君无所辱赐于使臣。臣敢辞。"○私:指独受恩惠者。君无所辱赐于使臣:您没有理由屈辱地赏赐给使臣。这是客派上介代为回答的话。"寡君固曰'不腆',使某固以请。""寡君,君之私也,君无所辱赐于使臣,臣敢固辞。"○这是再请再辞。"寡君固曰'不腆',使某固以请。""某固辞,不得命,敢不从。"○敢:犹岂敢。这是三请而许。致命,曰:"寡君使某,有不腆之酒,以请吾子之与寡君须臾焉。""君贶寡君多矣。又辱赐于使臣。臣敢拜赐命。"○致命:指公所派使臣请客见面时直接致君命之辞。贶(kuàng):赐。

以上述燕异国使臣之仪。

【记】

燕,朝服,于寝。○朝服:指诸侯和群臣视朝的礼服。寝:路寝,诸侯的正室。燕于路寝:表示与群臣亲近。

其牲狗也,亨于门外东方。○狗:取其能择人。比喻如非其人,不与为礼。亨:

"烹"的古字。门外东方：灶所在之处。古代寝和庙门外都有灶。吉事就在门东烹，凶事就在门西烹。

以上补记燕礼的服装、处所，以及燕礼之牲。

若与四方之宾燕，则公迎之于大门内，揖让升。 ○四方之宾：指各国派来聘问的使者。**宾为苟敬，席于阼阶之西，北面。** ○苟敬：指不必过于恭敬。因为公已为宾举行了飨礼，所以宾不愿再烦劳公，请以臣礼宴，故辞为宾。公接受了宾的请求，于是以宾的上介为宾，而把宾的筵席设在阼阶略西面向北方原来诸公的位上。**有脀，不啐肺，不啐酒，其介为宾。** ○脀（zhēng）：折俎，即折断了牲体载入俎中的肴馔。**无膳尊，无膳爵。** ○没有盛公饮的美酒的瓦大酒壶，也没有盛公饮的美酒杯——象觯。公不表示特殊。

以上补记公与四方之宾燕之仪。

与卿燕，则大夫为宾；与大夫燕，亦大夫为宾。

以上补记举行燕礼时设宾之仪。

羞膳者与执幂者，皆士也。羞卿者，小膳宰也。 ○小膳宰：膳宰的辅佐。

以上补记羞膳者与执幂者的爵位或官职。

若以乐纳宾，则宾及庭，奏《肆夏》。 ○纳宾：请宾进来。《肆夏》：古乐章名，已亡。**宾拜酒，主人答拜而乐阕。** ○阕：乐止。**公拜受爵而奏《肆夏》，公卒爵，主人升，受爵以下而乐阕。升歌《鹿鸣》，下管《新宫》，笙入三成，遂合乡乐。** ○升歌：升堂歌唱，指歌工和瑟工。下管：指在堂下吹管乐。管状如笛，有孔。《新宫》：有声无辞，也是《小雅》篇名，已亡。入三成：指用笙奏《南陔》《白华》《华黍》各一终。三成，三终。乡乐：《周南》《召南》。**若舞，则《勺》。** ○勺：古"酌"字。《酌》，《诗经·周颂》篇名。周公摄政六年，像武王（伐纣）之事，作大武之乐，既成而告于庙，所以叫作告成大武的乐歌。这种乐歌是执羽龠而舞的，系文舞，故燕礼用之。

以上补记燕礼乐舞。

唯公与宾有俎。

以上补记设俎之仪。

献公曰："臣敢奏爵以听命。" ○奏：进献。

以上补记献公之辞。

凡公所辞，皆栗阶。 ○辞：辞谢。阶下拜是臣礼，阶上拜是宾礼。国君尊礼大臣，往往使小臣辞其阶下拜。栗阶：栗通"历"。栗阶指不聚足，一脚一级而升。**凡栗阶，不过二等。** ○不过二等：登阶开始时聚足连步（即前足上一级，后足跟着并立在一级上，然后

再上第二级），走到只剩两级的时候，就左、右足各登一级，尽阶聚足（并立），然后登堂。这就叫栗阶不过二等。级，古叫等。

以上补记栗阶之仪。

凡公所酬，既拜，请旅侍臣。○请旅侍臣：宾在升拜、公答拜时，便请摈者转请公，行酒于群臣。

以上补记受公酬者之仪。

凡荐与羞者，小膳宰也。有内羞。○内羞：指房中即内厨房所做的饼饵之类的食物。

以上补记荐与羞之人之物。

君与射，则为下射，袒朱襦，乐作而后就物。小臣以巾授矢，稍属。○稍属（zhǔ）：渐次付给。指发一支箭后再授给一支，不四支箭一次授给。**不以乐志。**○不以乐志：不用音乐的节奏做标记，即不受音乐节拍的限制。**既发，则小臣受弓以授弓人。**○授弓人：诸侯弓人，相当于天子缮人之官，掌管授受国君弓箭的事情。由小臣不由弓人者，小臣为诸侯的近侍，故不直接授弓人。**上射退于物一笴，既发，则答君而俟。若饮君，燕，则夹爵。**○"若饮君"句：如果国君射输了，罚国君饮酒时，那就跟燕礼一样，宾先自己斟饮一爵，再送爵给公饮，然后宾又自饮一爵。**君在，大夫射，则肉袒。**

以上述记国君射箭之仪。

若与四方之宾燕，媵爵，曰："臣受赐矣，臣请赞执爵者。"○请赞执爵者：请允许我帮助执爵的人。此谦辞。**相者对曰："吾子无自辱焉。"**○相者：国君的相礼者。相者把宾的话禀告国君，因奉君命辞宾。吾子：对对方的敬称。

以上补记与四方宾燕之仪。

有房中之乐。○房中之乐：指奏于房中的音乐，用弦管歌唱《周南》《召南》的诗篇而不用钟磬伴奏。"二南"之诗，古代上至后夫人，下至大家闺秀都是共同讽诵的，故周时用作房中的乐歌。

以上补记燕礼尚有房中之乐。

大射仪第七

大射之仪。君有命戒射。○戒射：指将有祭祀之事，当行射礼，君遂下命令。戒，告诉。宰戒百官有事于射者。○宰：天子有太宰之官，也叫冢宰，治百官。有事于射者：指在射事方面担任了职务的人。射人戒诸公卿大夫射。○射人：教习射事的人。司士戒士射与赞者。○司士：掌管王城内士治的工作及其有关士治的法令的人。赞者：指士中帮助做事而不参加射箭的人。赞，助。

前射三日，宰夫戒宰及司马、射人，宿视涤。○宰夫：冢宰的属官，掌管百官征召的命令。宰：指膳宰，掌管膳食。司马：当指大司马下的属官，如军司马之类管军政及执法之官。宿：指射前一日。涤：指洗涤器皿、打扫射宫之事。司马命量人量侯道与所设乏以貍步。○量人：司马的属官，掌管测量道路远近。侯道：从堂上射箭处到箭靶的距离。乏：避箭用的器具。貍步：古代射礼度量距离的工具，长六尺。大侯九十，参七十，干五十。○大侯：是国君用的箭靶。参(sǎn)：杂。参侯，即糁(sǎn)侯，指用豹鹄而麋饰的箭靶，是卿大夫所用的箭靶。干(àn)：通"豻"，北方的野狗。干侯，指用豻狗饰其侧的箭靶，是士所用的箭靶。国君与卿大夫、士同在，故连张三侯。设乏，各去其侯西十、北十。○乏：唱靶者用以避箭的器具。十：指十步，即六丈。遂命量人、巾车张三侯，大侯之崇见鹄于参，参见鹄于干，干不及地武，不系左下纲。○巾车：为天子春官的属官，掌衣巾车辆，亦兼张侯之事。崇：高。见(xiàn)：显现。鹄(gǔ)：箭靶的中心。武：足迹，长一尺二寸。设乏，西十，北十。凡乏用革。

以上述射前三日戒宰、视涤、量道、张侯设乏之仪。

乐人宿县于阼阶东，笙磬西面，其南笙钟，其南鑮，皆南陈。○宿：射箭前一天。县：悬。指射前一天悬挂乐器。笙磬：指陈设在东面的磬。东方阳气起，万物生，故叫县(悬)挂的磬、钟为笙磬、笙钟。笙，通"生"。鑮(bó)：同"镈"，古乐器，形如钟而大。南陈：指由北而南。建鼓在阼阶西，南鼓；应鼙在其东，南鼓。西阶之西颂磬，东面，其南钟，其南鑮，皆南陈；一建鼓在其南，东鼓；朔鼙在其北。

○建鼓：用大鼓穿孔，贯柱其中而竖立之，柱下有四足。不悬。南鼓：鼓面向南。应鼙(pí)：与下"朔鼙"都是小鼓，先击朔鼙，此鼙应之，然后击大鼓，所以叫应鼙。颂磬：颂通"庸"，成功的意思。西方是万物成就之方，所以叫西方悬挂的磬、钟为颂磬、颂钟。朔鼙：朔，始。因先击，所以叫朔鼙。**一建鼓在西阶之东，南面；簜在建鼓之间。**○簜(dàng)：管乐器，笙箫之属。**鼗倚于颂磬，西纮。**○鼗(táo)：如鼓而小，下有柄，两旁有耳。持柄摇动，两耳相击成声，用以导乐。纮(hóng)：鼗两旁悬耳的绳子，鼗倚在磬的东边，故其纮倒向西边。

以上述射前一日陈设乐器之仪。

厥明，司宫尊于东楹之西，两方壶。○厥明：指承上文，设乐悬的次日天明，即大射当天早晨。两方壶：盛卿大夫、士酒的尊。**膳尊两甒在南，有丰，幂用锡若绤，缀诸箭，盖幂，加勺，又反之。**○膳尊：国君所饮的尊。甒(wǔ)：酒壶，容五斗。锡：通"緆(xī)"，细麻布。绤(chī)：细葛布。箭：小竹，用箭竹做的圆圈，缀缝上细麻布或细葛布，用作罩酒壶的盖。这种酒盖周围的布是下垂的。盖幂、加勺、又反之：这是罩酒壶的方法。盖罩在酒壶上，把勺子放在盖子上，然后把盖子周围下垂的布反过来，把勺子遮盖住。**皆玄尊，酒在北。**○皆玄尊：指两方壶、两膳尊都有玄酒（清水），即一壶是水，一壶是酒。**尊士旅食于西镡之南，北面，两圜壶；又尊于大侯之乏东北，两壶献酒。**○尊：设尊。旅食：是指士而无正禄者的宴饮。**设洗于阼阶东南，罍水在东，篚在洗西，南陈；设膳篚在其北，西面；又设洗于获者之尊西北，水在洗北，篚在南，东陈。小臣设公席于阼阶上，西乡；司宫设宾席于户西，南面，有加席；卿席宾东，东上；小卿宾西，东上；大夫继而东上，若有东面者，则北上。**○加席：筵上再铺一层席。小卿：担任卿副手的大夫。**席工于西阶之东，东上；诸公阼阶西，北面，东上。**

以上述射前戒备之仪。

官馔，羹定。○官馔：指膳宰备办了百官所馔的菜肴。羹定：指烹的肉熟了。诸侯举行射礼，必先举行燕礼。燕礼，牲用狗，故此指狗肉熟了。**射人告具于公，公升，即位于席，西乡；小臣师纳诸公卿大夫，诸公卿大夫皆入门右，北面，东上；士西方，东面，北上；大史在干侯之东北，北面，东上；士旅食者在士南，北面，东上；小臣师从者在东堂下，南面，西上。**○小臣师：小臣正的副职。大史：指太史，掌管大祭祀与太卜卜日及有关燕礼、射礼的事情。**公降，立于阼阶之东南，南乡。小臣师诏揖诸公卿大夫，诸公卿大夫西面，北上；揖大夫，大夫皆少进。**○诏：告。诸公卿大夫：两处"大夫"系衍文，因下文有"揖大夫"，

故知此"揖公卿",不"揖大夫"。**大射正摈**。○大射正:射人之长。此言大射正做摈者。摈者请宾,公曰:"命某为宾。"摈者命宾。宾少进,礼辞。反命,又命之。宾再拜稽首受命。摈者反命。宾出,立于门外,北面。公揖卿大夫,升,就席。小臣自阼阶下北面请执幂者与羞膳者,乃命执幂者。执幂者升自西阶,立于尊南,北面,东上。膳宰请羞于诸公卿者。摈者纳宾,宾及庭,公降一等揖宾,宾辟。○纳:使之入。辟:退避,不敢当公盛礼。公升,即席。

以上述命宾纳宾之仪。

奏《肆夏》。○《肆夏》:乐章名,宾出入奏之。宾升自西阶,主人从之,宾右北面至再拜,宾答再拜。○主人:此指代公行使主人之职的膳宰。主人降洗,洗南,西北面;宾降,阶西东面。主人辞降,宾对。

主人北面盥,坐取觚,洗。宾少进,辞洗,主人坐奠觚于篚,兴,对。宾反位。主人卒洗,宾揖,乃升,主人升。宾拜洗,主人宾右奠觚,答拜。降盥,宾降,主人辞降,宾对。卒盥,宾揖,升。主人升,坐取觚。执幂者举幂,主人酌膳,执幂者盖幂,酌者加勺,又反之。○酌膳:酌膳尊里面的酒。又反之:指执幂者把盖子周围的下垂的布反转过来盖住勺子。筵前献宾,宾西阶上拜,受爵于筵前,反位,主人宾右拜送爵。宰胥荐脯醢,宾升筵,庶子设折俎。○宰胥:膳宰的属吏。庶子:司马的属官,掌正六牲之体者。宾坐,左执觚,右祭脯醢,奠爵于荐右;兴,取肺,坐绝祭,嚌之,兴,加于俎,坐挩手,执爵,遂祭酒,兴;席末坐,啐酒,降席;坐奠爵,拜,告旨,执爵兴,主人答拜。乐阕。○乐阕:指自宾入奏《肆夏》,至是乃止。阕,止。宾西阶上北面坐,卒爵,兴;坐奠爵,拜,执爵兴,主人答拜。

宾以虚爵降,主人降。宾洗南西北面坐奠觚,少进,辞降,主人西阶西东面,少进,对。宾坐取觚,奠于篚下,盥,洗,主人辞洗,宾坐奠觚于篚,兴,对。卒洗,及阶,揖,升,主人升,拜洗如宾礼。宾降盥,主人降,宾辞降。卒盥,揖,升。酌膳、执幂如初,以酢主人于西阶上。主人北面拜,受爵。宾主人之左拜送爵。主人坐祭,不啐酒,不拜酒,遂卒爵,兴;坐奠爵,拜,执爵兴,宾答拜。主人不崇酒,以虚爵降,奠于篚。宾降,立于西阶西,东面。摈者以命升宾,宾升,立于西序,东

面。

主人盥,洗象觚,升,酌膳,东北面献于公;公拜,受爵,乃奏《肆夏》。主人降自西阶,阼阶下北面拜送爵。宰胥荐脯醢,由左房;庶子设折俎,升自西阶。○左房:东房。人君室有左右房。凡堂上所荐的,都出自左房,此特在荐公时加以说明。公祭,如宾礼,庶子赞授肺。不拜酒,立卒爵;坐奠爵,拜,执爵兴,主人答拜。乐阕。升,受爵,降,奠于篚。

更爵洗,升酌散以降,酢于阼阶下。○酌散:从方壶中酌酒。北面坐奠爵,再拜稽首,公答拜。主人坐祭,遂卒爵,兴;坐奠爵,再拜稽首,公答拜。主人奠爵于篚。主人盥洗,升,媵觚于宾,酌散,西阶上坐奠爵,拜,宾西阶上北面答拜。主人坐祭,遂饮,宾辞。○宾辞:辞其代君行酒不立饮。卒爵,兴,坐奠爵,拜,执爵兴,宾答拜。主人降洗,宾降,主人辞降,宾辞洗。卒洗,宾揖,升,不拜洗。主人酌膳,宾西阶上拜,受爵于筵前,反位,主人拜送爵。宾升席,坐祭酒,遂奠于荐东。主人降,复位。宾降筵西,东南面立。

小臣自阼阶下请媵爵者,公命长,小臣作下大夫二人媵爵。○请媵爵者:(献酬礼毕)请国君选定送爵的人选。长:下大夫之长。媵爵者阼阶下皆北面再拜稽首,公答拜。媵爵者立于洗南,西面,北上。序进盥,洗角觯,升自西阶;序进酌散,交于楹北;降,适阼阶下;皆奠觯,再拜稽首,执觯兴,公答拜。媵爵者皆坐祭,遂卒觯,兴;坐奠觯,再拜稽首,执觯兴,公答再拜。媵爵者执觯待于洗南。小臣请致者。○致者:奉命致这酒觯的人。若命皆致,则序进,奠觯于篚,阼阶下皆北面再拜稽首,公答拜。媵爵者洗象觯,升,实之;序进,坐奠于荐南,北上。降,适阼阶下,皆再拜稽首送觯,公答拜。媵爵者皆退,反位。

以上述二人媵觯将为宾举旅酬之仪。

公坐取大夫所媵觯,兴以酬宾。宾降,西阶下再拜稽首,小臣正辞,宾升,成拜。○小臣正辞:燕礼中的小臣都是小臣正,因没有小臣师,不需要加以区别。大射礼则不同,既有小臣正,又有小臣师,故需要加以区别。至于本篇只说小臣的,如小臣请执幂者、小臣请媵爵者的小臣,也都是指小臣正。公坐奠觯,答拜。执觯兴,公卒觯,宾下,拜,小臣正辞,宾升,再拜稽首。公坐奠觯,答拜,执觯兴。

宾进受虚觯,降,奠于篚。易觯兴,洗。公有命,则不易不洗,反升,酌膳,下,拜,小臣正辞,宾升,再拜稽首,公答拜。宾告于摈者:"请旅诸臣。"○旅:旅酬,指按次序劝酒。摈者告于公,公许。宾以旅大夫于西阶上。○大夫:包括公卿。摈者作大夫长升受旅,宾大夫之右坐奠觯,拜,执觯兴,大夫答拜。宾坐祭,立卒觯,不拜。若膳觯也,则降更觯洗。升,实散,大夫拜受,宾拜送,遂就席。大夫辩受酬,如受宾酬之礼,不祭酒。卒受者以虚觯降,奠于篚,复位。○复位:复庭中西面之位。

主人洗觚,升,实散,献卿于西阶上。司宫兼卷重席,设于宾左,东上。○兼卷重席:同时卷起卿的两重席。卿升,拜,受觚,主人拜送觚。卿辞重席,司宫彻之。乃荐脯醢,卿升席,庶子设折俎。卿坐,左执爵,右祭脯醢,奠爵于荐右;兴取肺,坐绝祭,不啐肺,兴,加于俎。○啐:浅尝。坐挩手,取爵,遂祭酒,执爵兴;降席,西阶上北面坐卒爵,兴;坐奠爵,拜,执爵兴。主人答拜,受爵。卿降,复位。辩献卿。主人以虚爵降,奠于篚。摈者升卿,卿皆升,就席。若有诸公,则先卿献之,如献卿之礼,席于阼阶西,北面,东上,无加席。○加席:更尊于重席,诸公当设有重席。

小臣又请媵爵者,二大夫媵爵如初。请致者,若命长致,则媵爵者奠觯于篚,一人待于洗南。长致者阼阶下再拜稽首,公答拜。洗象觯,升,实之,坐奠于荐南,降,与立于洗南者二人皆再拜稽首送觯,公答拜。

公又行一爵,若宾若长,唯公所赐,以旅于西阶上,如初。○若:或。大夫卒受者以虚觯降,奠于篚。

主人洗觚,升,献大夫于西阶上。大夫升,拜,受觚,主人拜送觚。大夫坐祭,立卒爵,不拜既爵。主人受爵,大夫降复位。胥荐主人于洗北,西面,脯醢,无胾。○胥:宰官之吏。胾:俎实。辩献大夫,遂荐之,继宾以西,东上。若有东面者,则北上。卒,摈者升大夫,大夫皆升,就席。

乃席工于西阶上,少东。小臣纳工,工六人,四瑟。○工:指瞽矇,即盲人中善歌讽诵诗的乐人。工六人:指太师、少师二人为歌工,瑟工四人。仆人正徒相大师,仆人师相少师,仆人士相上工。○仆人正:仆人之长。徒相(xiàng):空手扶着。大(tài)师:为众乐工之长。仆人师:仆人正的副手。少师:乐工之长的副手。仆人士:仆

人正所属的小吏。上工:指瑟工四人。**相者皆左何瑟,后首,内弦,挎越,右手相。**○后首:瑟可鼓之处在后。**后者徒相,入。**○后者:指走在后面相太师、少师的仆人正和仆人师。挎越:用手指钩住瑟底下的小孔。挎(kū),执持。越(huó),瑟底的小孔。**小乐正从之,升自西阶,北面,东上。**○小乐正:为乐正之佐。从之:指从太师。太师走在最后。贱者先走,这是乐工的通礼。**坐授瑟,乃降。小乐正立于西阶东。乃歌《鹿鸣》三终,主人洗,升,实爵,献工。**○《鹿鸣》:《诗经·小雅》篇名,系人君与臣下及四方宾客饮燕讲道修政的乐歌。《鹿鸣》三终:指歌《鹿鸣之什》中的《鹿鸣》《四牡》《皇皇者华》三篇,篇各一终。**工不兴,左瑟,一人拜受爵,主人西阶上拜送爵。荐脯醢,使人相祭,卒爵,不拜。主人受虚爵。众工不拜受爵,坐祭,遂卒爵。辩有脯醢,不祭。主人受爵,降,奠于篚,复位。大师及少师、上工皆降,立于鼓北,群工陪于后。乃管《新宫》三终。**○乃管《新宫》三终:指用笙箫吹奏《新宫》乐歌三次。**卒管,大师及少师、上工皆东坫之东南,西面,北上,坐。**○坫(diàn):堂的东西两个角上都有可放东西的土台。

摈者自阼阶下请立司正,公许,摈者遂为司正。○司正:职掌监射事、察仪法。即将射,故立司正。**司正适洗,洗角觯,南面坐奠于中庭,升,东楹之东受命于公,西阶上北面命宾与诸公卿大夫:"公曰:'以我安。'"**○以我安:与我安心留下。**宾、诸公卿大夫皆对曰:"诺,敢不安!"司正降自西阶,南面坐取觯,升,酌散;降,南面坐奠觯,兴,右还,北面少立;坐取觯,兴;坐,不祭,卒觯,奠之,兴;再拜稽首,左还,南面坐取觯,洗,南面反奠于其所,北面立。**

以上述大射前先举行燕礼之仪。

司射适次,袒、决、遂,执弓,挟乘矢于弓外,见镞于拊,右巨指钩弦,自阼阶前曰:"为政请射。"○司射:亦大射正担任。次:更衣处,用帷帐或草席等搭成。挟乘矢于弓外,见镞于拊:指左手执弓把的中部,右手夹着四支箭在食指和中指间,用大拇指钩住弦,那么箭就会在弓弦的外面,同时箭头也就会显现在弓把外了。拊(fǔ):弓把中部。为政:指司马。司马政官,主射礼。**遂告曰:"大夫与大夫,士御于大夫。"**○遂告:以选三耦的方法告公。御:侍,侍候。士卑,故不说为耦而说侍。**遂适西阶前,东面右顾,命有司纳射器,射器皆入。**○右顾:向右看。因有司在南。有司:指帮助做事不射箭的士人。**君之弓矢适东堂,宾之弓矢与中、筹、丰皆止于西堂下。**○宾的弓箭不在堂上,避国君之故。中:指皮树中,盛算筹的器具。丰:盛爵器。

众弓矢不挟,总众弓矢、楅皆适次而俟。○挟:包束。总:众弓矢合而束之。**工人士与梓人升自北阶,两楹之间,疏数容弓,若丹若墨,度尺而午,射正莅之。**○工人士与梓人:均司空的下属,能画的人。北阶:堂后阶。疏数(cù):犹广狭。容弓:指两物间相距六尺。弓,长六尺。若丹若墨:指或丹或墨随便用一种颜色画物。若,或。度尺而午:纵画和横画都以一尺为度。午,一纵一横叫午,指画十字。射正:大射正。诸侯大射正二人,一为摈者即后来的司正,一为司射即这里的射正。**卒画,从北阶下。司宫扫所画物,自北阶下。大史俟于所设中之西,东面以听政。**○大史:太史,掌释获者,即放射中的算筹的人。中:指皮树中。政:指司射所誓之事。**司射西面誓之,曰:"公射大侯,大夫射参,士射干。射者非其侯,中之不获。卑者与尊者为耦,不异侯。"大史许诺。**○卑者与尊者为耦,不异侯:指射时同用一侯,如宾与君为耦,则同射大侯;士与大夫为耦,则同射糁侯。**遂比三耦,三耦俟于次北,西面,北上。**○比:搭配。**司射命上射,曰:"某御于子。"命下射,曰:"子与某子射。"卒,遂命三耦取弓矢于次。**○卒:指选择搭配完了。

司射入于次,搢三挟一个,出于次,西面揖,当阶北面揖,及阶揖,升堂揖,当物北面揖,及物揖,由下物少退,诱射。○搢:插。挟:夹。少退:稍稍后退一点。因为司射是教三耦射,不是正式的,故自谦不敢干犯正礼。诱射:教大家射。**射三侯,将乘矢。**○乘矢:四支箭。**始射干,又射参,大侯再发。**○始射干:先射士的箭靶干侯。自卑及尊。再发,射了两箭。**卒射,北面揖,及阶揖,降,如升射之仪。遂适堂西,改取一个,挟之;遂取扑,搢之;以立于所设中之西南,东面。**○扑:鞭子。

司马师命负侯者执旌以负侯,负侯者皆适侯,执旌负侯而俟。○司马师:司马正之佐。司马正即天子的军司马。负侯者:靠着箭靶的人,即获者。**司射适次,作上耦射,司射反位。上耦出次,西面揖,进,上射在左,并行,当阶北面揖,及阶揖。上射先升三等,下射从之,中等。**○中等:中间空一级台阶。中,犹间。**上射升堂,少左,下射升。上射揖,并行,皆当其物北面揖,及物揖。皆左足履物,还,视侯中,合足而俟。**○侯中:箭靶的中心。**司马正适次,袒、决、遂,执弓,右挟之,出,升自西阶,适下物,立于物间,左执弣,右执箫,南扬弓,命去侯。**○右挟之:指用右大拇指钩弦。箫:弓的末端。南扬弓:向南举起弓。去:离开。**负侯皆许诺,以宫趋,直西,及乏南,又诺以商,至乏,声止,授获者,退,立于西方。获者兴,共而俟。**○宫、商:古代音

律中的宫音和商音。此指应诺声。宫声大,商声小。授获者:指以旌授获者。本来负侯者也就是获者,而这里执旌负侯是一个人,执旌唱获又是一个人,这只是临时分工的不同。**司马正出于下射之南,还其后,降自西阶,遂适次,释弓,说决拾,袭,反位。**○说决拾:脱去扳指和臂套。**司射进,与司马正交于阶前,相左,由堂下西阶之东北面视上射,命曰:"毋射获,毋猎获。"上射揖。司射退,反位。乃射。上射既发,挟矢,而后下射射,拾发以将乘矢。**○拾:轮流更迭。**获者坐而获,举旌以宫,偃旌以商。**○获者:指唱获的人。**获而未释获。**○获而未释获:射中了也不放筹码,因为是习射。**卒射,右挟之,北面揖,揖如升射。**○卒射,右挟之:指箭射完了,左手拿着弓,右手大拇指钩住弓的弦。**上射降三等,下射少右,从之,中等,并行。上射于左,与升射者相左,交于阶前,相揖。适次,释弓,说决拾,袭,反位。三耦卒射,亦如之。司射去扑,倚于阶西,适阼阶下,北面告于公,曰:"三耦卒射。"反,搢扑,反位。**

司马正袒、决、遂,执弓,右挟之,出,与司射交于阶前,相左;升自西阶,自右物之后立于物间,西南面,揖弓,命取矢。○出:出次。**负侯许诺,如初去侯,皆执旌以负其侯而俟。**○去:离开。俟:等小臣取箭。

司马正降自西阶,北面命设福。小臣师设福,司马正东面以弓为毕。○毕:用来指点设置的器具,用木做成,长三尺。此以弓指画设福之处,起了毕的作用,所以说以弓为毕。**既设福,司马正适次,释弓,说决拾,袭,反位。小臣坐委矢于福,北括。**○委:放。括:通"栝",箭尾。**司马师坐乘之,卒。**○坐乘之:坐着将箭四支一份分好。**若矢不备,则司马正又袒、执弓,升,命取矢如初,曰:"取矢不索。"**○索:尽。**乃复求矢,加于福。卒,司马正进坐,左右抚之,兴,反位。**

以上述第一番射事之仪。

司射适西阶西,倚扑;升自西阶,东面请射于公,公许;遂适西阶上,命宾御于公,诸公卿则以耦告于上。○上:堂上。**大夫则降即位而后告。司射自西阶上北面告于大夫,曰:"请降。"司射先降,搢扑,反位。大夫从之降,适次,立于三耦之南,西面,北上。**○适次:到次里面。**司射东面于大夫之西,比耦,大夫与大夫,命上射,曰:"某御于子。"**○比耦:选择两两为耦。大夫与大夫,即把大夫和大夫配合为耦。**命下射,曰:"子与某子射。"**

卒，遂比众耦。○众耦：指由士与士搭配成的耦。众耦立于大夫之南，西面，北上。若有士与大夫为耦，则以大夫之耦为上。○若有士与大夫为耦：有时大夫不足，则以士配合成耦；配合时，大夫为下射。命大夫之耦，曰："子与某子射。"告于大夫，曰："某御于子。"命众耦如命三耦之辞。诸公卿皆未降。

遂命三耦各与其耦拾取矢，皆袒、决、遂，执弓，右挟之。一耦出，西面揖，当楅北面揖，及楅揖。上射东面，下射西面。上射揖，进，坐横弓，却手自弓下取一个，兼诸弣，兴，顺羽，且左还，毋周，反面揖。○却：仰。兼：并。并矢于弣。左还：左转。毋周：不要转一圈。下射进，坐横弓，覆手自弓上取一个，兼诸弣，兴，顺羽，且左还，毋周，反面揖。既拾取矢，梱之。○梱(kǔn)：使齐等。兼挟乘矢，皆内还，南面揖。○内还(xuán)：堂以北为内，上射左旋，由东而北而西而南；下射右旋，由西而北而东而南。两人均从北而旋，所以说内旋。适楅南，皆左还，北面揖，搢三挟一个，揖，以耦左还。○以：与。上射于左，退者与进者相左，相揖；退，释弓矢于次，说决拾，袭，反位。二耦拾取矢，亦如之。后者遂取诱射之矢，兼乘矢而取之，以授有司于次中。皆袭，反位。

司射作射如初。一耦揖、升如初。司马命去侯，负侯许诺如初。司马降，释弓，反位。司射犹挟一个，去扑，与司马交于阶前。适阼阶下，北面请释获于公，公许。反，搢扑，遂命释获者设中，以弓为毕，北面。○中：闾中，盛筹器，如驴，一角。大史释获，小臣师执中，先首，坐设之，东面，退。大史实八筹于中，横委其余于中西，兴，共而俟。司射西面命曰："中离维纲，扬触，梱复，公则释获，众则不与。唯公所中，中三侯皆获。"○中：箭射在靶上。离：丽，附着。维：侯舌，即箭靶上下左右伸出的部分。纲：系住箭靶的绳子。虽然射中了箭靶，但是没有射在中心鹄上，而是射在箭靶上下左右伸出的部分或系箭靶的绳子上，就叫中离维纲。扬触：指箭射在箭靶近旁的地上，因而激扬起来，触到箭靶上。梱(kǔn)复：指箭射至箭靶上没有穿进去又被弹回落在地上。中三侯皆获：国君本射大侯，但是为了优待国君，不管大侯、糁侯、豻侯，只要射中都可以放射中筹码。释获者命小史，小史命获者。○小史：大史的属官。司射遂进，由堂下北面视上射，命曰："不贯不释。"○贯：贯穿。上射揖，司射退，反位。释获者坐取中之八筹，改实八筹，兴，执而俟。乃射。若中，则释获者每一个释一筹。上射于右，下射于左。若有余筹，则反委之。又取中之八筹，改

实八筭于中,兴,执而俟。三耦卒射。

宾降,取弓矢于堂西;诸公卿则适次,继三耦以南。公将射,则司马师命负侯,皆执其旌以负其侯而俟,司马师反位。隶仆人扫侯道。○隶仆人:掌管洒扫之事。司射去扑,适阼阶下告射于公,公许。适西阶东告于宾,遂搢扑,反位。小射正一人取公之决拾于东坫上,一小射正授弓,拂弓,皆以俟于东堂。○拂弓:拂拭弓。公将射,则宾降,适堂西,袒、决、遂,执弓,搢三挟一个,升自西阶,先待于物北,北一笴,东面立。○待于物北,北一笴(gě):指在物的北边,距离物三尺的地方等待。笴,箭杆。箭杆长三尺。司马升,命去侯,如初,还右,乃降,释弓,反位。公就物。小射正奉决拾以笴,大射正执弓,皆以从于物。小射正坐奠笴于物南,遂拂以巾,取决兴,赞设决、朱极三。○笴:盛衣物的方竹器。朱极三:极,古时射箭时套在食指、中指、无名指上的手指套,用以引弦,以皮为之。朱,红色。三,指套在右手第二、第三、第四指上。小臣正赞袒,公袒朱襦,卒袒,小臣正退,俟于东堂。小射正又坐取拾,兴,赞设拾,以笴退,奠于坫上,复位。大射正执弓,以袂顺左右隈,上再下一,左执弣,右执箫,以授公,公亲揉之。○执弓:指用左手横着拿。以袂顺左右隈(wēi),上再下一:指用袖子沿着弓左右两边弯曲的地方自上而下拂拭,上面拂拭两次,下面拂拭一次。顺,循。左右隈,弓左右两边弯曲的地方。箫:通"弰"(shāo),弓的末梢。揉:用手弯弓,试弓之强弱。小臣师以巾内拂矢,而授矢于公,稍属。○内:向内,这里指向着自己。稍属(zhǔ):指发一矢乃复授一矢,接属而授也。大射正立于公后,以矢行告于公,下曰留,上曰扬,左右曰方。○以矢行告:把公每射出一箭的方向告诉给公。留:不到。方:通"旁",旁出。公既发,大射正受弓而俟。拾发以将乘矢,公卒射。○拾发以将乘矢:指公与宾轮流各把四支箭送射出去。小臣师以巾退,反位。大射正受弓,小射正以笴受决拾,退,奠于坫上,复位。大射正退,反司正之位。小臣正赞袭,公还而后宾降,释弓于堂西反位于阶西,东面。○公还:指还阼阶。公即席,司正以命升宾,宾升复筵,而后卿大夫继射。

诸公卿取弓矢于次中,袒、决、遂,执弓,搢三挟一个,出,西面揖,揖如三耦。升射,卒射,降如三耦。适次,释弓,说决拾,袭,反位。众皆继射,释获,皆如初。卒射,释获者遂以所执余获适阼阶下北面告于公,曰:"左右卒射。"○左右卒射:指上、下射射箭完毕。反位,坐委余获于

中西,兴,共而俟。○共:拱立。

司马袒执弓,升,命取矢,如初。○司马:指司马正。负侯许诺,以旌负侯,如初。司马降,释弓,如初。小臣委矢于楅,如初。宾、诸公卿大夫之矢皆异束之以茅,卒,正坐,左右抚之,进束,反位。○宾、诸公卿大夫之矢皆异束之:小臣取了箭即分别用茅束之。正:指司马正。抚之:指抚摸众矢而数之,审查有无错误。进束:指进所束的箭于楅中。宾之矢则以授矢人于西堂下。司马释弓,反位,而后卿大夫升就席。

司射适阶西,释弓,去扑,袭,进由中东,立于中南,北面视筭。○去扑:去掉鞭子。袭:穿好左边的衣袖。释获者东面于中西坐,先数右获,二筭为纯,一纯以取,实于左手。○纯:两支筹码叫作一纯。十纯则缩而委之,每委异之。○缩:纵。委:堆积。每委异之:每一委都分开来放。有余纯则横诸下。下:近为下,即近前的意思。一筭为奇,奇则又缩诸纯下。兴,自前适左,东面坐,坐兼敛筭,实于左手,一纯以委,十则异之。其余如右获。司射复位。释获者遂进取贤获执之,由阼阶下北面告于公。若右胜,则曰:"右贤于左。"若左胜,则曰:"左贤于右。"以纯数告。若有奇者,亦曰:"奇。"若左右钧,则左右各执一筭以告,曰:"左右钧。"○钧:通"均"。还,复位,坐兼敛筭,实八筭于中,委其余于中西,兴,共而俟。

司射命设丰。司宫士奉丰由西阶升,北面坐设于西楹西,降复位。○司宫士:司宫的属吏。奉:捧。胜者之弟子洗觯升,酌散,南面坐奠于丰上,降反位。○弟子:士之少者。司射遂袒执弓,挟一个,搢扑,东面于三耦之西,命三耦及众射者:"胜者皆袒、决、遂,执张弓;不胜者皆袭,说决拾,却左手,右加弛弓于其上,遂以执拊。"司射先反位。三耦及众射者皆升,饮射爵于西阶上。○射爵:犹罚爵。不胜的一方饮罚酒,胜的一方不饮。但须陪同升堂下堂。小射正作升饮射爵者,如作射。一耦出,揖,如升射。及阶,胜者先升,升堂少右。不胜者进,北面坐取丰上之觯,兴,少退,立卒觯,进,坐奠于丰下,兴,揖,不胜者先降,与升饮者相左,交于阶前,相揖,适次,释弓,袭,反位。仆人师继酌射爵,取觯实之,反奠于丰上,退俟于序端。○仆人师:君派他代替弟子。此后都是仆人师酌。升饮者如初,三耦卒饮。若宾、诸公卿、大夫不胜,则不降,不执弓,耦不升。仆

人师洗,升,实觯以授。宾、诸公卿、大夫受觯于席,以降,适西阶上,北面立饮,卒觯,授执爵者,反就席。若饮公,则侍射者降洗角觯,升,酌散,降拜,公降一等,小臣正辞。○侍射者:指宾。宾升,再拜稽首,公答再拜。宾坐祭,卒爵,再拜稽首,公答再拜。宾降,洗象觯,升,酌膳以致,下,拜,小臣正辞,升,再拜稽首,公答再拜。公卒觯,宾进受觯,降,洗散觯,升,实散,下,拜,小臣正辞,升,再拜稽首,公答再拜。○散觯:酌散酒(即方壶中的酒。臣饮的酒叫散酒,盛散酒的壶叫散尊)的觯,即角觯。君饮罚爵系用媵爵之礼,君饮一,臣饮二。宾先自饮为君饮酒的先导。君既饮,宾又酌散自饮,即夹爵。宾坐,不祭,卒觯,降奠于篚,阶西东面立。摈者以命升宾,宾升,就席。若诸公卿大夫之耦不胜,则亦执弛弓,特升饮。○特,独。众皆继饮射爵,如三耦。○众:众耦。指除三耦外由士与士搭配成的耦。射爵辩,乃彻丰与觯。

　　司宫尊侯于服不之东北,两献酒,东面,南上,皆加勺。○尊侯:指设献尊于侯。服不:官名,司马的属官,负大侯和唱靶的人。服不离开侯,坐在乏中,故酒尊设在侯的东北。设洗于尊西北,篚在南,东肆,实一散于篚。○散:爵名,容五升。司马正洗散,遂实爵,献服不。服不侯西北三步北面拜,受爵,司马正西面拜送爵,反位。宰夫有司荐,庶子设折俎。○宰夫有司:宰夫的属吏。卒错,获者适右个,荐俎从之,获者右执爵,右祭荐俎,二手祭酒;适左个,祭如右个;中亦如之。○卒错:指宰夫有司把笾、豆,庶子把俎设置完了。错,置。获者:指上文的服不。右执爵:"右"字误,当作"左"。二手祭酒:散爵大,故两手捧祭,同时也表示致敬。卒祭,左个之西北三步,东面,设荐俎,立卒爵。司马师受虚爵,洗,献隶仆人与巾车、获者,皆如大侯之礼。○隶仆人:指扫侯道的人。巾车:指张设三侯的人。获者:指糝侯、豻侯的负侯者和获者,也包括大侯的获者。司马正只献服不一人,其他都由司马师献。皆如大侯之礼:如献服不之礼。卒,司马师受虚爵,奠于篚。获者皆执其荐,庶子执俎从之,设于乏,少南。服不复负侯而俟。

　　司射适阶西,去扑,适堂西,释弓,说决拾,袭,适洗,洗觚,升,实之,降,献释获者于其位,少南。荐脯醢折俎,皆有祭。释获者荐右东面拜,受爵,司射北面拜送爵。释获者就其荐坐,左执爵,右祭脯醢,兴,取肺,坐祭,遂祭酒,兴,司射之西北面立卒爵,不拜既爵。司射受

虚爵，奠于篚。释获者少西辟荐，反位。○少西辟荐：稍稍往西避开俎。司射适堂西，袒、决、遂，取弓，挟一个，适阶西，搢扑以反位。

以上述第二番射事之仪。

司射倚扑于阶西，适阼阶下，北面请射于公，如初，反，搢扑，适次，命三耦皆袒、决、遂、执弓，序出取矢。司射先反位，三耦拾取矢如初。小射正作取矢，如初。○作：使。小射正使诸公卿大夫去轮流取箭，仪式跟司射命令三耦轮流取箭一样。三耦既拾取矢，诸公卿大夫皆降，如初位，与耦入于次，皆袒、决、遂、执弓，皆进当楅，进，坐说矢束，上射东面，下射西面，拾取矢如三耦。若士与大夫为耦，士东面，大夫西面。大夫进，坐说矢束，退，反位。耦揖，进，坐，兼取乘矢，兴，顺羽，且左还，毋周，反面揖。○兼取乘矢：并取四支箭。大夫进坐，亦兼取乘矢，如其耦。北面搢三挟一个，揖进，大夫与耦皆适次，释弓，说决拾，袭，反位。○揖进：当作揖退。《乡射礼》作"揖退"，此当同。诸公卿升，就席。○诸公卿：下当有"大夫"二字，此不言者，文脱。因上下文皆言卿大夫升就席。众射者继拾取矢，皆如三耦，遂入于次，释弓矢，说决拾，袭，反位。○众射者：众耦。

司射犹挟一个以作射，如初。一耦揖升，如初。司马升，命去侯，负侯许诺。司马降，释弓，反位。司射与司马交于阶前，倚扑于阶西，适阼阶下，北面请以乐于公，公许。司射反，搢扑，东面命乐正，曰："命用乐。"乐正曰："诺。"司射遂适堂下，北面视上射，命曰："不鼓不释。"上射揖，司射退，反位。乐正命大师，曰："奏《狸首》，间若一。"大师不兴，许诺。乐正反位。○《狸首》：逸诗篇名。行射礼时，诸侯歌《狸首》为发射箭的节奏。间（jiàn）若一：指音乐声调间隔的节奏快慢疏密要始终如一。奏《狸首》以射，三耦卒射。宾待于物，如初。公乐作而后就物，稍属，不以乐志，其他如初仪。○不以乐志：指可以不用音乐的节奏作为射箭的标记，即可以不跟鼓声的节奏相应。卒射，如初，宾就席。诸公卿大夫众射者皆继射，释获，如初。卒射，降反位。释获者执余获进告左右卒射，如初。

司马升，命取矢，负侯许诺。司马降，释弓，反位。小臣委矢，司马师乘之，皆如初。○乘之：四支一数。司射释弓，视筭，如初。释获者以贤获与钧告，如初，复位。司射命设丰实觯，如初。遂命胜者执张弓，不

胜者执弛弓，升饮，如初。卒，退丰与觯，如初。

司射犹袒、决、遂，左执弓，右执一个，兼诸弦，面镞，适次，命拾取矢，如初，司射反位。三耦及诸公卿大夫众射者皆袒、决、遂以拾取矢，如初。矢不挟，兼诸弦，面镞，退适次，皆授有司弓矢，袭，反位。○兼诸弦：指四支箭都跟弦并放在一起。卿大夫升，就席。司射适次，释弓，说决拾，去扑，袭，反位。司马正命退福、解纲，小臣师退福、巾车、量人解左下纲。司马师命获者以旌与荐俎退。司射命释获者退中与筭而俟。

以上述第三番射事之仪。

公又举奠觯，唯公所赐，若宾若长，以旅于西阶上，如初。大夫卒受者以虚觯降，奠于篚，反位。

司马正升自西阶，东楹之东北面告于公，请彻俎，公许。○司马正："马"字衍，当作"司正"。因《乡射礼》请撤俎是司正之职，此亦当同。遂适西阶上，北面告于宾。宾北面取俎以出，诸公卿取俎，如宾礼，遂出，授从者于门外；大夫降，复位。庶子正彻公俎，降自阼阶，以东。○庶子止：庶子之长。宾、诸公卿皆入门，东面，北上。司正升宾，宾、诸公卿、大夫皆说屦，升，就席。公以宾及卿大夫皆坐，乃安。羞庶羞，大夫祭荐。司正升受命，皆命："公曰：'众无不醉。'"宾及诸公卿大夫皆兴，对曰："诺。敢不醉！"皆反位，坐。

主人洗、酌，献士于西阶上。士长升，拜，受觯，主人拜送。士坐祭，立饮，不拜既爵。其他不拜，坐祭，立饮。○其他：指众士。乃荐司正与射人于觯南，北面，东上，司正为上，辩献士，士既献者立于东方，西面，北上。○射人：指司射，亦大射正。乃荐士，祝、史、小臣师亦就其位而荐之。○荐士：士通"事"，指大射中做了事的人。主人就士旅食之尊而献之，旅食不拜受爵，坐祭，立饮。主人执虚爵，奠于篚，复位。

宾降洗，升，媵觯于公。酌散，下，拜，公降一等，小臣正辞，宾升，再拜稽首，公答再拜。宾坐祭，卒爵，再拜稽首，公答再拜。宾降，洗象觚，升，酌膳，坐奠于荐南，降，拜，小臣正辞，宾升，成拜，公答拜，宾反位。公坐取宾所媵觯，兴，唯公所赐，受者如初受酬之礼，降，更爵，

洗,升,酌膳,下,再拜稽首,小臣正辞,升,成拜,公答拜,乃就席,坐行之。有执爵者,唯受于公者拜。司正命执爵者爵辩。卒受者兴以酬士。大夫卒受者以爵兴,西阶上酬士。士升,大夫奠爵,拜,士答拜。大夫立卒爵,不拜,实之,士拜受,大夫拜送。士旅于西阶上,辩,士旅酬。○士旅酬:士依次互相酌酒酬饮,没有执爵者。旅,序。又士旅酬后,《燕礼》有"卒"字,此无,疑脱。

若命曰"复射",则不献庶子。○不献庶子:献酬之礼,庶子以下最后献。若献庶子,则正礼毕,不得更有射事了。因此,复射要在献庶子之前。司射命射,唯欲。○唯欲:欲者就射,不欲者就不射。卿大夫皆降,再拜稽首,公答拜。一发,中三侯皆获。○一发,中三侯皆获:一发指上下射各发一箭。因已不是正射,所以即使中非其侯,也可以释获。

主人洗,升自西阶,献庶子于阼阶上,如献士之礼。辩献,降洗,遂献左右正与内小臣,皆于阼阶上,如献庶子之礼。○左右正:指乐正、仆人正,位在中庭的左右,故称。内小臣:指太监。

无筭爵。士也,有执膳爵者,有执散爵者。执膳爵者酌以进公,公不拜受。执散爵者酌以之公,命所赐。所赐者兴,受爵,降席下,奠爵,再拜稽首,公答再拜。受赐爵者以爵就席坐,公卒爵然后饮。执膳爵者受公爵,酌,反奠之。受赐者兴,授执散爵者。执散爵者乃酌行之,唯受于公者拜。卒爵者兴,以酬士于西阶上。○卒爵者兴:"卒"字后疑脱一"受"字,《燕礼》有"受"字。卒受爵者:最终受赐爵的人。士升,大夫不拜乃饮,实爵,士不拜受爵,大夫就席。士旅酬,亦如之。公有命彻幂,则宾及诸公卿大夫皆降,西阶下北面东上,再拜稽首。公命小臣正辞,公答拜。大夫皆辟,升反位。士终旅于上如初。无筭乐。

宵,则庶子执烛于阼阶上,司宫执烛于西阶上,甸人执大烛于庭,阍人为烛于门外。○宵:夜晚。宾醉,北面坐取其荐脯以降,奏《陔》。○《陔》:《陔夏》。宾所执脯以赐钟人于门内霤,遂出,卿大夫皆出,公不送。公入,《骜》。○骜(áo):《骜夏》,乐章名。钟师所奏九夏之一,公出入以钟鼓奏之。今亡。

以上述射事完毕,君臣燕坐,尽欢而散。

聘礼第八

聘礼,君与卿图事,遂命使者。○聘礼:就是诸侯派遣使臣互相聘问之礼。君与卿图事:商量聘问之事和选择出使的人。卿,指三卿,主管国家政事。图,谋。使者再拜稽首辞,君不许,乃退。既图事,戒上介,亦如之。○既图事:已经商议完了。既,已经。戒:犹命。上介:卿的副使,由大夫担任。宰命司马戒众介,众介皆逆命不辞。○宰命司马戒众介:宰,上卿,诸侯的执政大臣。众介:以士充任。士属司马所掌,故司马命众介。逆命:犹受命。宰书币,命宰夫官具。○宰书币:宰记载聘问他国所需的礼物数。币,指礼物。命宰夫官具:宰夫,宰的属官。宰既记载了用币的数目,因命宰大使官史备办物品。及期,夕币,使者朝服帅众介夕。○及期:到了规定的日期。夕币:行期前一天晚上把玉帛等礼物陈列出来,一件一件数给使者看。币,此指陈列礼物。夕:暮夕时见国君的专称,与前一"夕"不同。管人布幕于寝门外,官陈币,皮北首,西上,加其奉于左皮上,马则北面,奠币于其前。○管人:掌次舍帷幕的人。管,通"馆"。布:铺设。官:指负责备办皮币等物的官吏。皮:指虎、豹、熊、麋等兽皮。奉:指所奉以致命的礼物束帛、玄纁等。使者北面,众介立于其左,东上。卿、大夫在幕东,西面,北上。宰入告具于君,君朝服出门左,南乡。○具:指所陈列的皮币等已备办齐全。乡:向。史读书,展币。○书:指礼书,其中备载了聘问献纳的皮币等物。展:校录(省视核对)。宰执书告备具于君,授使者。使者受书,授上介。公揖入。官载其币,舍于朝。○官:从行的官吏。载:指装载到车上。舍于朝:舍,住宿。公币不可以入私家,故在朝住宿。上介视载者所受书以行。○以行:指核视完毕,于是出朝返家。

厥明,宾朝服释币于祢,有司筵几于室中。○厥明:夕币的第二天。宾:指使者,以其将出使为宾。释币:大夫出行前的一种简单的告庙形式。只有币帛,没有牲牢,不必祭祀,但须盥洗。祢:父庙。筵几:设筵席和几。祝先入,主人从入。○主人:指使者,庙中称主人。主人在右,再拜,祝告,又再拜。释币,制玄纁束,奠于几

下,出。○制:布帛一丈八尺叫制。玄纁束:指一束五卷的缯帛三卷是玄色的,二卷是纁色的。玄,黑而微赤的颜色。纁,浅红色。束,一束为五匹。**主人立于户东,祝立于牖西,又入,取币,降,卷币,实于笲,埋于西阶东。**○笲(fán):圆形竹器。**又释币于行。**○行:路神。因为出使要远行,所以奠币祭路神。**遂受命。**○受命:受命出使。**上介释币,亦如之。**

上介及众介俟于使者之门外,使者载旜,帅以受命于朝。○载旜:在车上树起深红色的旌旗。旜,赤色无饰曲柄的旗。朝:受命之处,指治朝,在路门外。**君朝服,南乡,卿大夫西面,北上。君使卿进使者。使者入,及众介随入,北面,东上。君揖使者进之,上介立于其左,接闻命。**○进之:使之靠近国君,以便闻听君命。接:犹续。**贾人西面坐启椟,取圭,垂缫,不起而授宰,宰执圭,屈缫,自公左授使者。**○贾人:掌管交易物价的小吏。椟:匣子。圭:指瑑(zhuàn)圭,即雕饰了凸形花纹的圭璋,长六寸,侯伯之臣出使时所执。缫(zǎo):垫玉器的彩色木板。外包以皮并在上面画有杂色花纹,尾部有五色的丝带。文中"缫"有时代指五色丝带。垂缫:丝带下垂。屈缫:把丝带屈在手上。**使者受圭,同面,垂缫以受命。**○同面:面朝同一个方向。**既述命,同面授上介。上介受圭,屈缫,出,授贾人,众介不从。受享束帛加璧,受夫人之聘璋,享玄纁束帛加琮,皆如初。**○享:献。凡用玉帛之类做礼物,相等的国家都叫享。璧:平圆形,中心有孔的玉器。璋:半圭叫璋。圭形上尖下方,璋则上端斜削去一角。琮(cóng):内圆外呈八方形的玉器。聘国君用圭,聘夫人用璋,取阳全阴半之义;享国君用璧,享夫人用琮,取天地配合之义。聘用圭璋,表示诚信;享用璧琮,表示礼节。**遂行,舍于郊,敛旜。**○舍:止宿。敛旜:收起旗子。

以上述受命将聘之仪。

若过邦,至于竟,使次介假道,束帛将命于朝,曰:"请帅。"○过邦:指途中经过其他国家。竟:古"境"字。假道:指借路经过。将命:指奉命请求借路经过。请帅:请求派人导引出境。**奠币。**○奠币:把束帛置放在地上,不直接授给,表示敬意。**下大夫取以入告,出许,遂受币,饩之以其礼:上宾大牢,积唯刍禾,介皆有饩。**○饩(xì)之以其礼:指按照使者们的爵位高低给予赠送。饩,赠送牲畜、谷物、饲料等。上宾:指使者。大(tài)牢:指牛、羊、豕三牲。积:指米、禾、薪、刍,此唯刍、禾,则无米与薪。**士帅没其竟。**○士帅:遣士导引。没其竟:尽彼国界。**誓于其竟,宾南面,上介西面,众介北面,东上。**○誓于其竟:次介假道时即止而誓士众,不得在假道中有所冒

犯失礼。史读书，司马执策，立于其后。○书：誓书。策：马鞭。

未入竟，一肄。○竟：所出使之国的国境。肄（yì）：习。预习聘享的礼节，以免失仪。为坛壝，画阶，帷其北，无宫。○壝（wéi）坛：累土筑坛而低叫坛壝。画阶：画地以像东西阶。帷其北：指用帷幕把北边围起来以像房室。无宫：没有外墙。朝服，无主，无执也。○无主：不立主人。指不用人模仿所聘问之国的国君。无执：指不执圭玉。介皆与，北面，西上。习享，士执庭实，习夫人之聘享，亦如之。○习享：预习聘享之礼。士：指众介。庭实：诸侯或使臣互相访问举行聘享之礼时陈列在庭中的礼物。此专指兽皮。习公事，不习私事。○公事：指聘享之事。私事：指使者以私人身份拜见所在国的国君、公卿。

及竟，张旜，誓。○及：至。誓：指誓戒随行人等，使勿犯礼。乃谒关人，关人问从者几人，以介对。○谒：告。关人：管理边关的官员。从者：随行的人。以介对：以所于受命者对。不敢以其他人众烦主人。君使士请事，遂以入竟。○请事：请问所使何事。入竟，敛旜，乃展。○展：察看检视礼物。布幕，宾朝服立于幕东，西面；介皆北面，东上。贾人北面，坐拭圭，遂执展之。上介北面视之，退复位。退圭。○退圭：谓圭尊，不陈设，放回匣内。陈皮，北首，西上。又拭璧，展之，会诸其币，加于左皮上。○会：合。上介视之，退。马则幕南，北面，奠币于其前。展夫人之聘享，亦如之，贾人告于上介，上介告于宾。有司展群币，以告。○群币：指献给群臣和以私人身份拜见国君的币帛礼物。及郊，又展，如初。○及郊：郊指远郊。天子远郊百里，侯伯之国，远郊当距国都三十里。及馆，展币于贾人之馆，如初。○馆：舍，指候馆，迎候宾客之馆。在馆内可以休息、沐浴。贾人之馆：为候馆的旁室。

宾至于近郊，张旜，君使下大夫请行，反。○请行：请问目的地。国君明知故问，是表示谦敬、慎重。君使卿朝服用束帛劳。○劳：慰劳。上介出请，入告，宾礼辞，迎于舍门之外，再拜，劳者不答拜。○请：请问来意。礼辞：谦辞一次而许。劳者不答拜：奉使不敢当其礼，故不答拜。劳者，指东道国国君派来郊慰劳宾的卿。宾揖，先入，受于舍门内。劳者奉币入，东面致命，宾北面听命，还少退，再拜稽首，受币。○奉：捧。致命：致国君之命。还：通"旋"，旋即。劳者出，授老币。○老：使者的家臣。出迎劳者，劳者礼辞。宾揖，先入，劳者从之。乘皮设，宾用束锦傧劳者，劳者再拜稽首受，宾再拜稽首送币。○乘皮设：宾设四皮在门内。皮，麋鹿皮。傧：敬。劳者揖皮，出，乃退。宾送，再拜。夫人使下大夫劳以二竹簋方，玄被纁里，有盖。○二竹簋方：两个外形如簋，但呈

方形的竹器。被：表。**其实枣蒸栗择，兼执之以进，宾受枣，大夫二手授栗，宾之受，如初礼。**○兼：并。**偵之，如初。下大夫劳者遂以宾入。**

以上述在途、借道、入境之仪。

至于朝，主人曰："不腆先君之祧，既拚以俟矣。"○主人：指国君。腆：善。祧（tiāo）：始祖庙。聘礼在始祖庙举行。拚（fèn）：扫除。**宾曰："俟闲。"**○俟闲：等待（君）闲暇时。意思是初来仓猝，尚须沐浴斋戒而后可。但不便说俟己闲，故婉言俟君闲。**大夫帅至于馆。卿致馆，宾迎，再拜。**○致馆：指用君命把此馆给宾住宿。致，犹给予。**卿致命，宾再拜稽首。卿退，宾送，再拜。**○卿致命：指传达君慰劳的命。**宰夫朝服设飧：饪一牢，在西，鼎九，羞鼎三；腥一牢，在东，鼎七；堂上之馔八，西夹六。**○飧：食不备礼曰飧。指简单的饭食。饪：煮熟的食物。牢：牛、羊、豕齐备为一牢。羞鼎：陪鼎。腥：生的。八、六：指豆的数量，凡馔以豆为本。堂上八豆则配有八簋、六铏、两簠、八壶。西夹六，西夹室前的食物六豆，则配有六簋、四铏、两簠、六壶。**门外，米禾皆二十车，薪刍倍禾。上介饪一牢，在西，鼎七，羞鼎三；堂上之馔六。门外，米禾皆十车，薪刍倍禾。众介皆少牢。**○少牢：羊、豕各一。

以上述初至之仪。

厥明，讶宾于馆。○厥明：宾至馆的第二天。讶：通"迓"（yà），迎。**宾皮弁聘，至于朝，宾入于次，乃陈币。**○皮弁：皮弁服，古君臣视朝穿的朝服。次：更衣室。在大门外之西，用帐幕搭成。入次，暂止以候诸事办齐。**卿为上摈，大夫为承摈，士为绍摈。**○摈：主国国君派来接宾的人。上摈位最上，与聘宾职务相同，直接导引聘宾。承摈，承继上摈，为上摈的副职。绍摈是绍继承摈，为承摈之助。**摈者出请事。**○摈者出请事：摈者指上摈。请事，请问宾来的事情。**公皮弁迎宾于大门内，大夫纳宾，宾入门左，公再拜，宾辟，不答拜。**○公：主国国君。大夫：上大夫，指上摈。**公揖，入，每门每曲揖。及庙门，公揖，入，立于中庭，宾立接西塾。**○每门：诸侯三门，由外而内是库门、雉门、路门。每曲：每逢拐弯处。接：近。**几筵既设，摈者出请命。**○出请命：请宾行正聘礼。**贾人东面坐启椟，取圭，垂缫，不起而授上介，上介不袭，执圭，屈缫，授宾。**○袭：指加上衣，不露裼衣。不袭反之。上衣即行礼时穿在外面的，如皮弁之类的朝服。屈缫：把丝带屈在手上。**宾袭，执圭。摈者入告，出辞玉。**○入告：告公。**纳宾，宾入门左，介皆入门左，北面，西上。三揖，至于阶，三让，公升二等，宾升，西楹西东面，摈者退中庭。宾致**

命,公左还,北乡。○宾致命:致达国君聘问之命。摈者进,公当楣再拜,宾三退,负序。○楣:楹上横梁。负序:背对西序。公侧袭,受玉于中堂与东楹之间。○公侧袭:公单独穿好袭衣,不用人帮助,表示尊重宾。侧,独。摈者退,负东塾而立。宾降,介逆出,宾出。○介逆出:众介按照后进先出的顺序出去。公侧授宰玉,裼,降立。○裼:脱去上衣,现裼衣。降立:下阼阶立中庭待宾入。摈者出请,宾裼,奉束帛加璧享,摈者入告,出许。○奉:捧。庭实,皮则摄之,毛在内,内摄之,入设也。○庭实:陈列在庭中的礼物。皮:虎豹之皮。摄之:右手并执前足,左手并执后足。内摄之:两手相向拿着。宾入门左,揖让如初,升,致命,张皮。○致命:致其君享献之命。公再拜,受币。士受皮者自后右客。○自后右客:指从执皮者的后面以执皮者为右,即站在执皮者的左边接受皮。宾出,当之坐摄之。○宾出,当之坐摄之:指宾下西阶出至皮之西时,士乃对宾跪着摄皮。公侧授宰币。○侧:独。皮如入,右首而东。○皮如入:指士受皮者亦如初入内摄之。聘于夫人,用璋;享,用琮。如初礼。若有言,则以束帛,如享礼。○有言:指有所告请。如果有什么告语、请求或问讯,那么就用一束币帛表达意思,仪式跟享礼一样,只是没有庭实。摈者出请事,宾告事毕。○事毕:指聘享的公事完了。

宾奉束锦以请觌,摈者入告,出辞,请礼宾,宾礼辞,听命,摈者入告。○奉:捧。觌(dí):见。此指以私人身份拜见公,表示私人对公的敬意。宰夫彻几,改筵。○彻几改筵:撤掉神几,改铺设宾的筵席。公出迎宾以入,揖让如初。公升,侧受几于序端。○侧:独,指不用摈相。宰夫内拂几三,奉两端以进。○内拂几:指向自己身边拂,以免灰尘及公。奉:捧。公东南乡。外拂几三,卒,振袂,中摄之,进西乡,摈者告,宾进讶受几于筵前,东面俟。○振袂:因用右边衣袖拂了几,所以振去其灰尘。讶:通“迓”,迎。公一拜送,宾以几辟,北面设几,不降,阶上答再拜稽首。宰夫实觯以醴,加柶于觯,面枋,公侧受醴。○面枋:以匙柄向前。枋,柄。侧受醴:独受醴酒,不用摈相。宾不降,一拜,进筵前受醴,复位。公拜送醴。宰夫荐笾豆脯醢,宾升筵,摈者退,负东塾。宾祭脯醢,以柶祭醴三。庭实设。○庭实:此指四匹马,设之酬宾。降筵,北面,以柶兼诸觯,尚擸,坐啐醴。○以柶兼诸觯:指用右手执柶并执觯。尚擸(liè):把匙头放在上面拿着。擸,匙头。尚,通“上”。公用束帛,建柶,北面奠于荐东。○公用束帛:公用五匹帛作为赠庭实乘马之前的礼物。建柶:把柶插在觯中。摈

者进相币。○相币：赞助公和宾授受币帛的礼节。宾降辞币，公降一等辞，栗阶升，听命，降拜，公辞，升，再拜稽首，受币，当东楹，北面，退，东面俟。○栗阶：指历阶。谓前足升一等，后脚并上去，前足再升，如此连步，后脚不越过前足。公一拜，宾降也，公再拜，宾执左马以出。○执左马：牵西边的一匹马，尊公之赐，故亲牵以出。其余三匹马，由公负责马的人替宾牵出。上介受宾币，从者讶受马。○讶：通"迓"，迎。

以上述主君礼宾之仪式。

宾觌，奉束锦，总乘马，二人赞，入门右，北面奠币，再拜稽首，摈者辞，宾出。○总乘马：乘马，四匹马，每马二辔，故宾总牵着八辔。总，合在一起。赞：佐助。摈者坐取币，出，有司二人牵马以从，出门，西面于东塾南。摈者请受，宾礼辞，听命。牵马右之，入设。○牵马右之：指用右手牵马，使马在右。宾奉币入门左，介皆入门左，西上。公揖让如初，升，公北面再拜，宾三退，反还负序，振币，进授，当东楹，北面。○振币：振之使洁。士受马者自前还牵者后，适其右，受。牵马者自前西，乃出。宾降，阶东拜送，君辞，拜也，君降一等辞。摈者曰："寡君从子，虽将拜，起也。"○寡君从子：指降阶一等辞宾降。栗阶升。公西乡，宾阶上再拜稽首，公少退。宾降，出。公侧授宰币，马出。

公降立。摈者出请，上介奉束锦，士介四人皆奉玉锦束，请觌。○玉锦：锦之精细华丽者。因其纤缛而白似玉，故称。摈者入告，出许。上介奉币，俪皮，二人赞，皆入门右，东上，奠币，皆再拜稽首。○奉：捧。俪皮：两张皮，指麋鹿皮。二人赞：使二人帮助拿皮。摈者辞，介逆出。摈者执上币，士执众币，有司二人举皮，从其币，出请受。○上币：上介的币。众币：众介的币。委皮南面。执币者西面，北上。摈者请受。介礼辞，听命，皆进，讶受其币。上介奉币，皮先，入门左，奠皮，公再拜。○皮先：执皮者先入。介振币自皮西进，北面授币，退复位，再拜稽首送币，介出。宰自公左受币，有司二人坐举皮，以东。摈者又纳士介，士介入门右，奠币，再拜稽首。摈者辞，介逆出。摈者执上币以出，礼请受，宾固辞。○摈者执上币以出：上币，士长一人的玉锦束，执以还士长。宾固辞：士介位卑，不敢直接与主国国君通言，故宾代替他说话。固，衍字。公答再拜，摈者出，立于门中以相拜，士介皆辟。○公答再拜：士介拜送玉锦后即出去了，故公在庭中遥答拜受玉锦束。摈者出：摈者初

以宾代辞玉锦束的话入告公，故此时摈者出相拜。出，指出门槛外。立于门中以相拜：介在外，公在内，故摈者站在门槛外把公拜的话传给士介。**士三人东上坐取币，立。摈者进，宰夫受币于中庭，以东，执币者序从之。**

摈者出请，宾告事毕。摈者入告，公出送宾。及大门内，公问君，宾对，公再拜。○君：使者本国的国君。**公问大夫，宾对。**○大夫：使者本国的大夫。**公劳宾，宾再拜稽首，公答拜。**○公劳(lào)宾：用远来道路辛苦的话慰劳他们。**公劳介，介皆再拜稽首，公答拜。宾出，公再拜送，宾不顾。**○顾：回头。

宾请有事于大夫，公礼辞，许。○有事于大夫：指奉本国国君之命问候主国的卿。**宾即馆。**○即：就。**卿大夫劳宾，宾不见。**○宾不见：因公事未完，不敢先见。**大夫奠雁，再拜，上介受。劳上介，亦如之。**

以上述私觌、有事于大夫之仪。

君使卿韦弁归饔饩五牢，上介请事，宾朝服，礼辞，有司入陈。○韦弁：古冠名，用韎(mèi)韦即染成赤色的熟皮做的帽子。这里代指韦弁服，此本戎服(军服)，而卿穿之者，韦弁服尊于皮弁服，以示敬意。归：通"馈"，馈赠。饔饩(xì)：古代赠送给宾客的杀死的牲畜和活的牲畜。饔(yōng)：熟食。五牢：五太牢，即牛、羊、豕各五头。朝服：朝服实即玄端服，不同在于朝服是素鞸，即白色皮蔽膝；玄端服是爵鞸，即赤而微黑的皮蔽膝。宾朝服：朝服卑于皮弁服。古接受礼物用尊服，不受用卑服。故宾不肯受，穿朝服以示意。有司入陈：入宾所住宿的馆舍，把饔饩陈列出来。**饔：饪一牢，鼎九，设于西阶前；陪鼎当内廉，东面，北上，上当碑，南陈。**○饔：此指熟食。内廉：堂屋西阶的东侧边。上当碑：前面对齐碑。碑，观测日影的柱子。**牛、羊、豕、鱼、腊、肠胃同鼎、肤、鲜鱼、鲜腊，设扃鼏。**○设扃鼏：指这九个鼎都设置了贯穿鼎上两耳的举鼎横木和鼎盖。扃，举鼎的横木。鼏，正鼎的盖子。**胨、臐、膮，盖，陪牛、羊、豕。**○胨(xiāng)：牛肉羹。臐(xūn)：羊肉羹。膮(xiāo)：猪肉羹。盖：陪鼎的盖子。**腥二牢，鼎二七，无鲜鱼、鲜腊，设于阼阶前，西面，南陈，如饪鼎，二列。**○腥：未煮的生肉。鼎二七：每牢七鼎，共二列。**堂上八豆，设于户西，西陈，皆二以并，东上：韭菹，其南醓醢，屈。**○八豆：指韭菹(韭菜酱)、蜗醢(蜗牛肉酱)、葵菹(葵菜酱)、鹿臡(ní，鹿骨肉酱)、醓(tǎn)醢(多汁的肉酱)、昌本(菖蒲根酱)、麋臡(麋骨肉酱)、菁菹(韭菜花酱)。二以并：两两并列摆放。屈：屈转排列。**八簋继之：黍，其南稷，错。**○八簋：黍稷各四簋。错：黍稷相间陈列，即黍、稷、黍、稷、稷、黍。**六铏继之：牛，以西羊、豕，豕南牛，以东羊、豕。**○六铏：指牛肉汁和豆叶的菜羹、羊肉汁和苦菜的菜羹、猪肉汁

和野豌豆叶的菜羹各二。铏(xíng),古盛菜和羹的器皿。**两簠继之:梁在北**。○两簠:稻梁各一。簠,食器,呈长方形,器与盖的形状相同,可分用,各有两耳。用以盛黍稷稻梁。**八壶设于西序,北上,二以并,南陈**。○八壶:稻酒、黍酒各二,梁酒四。**西夹六豆,设于西墉下,北上:韭菹,其东醓醢,屈**。○墉:墙。六豆:同上八豆,只是没有葵菹和蜗醢。**六簋继之:黍,其东稷,错。四铏继之:牛,以南羊,羊东豕,豕以北牛。两簠继之:梁在西。皆二以并,南陈。六壶,西上,二以并,东陈**。○六壶:六壶酒。指稻酒、黍酒、梁酒各两壶。**馔于东方,亦如之,西北上。壶东上,西陈**。○东方:指东夹室。**醯醢百瓮,夹碑,十以为列,醯在东**。○醯(xī):醋。醢:肉酱。百瓮:醯醢各半。夹碑:在碑的两侧。十以为列:十瓮为一列。**饩,二牢,陈于门西,北面,东上:牛,以西羊、豕,豕西牛、羊、豕**。○饩:这里指活的牲畜。**米百筥,筥半斛,设于中庭,十以为列,北上:黍、梁、稻,皆二行,稷四行**。○筥(jǔ):圆形的竹筐。半斛:五斗。斛(hú),古以十斗为一斛。**门外,米三十车,车秉有五薮,设于门东,为三列,东陈;禾三十车,车三秅,设于门西,西陈;薪刍倍禾**。○车秉有五薮(sǒu):一车装载了一秉又五薮,即二十四斛。秉、薮,十斗叫斛,十六斗叫薮,十六斛叫秉。车三秅:一秅四百秉,三秅一千二百秉。秉,把。秅(chá),四秉叫筥,十筥叫稯(zōng),十稯叫秅。**宾皮弁迎大夫于外门外,再拜,大夫不答拜**。○大夫:指卿。外门外:大门外。**揖,入,及庙门,宾揖,入,大夫奉束帛,入。三揖,皆行**。○三揖:指三曲揖。皆行:并行。**至于阶,让,大夫先升一等,宾从。升堂,北面听命,大夫东面致命。宾降,阶西再拜稽首,拜饩,亦如之。大夫辞,升,成拜。受币堂中西,北面。大夫降,出。宾降,授老币**。○老:家臣。**出迎大夫,大夫礼辞,许。入,揖让如初,宾升一等,大夫从,升堂。庭实设,马乘。宾降堂,受老束锦,大夫止。宾奉币西面,大夫东面。宾致币,大夫对。北面当楣,再拜稽首,受币于楹间,南面,退,东面俟。宾再拜稽首送币。大夫降,执左马以出,宾送于外门外,再拜。明日,宾拜于朝,拜饔与饩,皆再拜稽首**。○拜于朝:拜谢国君赐给饔饩的恩惠。朝,指大门(库门)外。

　　上介饔饩三牢,饪一牢,在西,鼎七,羞鼎三;腥一牢,在东,鼎七。○羞鼎:陪鼎。其所盛的是美味的肉羹,所以叫羞鼎。其是加馔而不是正馔,所以叫陪鼎。**堂上之馔六,西夹亦如之,筥及瓮如上宾;饩一牢,门外,米、禾视死牢,牢十车,薪、刍倍禾**。○视:比照。死牢:指已杀的太牢,包括饪牢和腥牢。牢十

车:每牢配以十车米或禾。凡其实与陈如上宾。下大夫韦弁用束帛致之,上介韦弁以受,如宾礼。儐之两马束锦。○儐:敬。士介四人皆饩大牢,米百筥,设于门外。○皆饩太牢:指活的牛、羊、豕。宰夫朝服牵牛以致之,士介朝服北面再拜稽首受。无擯。○无擯:没有擯者协助。

以上述归饔饩之仪。

宾朝服问卿,卿受于祖庙,下大夫擯。○卿:诸侯大国三卿。擯者出请事。大夫朝服迎于外门外,再拜,宾不答拜。揖,大夫先入,每门每曲揖。及庙门,大夫揖,入。擯者请命,庭实设,四皮。宾奉束帛入,三揖,皆行。至于阶,让,宾升一等,大夫从。升堂,北面听命,宾东面致命。大夫降,阶西再拜稽首,宾辞,升,成拜,受币堂中西,北面。宾降,出。大夫降,授老币。无擯。○无擯:"擯"当作"儐",没有儐敬的礼物给宾。擯者出请事,宾面,如觌币。○面:见。见主君曰觌,见大夫曰面。觌币:指见君时的礼物。宾奉币,庭实从,入门右,大夫辞,宾遂左,庭实设。○庭实:此用四匹马。揖让如初。大夫升一等,宾从之。大夫西面,宾称面,大夫对,北面当楣再拜,受币于楹间,南面,退,西面立。○宾称面:致面见之辞。称,举,举辞。宾当楣再拜送币,降,出。大夫降,授老币。

擯者出请事,上介特面,币如觌。○特面:指上介独自一人见卿,士介不从。跟前觌国君时不同。币如觌:礼物如同觌君时的礼物。介奉币,皮二人赞,入门右,奠币,再拜,大夫辞,擯者反币。庭实设,介奉币入,大夫揖让如初。介升,大夫再拜受。介降拜,大夫降辞,介升,再拜送币。擯者出请,众介面,如觌币。入门右,奠币,皆再拜,大夫辞,介逆出。擯者执上币出,礼请受,宾辞,大夫答再拜,擯者执上币立于门中以相拜,士介皆辞。老受擯者币于中庭,士三人坐取群币以从之。擯者出请事,宾出,大夫送于外门外,再拜,宾不顾。擯者退,大夫拜辱。○拜辱:拜谢他替自己做擯者是屈辱了他。

下大夫尝使至者,币及之。○尝使至者:指曾经到过聘国(使者本国)出使的人。君子不忘旧谊,故币及。上介朝服,三介,问下大夫,下大夫如卿受币之礼。○上介朝服:宾不亲往,因彼此爵位不相等,故使上介与士介三人往。问下大夫:指奉君命问。其面,如宾面于卿之礼。○其面:指面见。

大夫若不见，君使大夫各以其爵为之受，如主人受币礼，不拜。〇不见：指因故不能见面。如有病、在丧服中及出使在外等。各以其爵：如果是卿，就派卿代为受；如果是大夫，就派大夫代为受。

夕，夫人使下大夫韦弁归礼。〇夫人：指国君夫人。**堂上笾豆六，设于户东，西上，二以并，东陈。**〇笾豆六：六豆指韭菹、醓醢、昌本、麋臡、菁菹、鹿臡；六笾指蕡（fēng，熬麦）、蕡（fén，麻子）、白（熬稻米）、黑（熬黍米）、形盐（似虎形的盐）、朊（hū，大块的鱼肉）。豆都在西，笾继之而东。**壶设于东序，北上，二以并，南陈。醙、黍、清，皆两壶。**〇醙（sōu）：白酒，指用稻（糯米）做的白酒。黍：指用黍米做的酒。清：指用梁（粟米）做的酒。凡酒稻为上，黍次之，梁又次之，都有清、白两种。**大夫以束帛致之，宾如受饔之礼，俟之乘马束锦。**〇俟：敬。**上介四豆、四笾、四壶，受之如宾礼。俟之两马束锦。**〇四豆：六豆去菁菹、鹿臡。四笾：六笾去形盐和朊。四壶：去梁酒清白两壶。**明日，宾拜礼于朝。**

大夫饩宾大牢，米八筐。〇大牢：太牢，牛、羊、豕各一。饩：赠送，此特指赠送粮食或牲畜。米八筐：黍、粱各二筐，稷四筐。筐，方形竹器，容五斗。**宾迎，再拜。老牵牛以致之，宾再拜稽首受。老退，宾再拜送。**〇老：卿家臣中的贵臣。**上介亦如之。众介皆少牢，米六筐，皆士牵羊以致之。**〇少牢：只有羊和猪。米六筐：黍、粱、稷各二筐。士：卿的家臣。

公于宾，一食，再飨。〇一食，再飨：食礼一次，飨礼两次，食礼在两次飨礼的中间。食、飨，待宾客之礼有三：食、飨、燕。食以饭为主，飨以酒为主。食、飨在庙，燕在寝。**燕与羞、俶献，无常数。**〇羞：指禽羞，鹅、鸭之类，熟而进献之。俶（chù）献：始献四时珍美新物。俶，始。**宾介皆明日拜于朝。上介一食一飨。若不亲食，使大夫各以其爵朝服致之以侑币，如致飨，无俟。**〇若不亲食（sì）：指君有他故，如疾病、外出等，不能亲自请吃饭。侑（yòu）币：用以劝客人进食的币帛。**致飨以酬币，亦如之。**〇酬币：用以劝客人饮酒的币帛。**大夫于宾，一飨一食。上介，若食若飨。**〇若：或。**若不亲飨，则公作大夫致之以酬币，致食以侑币。**

以上述聘后馈、飨之仪。

君使卿皮弁还玉于馆。〇玉：指圭璋。圭璋，重器，来聘本以为赞见之礼，并非馈赠之物。就主国君来说，已聘而还圭璋，也是轻财重礼之义。故还之。**宾皮弁袭，迎于外门外，不拜，帅大夫以入。**〇帅：导，引。**大夫升自西阶，钩楹，宾自碑内听命。**〇钩楹：由西边屋柱的西边绕至它的北边，东行至堂中央。钩，绕。碑内：碑

北。升自西阶，自左，南面受圭，退，负右房而立。大夫降中庭，宾降，自碑内东面授上介于阼阶东。上介出请，宾迎。○出请：出向卿请命。**大夫还璋，如初入**。○还璋：为国君夫人还。**宾裼，迎**。○裼：这时宾迎卿便脱去皮弁上衣，露裼衣。**大夫贿用束纺，礼玉束帛乘皮，皆如还玉礼**。○贿：赠送财物给别人。纺：白色细绢。礼玉：指还聘君享主君的璧、聘君夫人享主君夫人的琮。皆如还玉礼：受圭璋，要袭衣即不去皮弁上衣而受，受璧琮、束帛要裼衣而受。两者不同。**大夫出，宾送，不拜**。

公馆宾，宾辟，上介听命。○公馆宾：谓宾回国的前一天，公亲至宾所住的馆舍看望宾。宾辟：言不敢当国君屈尊来见之礼，故避不出见，以表示敬意。**聘享、夫人之聘享、问大夫、送宾，公皆再拜**。○公皆再拜：对于这四件事，公都行再拜之礼。**公退，宾从，请命于朝，公辞，宾退**。

宾三拜乘禽于朝，讶听之。○三拜乘禽：每日使人馈送乘禽五双。因为物小赐频，不能即拜，故在临行时总的拜谢。乘禽，成双群居之鸟，雉雁之属。作礼品时以双为数，故称。讶听之：宾拜于朝，君不亲见，讶为之入告出报。讶，通"迓"，官名，掌迎宾客者。此以大夫临时充当，非正式官。**遂行，舍于郊**。○舍于郊：在近郊止宿。古人远行，初出要祖祭（祭路神），故宿近郊。**公使卿赠，如觌币，受于舍门外，如受劳礼，无傧**。○赠：出郊而后赠。如觌币：如宾觌君，用束锦乘马。无傧：指没有傧敬之物送给卿。**使下大夫赠上介，亦如之。使士赠众介，如其觌币**。○如其觌币：如众介觌君所用之币，指用玉锦束，无庭实。**大夫亲赠，如其面币，无傧**。○大夫亲赠：指卿私人赠给宾礼物。如其面币：指如宾面卿所用的币一样，用束帛四皮。**赠上介，亦如之**。○亦如之：如上介面卿所用的币，用束锦俪皮。**使人赠众介，如其面币。士送至于竟**。○竟，古"境"字。

以上述将行之礼。

使者归，及郊，请反命。○及郊：近郊。请反命：请求向君复命。出使在外时间较长，故请命而后入。这是一般使臣的礼节。**朝服，载旜、禳，乃入**。○禳(ráng)：祭名。祈祷消除灾祸。**乃入陈币于朝，西上**。○朝：指治朝，在寝门外。上宾之公币私币皆陈，上介公币陈，他介皆否。○上宾：指使者。公币：指主国国君所赐。私币：指主国卿大夫所赐。**束帛各加其庭实，皮左。公南乡，卿进使者。使者执圭，垂缫，北面；上介执璋，屈缫，立于其左。反命曰："以君命聘于某君，某君受币于某宫，某君再拜；以享某君，某君再拜。"**○某宫：指某

国国君的祖庙。宰自公左受玉。受上介璋,致命亦如之。执赗币以告曰:"某君使某子赗。"授宰。礼玉亦如之。执礼币以尽言赐礼。○礼币:被聘问之国的国君初礼宾(指郊劳)的币帛,为使者所得的。以尽言:指自郊劳至赠行,八次礼宾皆有币,执郊劳之币以历言其所得。公曰:"然。而不善乎?"○而不善乎:你不是很善于奉命出使吗?即赞使者能使四方。而,汝。授上介币,再拜稽首。公答再拜。私币不告。君劳之,再拜稽首,君答再拜。若有献,则曰:"某君之赐也,君其以赐乎!"○有献:是主国国君所赐给而不是觌币等时候所赐的,现在把它献给国君。君其以赐:言不一定合君之用,或者把它赐给别人。其,或。上介徒以公赐告,如上宾之礼。○徒:空手,不执币。君劳之,再拜稽首,君答拜。劳士介,亦如之。君使宰赐使者币,使者再拜稽首。○赐使者币:指所陈的礼币。赐介,介皆再拜稽首,乃退。○介:指上介、士介。介皆送至于使者之门,乃退,揖,使者拜其辱。○拜其辱:拜其为介受了屈辱。

释币于门,乃至于祢。○释币于门:谓从外来,先至大门,故祀门神。祭时把币帛放在神席上叫释币,也叫奠币。乃至于祢:祭完门神后,才至于祢庙。筵几于室,荐脯醢,觯酒陈。○觯酒陈:指主人酌酒于觯进奠。觯,爵类的酒器。此指一献。席于阼,荐脯醢。三献,一人举爵,献从者,行酬,乃出。○三献:室老亚献,邑宰三献。室老是家相(管家的),邑宰是食邑之宰,都是卿家臣中的贵者。室老,即上文的老;邑宰,即上文的士,都是出使时随行的人。上介至,亦如之。

以上述归国之仪。

聘遭丧,入竟则遂也。○遭丧:指主国的国君死了。遂:继续完成使命。不郊劳,不筵几,不礼宾。○不郊劳:不行郊劳之礼,因主国国君之子尚未即位为君。不筵几:初丧,不忍和生时不同,故仍像其生时的陈设,不别设筵席和神几,只是把聘币置放在灵柩前,向之传致本国国君聘问之命而已。不礼宾:平时行聘享礼完,就设醴酒宴请宾,今主君薨,不设宴。主人毕归礼,宾唯饔饩之受。○主人毕归礼:主人一方把宾等日常饮食所需的东西通通派人赠送给宾。不赗,不礼玉,不赠。○赗:赗用束纺。礼玉:礼玉束帛乘皮,这是主君回报聘君的。赠:使者至郊,主君使卿赠给使者报答私觌的礼物。遭夫人、世子之丧,君不受,使大夫受于庙,其他如遭君丧。○世子:指诸侯正妻所生的嫡长子。遭丧,将命于大夫,主人长衣练冠以受。○遭丧:指遭遇上述三者之丧。将命:传命。主人:指临时代替主君的大夫(卿)。长衣:缘了白色边的布衣。练冠:白色布做的帽子。

聘，君若薨于后，入竟则遂。○君：指本国国君。后：使者出发之后。遂：继续完成使命。赴者未至，则哭于巷，衰于馆。○赴者：告丧的人。赴，后写作"讣"。巷：馆舍的巷门。因为主国没有得到报丧的人的报告，使者虽然知道，但是不能设灵位，故在巷哭。衰(cuī)于馆：在馆舍内披麻戴孝。受礼，不受飨饩。○受礼：指受飨饩之礼。飨饩指食物。飨食：指酒宴。赴者至，则衰而出，唯稍受之。○衰：穿丧服。唯稍受之：只有粮食可以接受，牢(牛、羊、猪)礼不能接受。稍，即粮食。归，执圭复命于殡，升自西阶，不升堂。○复命于殡：向停的灵柩复命。子即位，不哭，辩复命，如聘，子臣皆哭。○子：嗣君。辩：通"遍"。与介入，北乡哭，出，袒，括发，入门右，即位，踊。○括发：指去掉笄，用麻绳束发。踊：顿足。

若有私丧，则哭于馆，衰而居，不飨食。○私丧：指使者父或母去世。哭于馆，衰而居：在馆舍内哭，居处时穿丧服。指(使者)不敢因父或母死使所聘国知道，不敢以凶服干扰嘉礼。不飨食：指主国国君设宴招待不去。归，使众介先，衰而从之。

宾入竟而死，遂也。主人为之具而殡，介摄其命。○主人：主国之君。为之具而殡：指给宾备办棺木入敛及停枢等事。殡，停枢。摄：代理。君吊，介为主人。○介为主人：因宾和上介并奉国君之命出使，今宾已死，那么上介就最大了。虽然宾有嫡长子随行，也不得为主人(丧主)。主人归礼币，必以用。○主人：指主国国君。归：馈。必以用：指必定要适合丧事之用。介受宾礼，无辞也。○无辞：不要拒绝。不飨食。归，介复命，枢止于门外。○门外：指库门外，即大门外。介卒复命，出，奉枢送之。君吊，卒殡。○君吊，卒殡：指君亲吊，视殡毕而后归。若大夫介卒，亦如之。○大夫介：指上介。士介死，为之棺，敛之，君不吊焉。若宾死，未将命，则既敛于棺，造于朝，介将命。○未将命：指宾没有行聘享之礼到馆舍就死了。造于朝：指上介亲送宾的灵柩至主国朝廷，致达本国国君之命，以完成宾的遗志。造，到。介将命：指代替宾向主国国君传达本国国君之命。若介死，归复命，唯上介造于朝。若介死，虽士介，宾既复命，往，卒殡乃归。

小聘曰问，不享，有献，不及夫人。○小聘：指一年一次诸侯互相派使聘问。不享，有献：享和献都是聘君赠送礼物给主君的礼节。它们的区别有二：一是享必以玉帛庭实，献只视其国的所有；二是享时及于国君和夫人，献就只对国君，夫人没有。主人不筵几，不礼，面不升，不郊劳。○不筵几：小聘虽然也在庙中举行，但是不设神位，所以也就不设筵几。不礼：指不设醴酒之宴敬礼使者。面不升：面，觌，指在庭中私觌，不登堂。不郊劳：不行郊劳之礼。其礼如为介，三介。○此句疑有脱文，当云"其礼使大夫，如

大聘之为上介；其介，三介"。上分句就使者身份及待使者之礼言，下分句就介的人数言。为，于。

以上述变通之仪。

【记】

久无事，则聘焉。○事：指盟会之事。**若有故，则卒聘，束帛加书将命。**○故：事，指灾患及临时发生的事情。卒聘：仓猝决定派使臣出聘。卒，通"猝"。束帛加书：以书加在帛上。**百名以上，书于策；不及百名，书于方。**○名：文字。策：简册，编连的竹简叫策。方：木版。**主人使人与客读诸门外。**○主人：主国国君。人：指内史。客：指使者。门外：庙门外。**客将归，使大夫以其束帛反命于馆。**○大夫：指主国之卿。**明日，君馆之。**○君馆之：指主君至馆舍送客。

以上补记有故卒聘致书之仪。

既受行，出，遂见宰，问几月之资。○资：资用。**使者既受行日，朝同位。**○受行日：指奉君命决定启程的一天。朝同位：使者有卿，有大夫，有士，平时在朝的位置各不相同，今则因出使之故，朝位都相同。**出祖释軷，祭酒脯，乃饮酒于其侧。**○出祖：古时出行前祭路神叫出祖。释軷(bá)：使者出行祭路神的仪式。

以上补记使者受命将行之仪。

所以朝天子，圭与缫皆九寸，剡上寸半，厚半寸，博三寸。○圭：古代官吏手中拿着作为官爵标志的玉制品。剡(yǎn)：削。指把圭上面左右角削去。**缫三采六等，朱白苍，朱白苍。**○缫三采六等：缫指垫圭的木板，用皮做包衣，再在皮上朱、白、苍(青)相间涂上六层颜色。朱在上，白在中，苍(青)在下。涂上这三层颜色，然后再按这样的次序各涂上一层。**问诸侯，朱绿缫，八寸，皆玄纁系，长尺，绚组。**○问：聘问。朱绿缫：指朱绿二彩共为一就(一圈)。皆玄纁系：指朝见天子和聘问诸侯的缫玉都用玄、纁两色的丝带为联系。绚组：杂玄、纁两色的丝带。杂彩成文叫绚，组指丝带。**问大夫之币，俟于郊，为肆，又赍皮马。**○肆：陈列。赍(jī)：付。

以上补记朝聘玉币之规格。

辞无常，孙而说。○孙(xùn)：逊，顺。说：今作"悦"。**辞多则史，少则不达。**○辞多则史：史指文胜。言辞多就往往会文采有余、诚信不足。**辞苟足以达，义之至也。**○义：宜。**辞曰："非礼也，敢。"对曰："非礼也，敢辞。"**○辞：指宾辞主人。对：指宾答主人。这是举辞少者以示例。敢：犹不敢。下"敢辞"的"辞"字为衍文。

以上补记修辞之仪节。

卿馆于大夫，大夫馆于士，士馆于工商。○卿馆于大夫：谓使者至主国不

住在同等官吏之家,必须住在低一级官吏的家里。馆,馆舍。此指住宿。**管人为客三日具沐,五日具浴。**○管人:掌客馆的人。管,通"馆"。具:备。

以上补记宾馆之仪。

飧不致,宾不拜,沐浴而食之。○飧:熟食。不致:不以束帛致命。

以上补记设飧之仪。

卿,大夫讶;大夫,士讶;士,皆有讶。○卿,大夫讶:卿为使者,即由大夫迎。讶,通"迓",迎接。大夫:指上介。士:土介。**宾即馆,讶将公命,又见之以其挚。**○以其挚:挚见之礼,大夫执雁,士执雉。**宾既将公事,复见之以其挚。**○既:已。复见:回见。

以上补记宾讶往复之仪。

凡四器者,唯其所宝,以聘可也。○四器:指圭、璋、璧、琮。唯其所宝:指其国独以此为宝。

以上补记聘玉。

宗人授次,次以帷,少退于君之次。○宗人:掌礼之官。授次:谓宾初至,授次作为临时休息之所。次,犹今之帐篷之类的东西。

以上补记授宾次之仪。

上介执圭如重,授宾。○如重:如执重物。**宾入门,皇;升堂,让;将授,志趋。**○皇:庄严貌。让:举手与心平。志趋:一心念着走路,恐怕失礼。这是说执玉的仪容。**授如争承,下如送,君还而后退。**○授如争承:指(授玉时)如与人争接取物。承,接。君还而后退:指主君旋转身将授玉给宰,然后宾退而下。**下阶,发气,怡焉,再三举足,又趋。**○发气:舒气。再三举足,又趋:下阶完应当快走以表示恭敬,故再三举足,稍作镇定,然后快走。**及门,正焉。**正焉:指容色如故。**执圭,入门,鞠躬焉,如恐失之。**○入门:亦指将聘执圭进庙门。鞠躬:恭敬谨慎貌。**及享,发气焉,盈容。**○享:享礼。盈容:指怡悦之色洋溢在脸上。**众介北面,跄焉。**○众介:指上介、士介。跄焉:指容貌舒扬。**私觌,愉愉焉,出,如舒雁。**○愉愉:颜色和悦。出,如舒雁:指宾介同出,容貌自然,行列有序。舒雁,鹅。**皇且行,入门主敬,升堂主慎。**

以上补记宾介聘享之容。

凡庭实,随入,左先。○随入:相随而入,不并行。**皮马相间,可也。**○皮马相间:皮与马可以互相代替。如果无皮则用马,无马则用皮。间,代。**宾之币,唯马出,其余皆东。多货,则伤于德;币美,则没礼。**○货:此专指玉。币美,则没礼:币指束帛,过美,则是重币而掩没礼了。**贿,在聘于贿。**○在聘于贿:视聘礼多少来给回赠的财物。

以上补记庭实货币之规。

凡执玉,无藉者袭。○藉:垫,将束帛垫在玉琮下。行聘礼时,聘主君用圭,聘夫人用璋,均无束帛,故授者(宾)与受者(主君)皆袭。袭:穿好外衣。

以上补记裼袭之节。

礼,不拜至。○礼:聘享礼毕,以醴酒礼请使者。不行拜至礼。**醴尊于东箱,瓦大一,有丰。**○东箱:东堂。瓦大:瓦尊名。丰:承尊器。**荐脯五胾,祭半胾,横之。**○胾(zhí):脯脡,即干肉条。**祭醴,再扱,始扱一祭,卒再祭。**○扱:挹取。再:两次。**主人之庭实,则主人遂以出,宾之士讶受之。**○主人之庭实:指主君礼宾的马。宾牵了左边一匹马出去,剩下三匹马,主君派人替他牵出去。宾之士:指士介,即从者。

以上补记公礼宾仪物。

既觌,宾若私献,奉献将命。○奉献将命:所献的礼物,虽然是自己的,但还说是奉君命送的,表示不敢自私。**摈者入告,出,礼辞。宾东面坐奠献,再拜稽首。摈者东面坐取献,举以入告,出,礼请受。宾固辞,公答再拜。**○固:衍文。**摈者立于阈外以相拜。**○阈(yù)外:门槛外。**宾辞。摈者授宰夫于中庭。若兄弟之国,则问夫人。**○兄弟之国:指同姓或属于婚姻甥舅有亲戚关系的国家。问夫人:指只有兄弟之国,献君并及夫人。问,遗(wèi),献。

以上补记觌后宾私献。

若君不见,使大夫受。○不见:指有病或其他原因。大夫:指卿。**自下听命,自西阶升受,负右房而立。宾降亦降。不礼。**○自下听命:指在堂下听命。不礼:礼,当作"醴"。行礼毕,不以醴酒礼宾。

以上补记君不亲受之仪。

币之所及皆劳,不释服。○不释服:宾赠送礼物的人,闻宾将赠送己物,为抢在宾送礼之前,故退朝不脱下朝服便往慰劳之。

以上补记劳宾。

赐饔,唯羹饪,筮一尸,若昭若穆。○羹饪:国君赐给的饔食有饪、腥、饩三种,只有饪一牢需要祭祀,羹饪即饪一牢,指煮熟的牛、羊、猪,宾把它向随行之祖先的神主致祭。筮一尸:将祭时,卜问一个人做尸,代替所祭的祖父或父亲受祭。若昭若穆:昭、穆指子孙,此指随行的子弟。古代宗庙,始祖居中,二世、四世、六世,位在始祖的左边,叫昭;三世、五世、七世,位在始祖的右边,叫穆。此处的昭或穆指离主人最近的一位。若,或。**仆为祝,祝曰:"孝孙某,孝子某,荐嘉礼于皇祖某甫,皇考某子。"**○祝:男巫,

祭神时管祭礼的人。嘉:善。皇祖:已故的祖父。甫:字名。皇考:已故的父亲。**如馈食之礼。假器于大夫。**○假:借。**胖肉及廋车。**○胖(bān):通"颁",赋给。廋(sōu):廋人,掌养马之官。车:巾车,掌公车之官。

以上补记宾受饗而祭。

聘日致饗。明日,问大夫。夕,夫人归礼。○归:馈。向夫人行馈赠之礼。**既致饗,旬而稍,宰夫始归乘禽,日如其饗饩之数。**○旬:十日为旬。宾留十日为正,或有事故,或主国挽留,则送粮食,以供膳食。稍:粮食。乘禽:雌雄并行的禽。致礼之物重双数,故用之。如其饗饩之数:指每日致送乘禽的数量和饗饩的数量一致。因馈给宾饗饩五太牢,故每日五双乘禽。**士,中日则二双。**○中日:隔日。**凡献,执一双,委其余于面。禽羞、俶献比。**○禽羞:指煮熟经过调味的鹅鸭之类。俶献:此指四时新上市的珍美食物。俶,始。比:仿。禽羞、俶献二者所献的数目相仿。

以上补记宾主行礼节次及禽献之等差之仪。

归大礼之日,既受饗饩,请观。○归:通"馈"。请观:宾在主君派卿馈饗饩之后,向卿请求参观主国宗庙、宫室等等。**讶帅之,自下门入。**○讶:迓者,迎接、招待宾客的人。帅:导。下门:便门。

以上补记宾游观。

各以其爵朝服。○此句当在"凡致礼"下。按照他们爵位的不同,派遣使臣穿着朝服向他们致礼,如卿致礼宾,下大夫致礼上介,士致礼士介。

以上补记致礼者之爵服。

士无饗,无饗者无傧。○士无饗:指送给士的食物只有饩太牢,即活的牛、羊、豕各一,而没有熟食。

以上补记士介之俭省礼仪。

大夫不敢辞,君初为之辞矣。○此句亦非其次,宜在"明日问大夫"之下。君初为之辞:因宾私觌时已向主君请求访问卿,主君已礼辞而许了。

以上补记宾问大夫,大夫不辞之仪。

凡致礼,皆用其飧之加笾豆,无饗者无飧礼。○凡致礼:指主君不亲飧宾及上介,故酬之以币当飧礼。

以上补记致飧与无飧。

凡饩,大夫黍、粱、稷,筐五斛。

以上补记大夫向宾馈饩的数量。

既将公事,宾请归。○宾请归:公事办完了,即向主国国君请定归期。这是表示谦恭。**凡宾拜于朝,讶听之。**○拜于朝:使者受到国君及夫人的赠予等,第二天都要

到朝上拜谢。讶：讶者。都由迎接者向国君转达。

以上补记宾请归、拜赐之仪。

燕，则上介为宾，宾为苟敬。 ○燕：通"宴"，指设宴招待。主君亲为主人，宾不欲重烦主君与己为礼，故辞为宾，君许其请，故位在诸公之席，名之为苟敬。苟敬：指君所小敬的人。以上介为宾，上介为下大夫，位更卑，国君可以不与他行对等之礼。**宰夫献。** ○宰夫：此指膳宰，代公为主人向使者献酒。

以上补记燕聘宾之仪。

无行，则重贿反币。 ○无行：指专聘此国，无他往。贿：财物。反币：指主君把聘君所赠送的所有礼物都送还给聘国国君。反，返。

以上补记特聘加礼之仪。

曰："子以君命在寡君，寡君拜君命之辱；君以社稷故，在寡小君，拜；君贶寡君，延及二三老，拜。又拜送。" ○子：指宾。在：存问，问候。君以社稷故：谓夫人与君同主社稷，故并蒙聘享。小君：古时叫诸侯的妻子作小君。对别国，则自称寡小君。贶（kuàng）：赐。老：指大夫。这是主国国君到馆舍看望宾的时候，由摈者传主君之命所说的话：一拜聘享国君，二拜聘享夫人，三拜问候大夫，四拜送宾行。

以上补记公馆宾拜四事之辞。

宾于馆堂楹间释四皮束帛。 ○释四皮束帛：放下四张皮和五匹帛。宾将离去，留以谢主人。**宾不致，主人不拜。** ○不致：不送达主人。

以上补记宾谢馆主人之仪。

大夫来使，无罪，飧之；过，则饩之。 ○罪：失误之大者。过：小失误。饩：指送给已杀的牲牢（牛、羊、猪）。**其介为介。有大客后至，则先客不飧食，致之。** ○大客：一指大国的卿大夫对小国的卿大夫而说，一指诸侯对卿大夫而说。飧食：用酒食款待人，即设宴招待。致：致礼。

以上补记飧不飧之仪。

唯大聘有几筵。 ○几筵：在庙中为神设筵几。

以上补记受聘问不同之仪。

十斗曰斛，十六斗曰籔，十籔曰秉。 ○籔（shù）：古量词。二百四十斗。○此为一车所容载的米数。二百四十斗，即二十四斛，亦即一秉有五籔。**四秉曰筥。** ○秉：割禾满一把叫秉，四秉叫筥。与上"十籔曰秉"的秉不同。**十筥曰稯，十稯曰秅。四百秉为一秅。** ○稯（zōng）、秅（chá）：均古时量词。一车禾三秅，为一千二百秉，即三百筥。

以上补记致饔米禾之数。

公食大夫礼第九

公食大夫之礼。使大夫戒，各以其爵。○戒：告。各以其爵：各派同等爵位的人去告知。宾是下大夫，故派来告宾的也是下大夫。上介出请，入告，三辞，宾出，拜辱。○上介：宾的副使。拜辱：拜君命之辱。大夫不答拜，将命，宾再拜稽首。○将命：致命。大夫还，宾不拜送，遂从之。宾朝服即位于大门外，如聘。○如聘：如聘礼一样。

即位，具。羹定。○即位：指待宾之人即位。擯者即下文纳宾的大夫，站在大门外；卿大夫、士按照次序站在庙门外等候国君迎宾入才入。具：待宾之物都准备好了。羹定：肉熟。甸人陈鼎七，当门，南面，西上；设扃鼏，鼏若束若编。○甸人：兼供野物和烹饪。鼎七：一个太牢的鼎，包括牛一鼎、羊一鼎、豕（猪）一鼎、鱼一鼎、腊（干肉）一鼎、肠胃一鼎、肤（细切而有皮的肉）一鼎。鼏：鼎盖。若束若编：指用茅草做鼎盖，长就把茅草根束起来，短就把茅草编连起来。若，或。设洗如飨。○洗：洗器。小臣具槃匜，在东堂下。○具槃匜：槃是盛洗手弃水的器具，匜是盛洗手用水的器具。具，备办。宰夫设筵，加席几。○筵：蒲草做的，在下。席：萑（huán）草做的，在筵上。无尊。饮酒、浆饮，俟于东房。○饮酒：清酒，即过滤了的醴酒。浆饮：酨（zài）浆，酒类饮料，指有米汁在内的酒。这两种酒都是供漱口用的。凡宰夫之具，馔于东房。○宰夫之具：宰夫备办的食物。馔：陈设食物。

公如宾服，迎宾于大门内。大夫纳宾，宾入门左，公再拜，宾辟，再拜稽首。○大夫：指上擯，卿为之。公揖，入，宾从。及庙门，公揖，入，宾入，三揖，至于阶，三让，公升二等，宾升。○三揖：三曲揖。大夫立于东夹南，西面，北上；士立于门东，北面，西上；小臣东堂下，南面，西上；宰东夹北，西面，南上；内官之士在宰东北，西面，南上，介门西，北面，西上。○大夫：指主国卿大夫。东夹南：东堂南。东堂下：指堂下以东的地方。宰：内宰，宰夫之属官。东夹北：在北阶东。内官之士：夫人宫内的宦官，内宰的属官。公当楣北乡，至再

拜,宾降也,公再拜。○当:对着。楣:此指前楣,堂上横梁。至再拜:"再"当为"一"。宾西阶东北面答拜。摈者辞,拜也。○辞:辞宾在阶下拜。拜也:指宾为表敬意,故不从摈者的阻拦而仍拜。公降一等,辞曰:"寡君从子,虽将拜,兴也!"宾栗阶升,不拜。○不拜:欲执臣拜于下之礼,不敢从宾礼拜于上。命之成拜,阶上北面再拜稽首。○命之成拜:主君仍欲以客礼尊之,故命之成拜。

以上述宾入拜至之仪。

士举鼎,去扃于外,次入,陈鼎于碑南,南面,西上。○次入:依门外之次,在西者先入。右人抽扃,坐奠于鼎西,南顺,出自鼎西。○右人、左人:指举鼎的人。南面以西为右,东为左。南顺:向南陈设。左人待载。○载:把肉载入俎中。雍人以俎入,陈于鼎南;旅人南面加匕于鼎,退。○雍人:掌割烹及载肉入鼎俎的人。雍,同"饔"。旅人:雍人之属。匕:取羹肉之器,曲柄浅斗,形如羹匙。退:雍人言入,旅人言退,互文。大夫长盥,洗东南,西面,北上。○大夫长:指大夫中年长者。序进,盥,退者与进者交于前。○序进:依次上前。盥:洗手。卒盥,序进,南面匕。○匕:用匕取出鼎中的肉。载者西面。鱼腊饪,载体,进奏,鱼七,缩俎,寝右。○鱼:干鱼。腊:干禽。饪:熟。载:载入俎中。体:牲和腊的体。进奏:进脊,指肉皮向上。缩俎:纵放在俎上。寝右:鱼卧俎上,鱼头向右。肠胃七,同俎。伦肤七。○伦肤:指猪胁(即腋下至肋骨尽处)皮下的肉。谓精美滑脆者。肠胃肤皆横诸俎,垂之。○横诸俎,垂之:此言肠胃与肤载入俎中之法。横设在俎上有余,则垂之于两边。大夫既匕,匕奠于鼎,逆退,复位。

以上述设馔以前之仪。

公降盥,宾降,公辞。卒盥,公一揖,一让,公升,宾升。宰夫自东房授醯酱,公设之,宾辞,北面坐迁而东迁所。○醯(xī)酱:用醋调和的酱。北面坐迁:(公南面站着设酱,)宾北面跪着移动酱,表示不敢当公的亲设。而东迁所:向东移到应当摆放的处所。公设酱之处在酱的正位略西的地方。公立于序内,西乡;宾立于阶西,疑立。○疑立:凝立,正立,表示敬意。宰夫自东房荐豆六,设于酱东,西上。韭菹,以东醓醢、昌本,昌本南麋臡,以西菁菹、鹿臡。○菹(zú):酸菜、腌菜。醓(tǎn):肉酱。菁:韭花。臡(ní):有骨的肉酱。士设俎于豆南,西上:牛、羊、豕、鱼在牛南,腊、肠胃亚之,肤以为特。○特:单独(排列)。旅人取匕,甸人举鼎,顺出,奠于其所。○顺出:序出。宰夫设黍稷六簋于俎西,二以并,东北上:黍当牛俎。其西稷,错以终,南陈。○二以并:指一黍

一稷,两行并列。错以终,南陈:指黍和稷自北而南交错陈列。**大羹湆不和,实于镫。**○大(tài)羹湆(qì)不和:指没有调盐菜及五味的肉汁。大羹,即太古的肉汁。湆,羹汁。镫(dèng):古盛肉器,形似豆。**宰右执镫,左执盖,由门入,升自阼阶,尽阶不升堂,授公,以盖降,出,入反位。公设之于酱西,宾辞,坐迁之。**○酱西:公以前设酱处的西边,宾迁酱到东边去了,公又设湆于其处。**宰夫设铏四于豆西,东上:牛,以西羊,羊南豕,豕以东牛。**○铏:盛菜羹的器皿。**饮酒实于觯,加于丰。宰夫右执觯,左执丰,进设于豆东。宰夫东面坐启簋会,各却于其西。**○簋会:簋是盛食器,会是簋盖。却:仰放。**赞者负东房,南面告具于公。**○负东房:背对着东房的门。告具:告正馔已准备齐全。

公再拜,揖食,宾降拜,公辞,宾升,再拜稽首。○揖食:揖宾进食。**宾升席,坐取韭菹,以辩擩于醢,上豆之间祭。**○擩(rǔ):染。上豆:韭菹、醓醢在六豆的第一行,所以说上豆。**赞者东面坐取黍,实于左手,辩,又取稷,辩,反于右手,兴,以授宾,宾祭之。**○辩:先取黍簋三簋遍,又取稷三簋遍。**三牲之肺不离,赞者辩取之,一以授宾,宾兴受,坐祭。**○三牲之肺不离:凡祭祀之肺切而不断叫离。三牲,牛、羊、猪。赞者辩取之,一以授宾:指逐一取牛、羊。猪三个肺,逐一授给宾,宾逐一祭之。**挩手,扱上铏以柶,辩擩之,上铏之间祭。**○挩(shuì):拭。扱(xī):挹取,舀。柶(sì):匙。**祭饮酒于上豆之间,鱼腊酱湆不祭。**

宰夫授公饭粱,公设之于湆西,宾北面辞,坐迁之,公与宾皆复初位。○粱:小米。迁之:指不敢当公亲设。又公设湆西,湆西正当中席,此加馔,不能当中席,故必稍迁西一点。**宰夫膳稻于粱西。**○膳:进。**士羞庶羞,皆有大、盖,执豆如宰。**○羞:进。庶羞:众多的美肴。大:大胾,即大块肉。执豆如宰:如宰进太羹湆,右执豆,左执盖。**先者反之,由门入,升自西阶。先者一人升,设于稻南、簋西,间容人。旁四列,西北上。胾以东,臐、膮、牛炙。**○牛炙:烤牛肉。**炙南醢,以西牛胾、醢、牛鲊。**○胾(zì):大块肉。鲊(qí):切细的肉。**鲊南羊炙,以东羊胾、醢、豕炙。炙南醢,以西豕胾、芥酱、鱼脍。**○芥酱:芥菜子跟酱拌在一起叫芥酱。鱼脍:细切的鱼肉。**众人腾羞者尽阶不升堂,授,以盖降,出。**○众人:指士执羞者。腾:通"媵",送。**赞者负东房,告备于公。**

赞升宾,宾坐席末,取粱,即稻,祭于酱湆间。○即:就。**赞者北面坐,辩取庶羞之大,兴,一以授宾,宾受,兼一祭之。**○辩:通"遍"。大:指大块肉。一:悉。兼一:一并。**宾降拜,公辞,宾升,再拜稽首,公答再拜。**

宾北面自间坐，左拥簠粱，右执湇，以降。○自间坐：坐于正馔和加馔之间。拥：抱。以降：湇粱二者都是公所亲设，为了表示尊敬公，故不敢在堂上吃。公辞，宾西面坐奠于阶西，东面对，西面坐取之，栗阶升，北面反奠于其所，降辞公。公许，宾升。公揖，退于箱。○箱：指东夹室。摈者退，负东塾而立。宾坐，遂卷加席，公不辞。○卷加席：卷去加在筵上的席，表示不敢受重礼。宾三饭，以湇酱。○三饭：三次用手举饭进食。以湇酱：用肴蘸酱佐食吃。宰夫执觯浆饮与其丰以进，宾挩手，兴受，宰夫设其丰于稻西。○浆饮：指古人用以漱口的酒。丰：承酒觯的托盘。庭实设。○庭实：皮四张。宾坐祭，遂饮，奠于丰上。○祭：祭漱口的酒。饮：漱口。

公受宰夫束帛以侑，西乡立；宾降筵，北面。○束帛以侑(yòu)：主国君赠送币帛以劝使者再食。侑，犹劝。宾降筵：因公将有命，故降筵至西阶上。摈者进相币。○相：帮助。宾降辞币，升，听命，降拜，公辞，宾升，再拜稽首，受币，当东楹，北面，退，西楹西东面立。公一拜，宾降也，公再拜。介逆出，宾北面揖，执庭实以出。○介逆出：指先于宾出。近门者先出叫逆。执庭实以出：宾既执币，不可以兼执皮，此句当云"执庭实者以之出"，"者"字疑脱，"之"字可省，指拿着庭实的人跟着宾出来。公降立，上介受宾币，从者讶受皮。○讶：通"迓"，迎。

宾入门左，没霤，北面再拜稽首，公辞，揖让如初，升。○没霤：门内屋檐溜水处的尽头，在庭南。宾再拜稽首，公答再拜。宾降辞公，如初。宾升，公揖，退于箱。宾卒食会饭，三饮，不以酱湇。○会饭：指黍稷。黍稷盛在簋中，会即簋盖，故称。三饮：上文三饭一饮，此三饮，当为九饭。九饭系大夫食礼。

以上述食宾之仪。

挩手，兴，北面坐取粱与酱以降，西面坐奠于阶西，东面再拜稽首，公降，再拜。○挩手：拭手。介逆出，宾出，公送于大门内，再拜，宾不顾。○公送：送，今通行注疏本误作"逆"，此改。

以上述礼终宾出之仪。

有司卷三牲之俎，归于宾馆，鱼腊不与。○卷：收。三牲之俎为正馔，都把它送给宾，这是对宾特别尊敬。归：馈送。与：给。

明日，宾朝服拜赐于朝，拜食与侑币，皆再拜稽首。○赐：指赐食与赐币。朝：指大门外。讶听之。○讶：讶者。听：指入告出报。凡拜赐，国君不出见。讶者把宾前来向国君拜赐的话进去禀告国君，出来把国君感谢宾前来拜赐的话传达给宾。

以上述归宾、宾拜赐之仪。

上大夫八豆、八簋、六铏、九俎,鱼腊皆二俎。○八豆:指韭菹(韭菜酱)、蜗醢(蜗牛肉酱)、葵菹(葵菜酱)、鹿臡(ní,鹿骨肉酱)、醓(tǎn)醢(多汁的肉酱)、昌本(菖蒲根酱)、麋臡(麋骨肉酱)、菁菹(韭菜花酱)。八簋:指黍、稷各四簋。六铏:指牛、羊、豕羹各二。九俎:指牛、羊、豕、鱼、腊、肠胃、伦肤、鲜鱼、鲜腊。鱼腊皆二俎:鱼腊都有两个俎,干鲜各一,即干鱼、干腊、鲜鱼、鲜腊。**鱼、肠胃、伦肤若九若十有一,下大夫则若七若九。**○古诸侯之臣分为三等:公、侯、伯的卿三命,子男的卿和公侯伯的大夫再命,子男的大夫一命。此经鱼、肠胃、伦肤亦分为三等,十一、九、七。十一当三命,九当再命,七当一命。上句言若九者,指子男之卿;下句言若九者,指公、侯、伯的大夫。这是说,子男之卿虽八豆、八簋、六铏、九俎,与公、侯、伯之卿同,但俎中鱼、肠胃、伦肤的数目只是九而不是十一;子男的大夫虽六豆、六簋、四铏、七俎,与公、侯、伯的大夫同,但俎中鱼、肠胃、伦肤的数目只是七而不是九。数目都是视爵命而定。若:或。**庶羞西东毋过四列,上大夫庶羞二十,加于下大夫以雉、兔、鹑、鴽。**○西东:指西列、东列。鹑:鹌鹑。鴽(rú):一说为斥鷃,也是一种小鸟。

若不亲食,使大夫各以其爵朝服以侑币致之。○若不亲食(sì):指主国国君有病或其他原因而不亲自请宾吃饭。以侑币致之:执侑币传达国君之命。**豆实实于瓮,陈于楹外,二以并,北陈;簋实实于筐,陈于楹内两楹间,二以并,南陈;庶羞陈于碑内;庭实陈于碑外;牛、羊、豕陈于门内西方,东上。**○碑内:碑的北面。**宾朝服以受,如受饔礼,无俟。明日,宾朝服以拜赐于朝,讶听命。**

大夫相食,亲戒速。○戒:告知。速:召请。**迎宾于门外,拜至,皆如飨拜。**○飨:指大夫相飨之礼。**降盥。受酱、湆、侑币束锦也,皆自阼阶降堂受,授者升一等。**○受酱、湆:由家臣捧出,大夫亲自设置。降堂:指降阶三级,但没有下至地。因为大夫堂高五尺,阶当五级。大夫降三级,大夫的家宰升阶一级,隔一级相授受。**宾止也。**○宾止:宾不从降。**宾执粱与湆之西序端,主人辞,宾反之。**○之西序端:往西序头上。反:返。**卷加席,主人辞,宾反之。**○宾反之:指宾仍把席铺起来,不卷。**辞币,降一等,主人从,受侑币,再拜稽首,主人送币亦然。**○主人从:亦降一等,并不许宾辞币。**辞于主人,降一等,主人从,卒食,彻于西序端,东面再拜,降出。其他皆如公食大夫之礼。**

以上述大夫相食之仪。

若不亲食,则公作大夫朝服以侑币致之,宾受于堂,无儐。○若不亲

食(sì):谓主国大夫有病,或有他故,不能亲自请宾吃饭。作:使。无傧:"傧"字误,当作"傧"。没有傧敬的币帛回敬给送来的大夫。

以上述食礼变通之仪。

【记】

不宿戒。○不宿戒:前期三日就告诉叫戒,前期一日再告诉叫宿。此指当日告诉。戒不速。○戒不速:谓请宾吃饭的这一天,早起就告诉宾,宾就跟着来,不再请。速,请。不授几。无阼席。

以上补记食礼异于常礼之仪。

亨于门外东方。○亨:烹煮。

以上补记烹煮之规。

司宫具几与蒲筵常,缁布纯,加萑席寻,玄帛纯,皆卷自末。○司宫:太宰的属官,掌宫庙之事。几:漆几。常、寻:八尺为寻,倍寻为常。萑(huán)席:萑,苇之细者,故萑席用作加席。纯(zhǔn):边缘,镶边。宰夫筵出自东房。

以上补记筵席之规。

宾之乘车在大门外西方,北面立。

以上补记乘车停放之规。

铏芼:牛藿、羊苦、豕薇,皆有滑。○铏(xíng):盛羹器。芼(mào):指羹所用调味的菜。牛藿:牛肉和豆叶盐调以五味而成的羹。藿,豆叶。羊苦:羊肉和苦菜、盐调以五味而成的羹。豕薇:猪肉和野豌豆叶盐调以五味而成的羹。薇,此指野豌豆叶。有滑:指还有使菜肴柔滑可口的作料。

以上补记铏芼之规。

赞者盥,从俎升。○从:跟着。

以上补记赞者升之仪。

簋有盖幂。○幂:巾。

以上补记簋。

凡炙无酱。

以上补记炙之规。

上大夫蒲筵,加萑席。其纯皆如下大夫纯。

以上补记上大夫筵席。

卿傧由下。○卿傧:上傧。由下:在堂下,不上堂。上赞,下大夫也。○上赞:

赞者，因在堂上佐宾进食，所以又叫上赞。

以上补记摈赞之仪。

上大夫庶羞，酒饮、浆饮，庶羞可也。○此指上大夫佳肴多，在酒饮和浆饮之时，随便吃哪样都可以。**拜食与侑币，皆再拜稽首。**

以上补记庶羞及侑币之规。

觐礼第十

觐礼。至于郊,王使人皮弁用璧劳;侯氏亦皮弁迎于帷门之外,再拜。○觐:见。郊:指近郊,距离王城五十里的地方。皮弁:皮弁服即朝服。侯氏:来朝见的诸侯。帷门:帷宫之门。因郊舍狭窄,不足以容徒众,故为帷宫以接待王的使者。帷宫,封土筑坛,张幕为宫,并设帷门。使者不答拜,遂执玉,三揖,至于阶,使者不让,先升;侯氏升,听命,降,再拜稽首,遂升受玉。使者左还而立,侯氏还璧,使者受。○左还:左转。侯氏降,再拜稽首,使者乃出。侯氏乃止使者,使者乃入。○止:阻止。侯氏与之让升,侯氏先升。授几,侯氏拜送几。使者设几。答拜。侯氏用束帛乘马傧使者,使者再拜受,侯氏再拜送币。○傧:敬。主人赠送客人物品作为回报,以表达敬意。使者降,以左骖出;侯氏送于门外,再拜。○左骖:庭实四马,马首向北,以西为左,左骖是最西一匹马。骖,古代以四匹马驾车,两侧的马叫骖。使者由西阶降,亲牵左骖出,其余三马由侯氏的士牵出帷门外,使者的随从人员接着。侯氏遂从之。

天子赐舍,曰:"伯父,女顺命于王所,赐伯父舍。"○赐舍:赐馆。伯父:天子对同姓诸侯的称呼。此觐礼当为大国同姓诸侯觐见天子之礼。女顺命于王所:你顺从王命来朝天子之所。侯氏再拜稽首,傧之束帛乘马。

以上述侯氏入觐初至之仪。

天子使大夫戒,曰:"某日,伯父帅乃初事。"○大夫:指卿,此时为讶者。某日:指觐见日。帅乃初事:你可以完成朝觐之事。帅,顺,沿。侯氏再拜稽首。

诸侯前朝,皆受舍于朝:同姓西面,北上;异姓东面,北上。○诸侯:指所有来朝的诸侯。前朝:指觐见的前一天。舍:指门外的次,即觐时等候休息之处,以帷幕为之。朝:特指文王庙门外。

以上述将觐之仪。

侯氏裨冕释币于祢。○裨(pí)冕:指衣裨衣而冠冕,非正衣。释币:用币帛祭奠

父亲的神位告诉他将觐见天子。祢:指祢庙的行主(随行的已故父亲的神位)。古代凡有大事出行,必迁庙中的神主随行。**乘墨车,载龙旂弧韣,乃朝,以瑞玉,有缫。** ○墨车:大夫所乘之车,用黑色漆的没有绘画的车子。同姓诸侯本应乘金路(用金为饰的车子),今在天子的都城,表示谦敬,故改乘墨车。载龙旂:只是把画有交龙的旂插在车上,没有展开,也是自谦之意。弧韣(dú):弧指用来张开缀有垂旒的旗身的弓,韣指弓的套子。瑞玉:朝会时用作瑞信的圭、璧等。缫:玉器的垫子。**天子设斧依于户牖之间,左右几。** ○斧依(yǐ):状如屏风,以红色绸子做底子,绣了黑白斧形的花纹,放在座后为天子所依倚。**天子衮冕负斧依,啬夫承命,告于天子。** ○衮:绣龙的礼服。啬夫:司空的属官。此时担任末摈。承命:承诸侯入见之辞。诸侯入觐时,陈于庙门外,门东自北而南,上摈、承摈、绍摈、末摈,门西自南而北,上介、次介、末介。侯氏传请觐之辞于上介,上介传次介以至于末介,末介传于末摈,末摈传于绍摈,绍摈传于上摈,上摈入告天子。天子又传许入之命于上摈,如是按照相反的次序传给侯氏,侯氏遂入。**天子曰:"非他,伯父实来,予一人嘉之。伯父其入,予一人将受之。"** ○非他:表示亲近之辞,不是别人,是自己人之意。实:是。予一人:天子自称之词。嘉:善。伯父其入:伯父进来吧。**侯氏入门右,坐奠圭,再拜稽首。** ○坐奠圭:跪着把圭放在地上。不敢亲授。**摈者谒。** ○摈者:指上摈。谒:告,告以天子前辞。**侯氏坐取圭,升,致命。** ○致命:致辞。**王受之玉。侯氏降,阶东北面再拜稽首,摈者延之,曰:"升。"** ○延:从后面诏告。**升,成拜,乃出。**

以上述侯氏执瑞玉行觐礼之仪。

四享,皆束帛加璧,庭实唯国所有。 ○四:古书三、四皆积画,"四"当为"三"之误。享:献。**奉束帛,匹马卓上,九马随之,中庭西上。** ○奉:侯氏亲奉。上文云"束帛加璧",此只云"束帛",省文。下文"奠币"之币,亦兼璧帛言。卓上:独前。**奠币,再拜稽首,摈者曰:"予一人将受之。"侯氏升,致命,王抚玉。侯氏降自西阶,东面授宰币,西阶前再拜稽首,以马出授人,九马随之。** ○宰:太宰,卿。致命:致贡献礼物之辞。以马出:侯氏亲执左马以出。授人:人,指校人。掌管接受宾客的币马。**事毕。**

乃右肉袒于庙门之东,乃入门右,北面立,告听事。 ○右肉袒:袒露右臂。诸侯述职表示待罪之意。告听事:告王以待罪之事。**摈者谒诸天子,天子辞于侯氏,曰:"伯父无事,归宁乃邦。"** ○谒:请。诸:犹之于。辞:阻止(其肉袒)。无事:指没有什么得罪的事情。归宁乃邦:回去安定你的邦国。**侯氏再拜稽首,出。自屏南适门西,遂入门左,北面立。** ○屏:外屏。在庙门外当门之处立有小墙以自闭

叫作屏。自屏南适门西,遂入门左:因天子将以客礼慰劳侯氏。前行觌、享、肉袒待罪等礼均用臣礼,故从门右(即门东)出入。今行客礼,故从门东出来后,经屏南至门西隐僻处穿好上衣右边的袖子,然后按客礼从门西进去。门西:"西"字下似脱"袭"字。王劳之,再拜稽首,摈者延之,曰:"升。"○劳:慰劳。升,成拜,降,出。

以上述入觌之仪。

天子赐侯氏以车服,迎于外门外,再拜。○车服:车辆和礼服。车,赐给同姓诸侯金路(以金为饰的车子),异姓诸侯象路(以象牙为饰的车子)。路,指车,后作辂。服,礼服有衮冕、鷩冕、毳冕等。路先设,西上,路下四亚之。○路下四亚之:车下的四匹乘马排在车后。亚,次,指依次由西向东摆列。重赐无数,在车南。○无数:没有定数。诸公奉箧服,加命书于其上,升自西阶,东面;大史是右;侯氏升,西面立。○诸公:指太师、太保、太傅,天子的三公。言诸者,不定之辞,或师或保或傅,天子派谁就是谁,所以说诸公,其实只一人。箧服:指用小箱子盛着的衣服。命书:指天子命赐给侯氏车服的策书。大(tài)史是:太史氏。大史述命,侯氏降,两阶之间北面再拜稽首,升,成拜。○大史述命:太史宣读命书。升,成拜:谓太史阻止侯氏降拜,侯氏起来登阶,在堂上完成了拜礼。经不言辞者,省文。大史加书于服上,侯氏受。使者出,侯氏送,再拜,傧使者;诸公赐服者束帛四马,傧大史亦如之。

同姓大国,则曰伯父;其异姓,则曰伯舅;同姓小邦,则曰叔父;其异姓小邦,则曰叔舅。○其异姓:后省了"大国"二字。这是天子称诸侯之词。父和舅,因同姓异姓而别;伯和叔,因国家的大小而别。邦:国。

以上述王辞命称谓之仪。

飨,礼,乃归。○飨:指飨礼。礼:指食礼和燕礼。

以上述王赐礼侯氏之仪。

诸侯觐于天子,为宫,方三百步,四门。○诸侯觌于天子:指时会殷同大朝觌之礼。宫:围绕坛四周构筑的矮土墙。方三百步:指横直皆三百步。坛十有二寻,深四尺,加方明于其上。○坛十有二寻:坛宽十二寻,即九十六尺。寻,八尺。深:指坛的高度。方明:上下四方神明之象。会同时设此以祀,表示神明鉴察之意。方明者,木也。方四尺,设六色:东方青,南方赤,西方白,北方黑,上玄,下黄。设六玉:上圭,下璧,南方璋,西方琥,北方璜,东方圭。○设六玉:刻木为陷,把玉嵌在里面。上介皆奉其君之旂置于宫,尚左。公、侯、伯、子、男皆就其旂而立。四传摈。○四传摈:天子升坛后,于是设摈传告五等诸侯,使之升坛行

会同之礼。每一位行会同之礼完毕,摈者传告,于是依次而升,公一传、侯一传、伯一传、子、男合一传,共为四传摈。**天子乘龙,载大旂,象日月升龙降龙,出拜日于东门之外,反祀方明；礼日于南门外；礼月与四渎于北门外；礼山川丘陵于西门外。**〇龙:马八尺以上称为龙。大旂:绘明升龙降龙之象于旂也。四渎:江、河、淮、济为四渎。

祭天,燔柴；祭山丘陵,升；祭川,沈；祭地,瘗。〇燔(fán)柴:谓祭毕,积柴而烧之。升:悬挂祭品。沈:投祭品于水中。瘗(yì):把祭品埋在地下。这是天子巡狩、诸侯来朝,因亦筑坛为宫并祀所经过的山川之神的礼节。

以上述时会殷同及王巡狩为坛而见诸侯并祭山川之仪。

【记】

几,俟于东箱。〇俟:谓等待天子就席才设。东箱:东夹室前,即东堂。箱,今作"厢"。

以上补记设几之仪。

偏驾不入王门。〇偏驾:天子的车叫正驾,不是天子的车叫偏驾。因此,天子赐给诸侯的金路、象路等只能在本国乘坐,不能入王城。

以上补记偏驾之仪。

奠圭于繅上。〇指侯氏入门右奠圭到地上时要用垫板垫着。繅:圭之垫板。

以上补记奠圭之仪。

丧服第十一

丧服。斩衰裳,苴绖杖绞带,冠绳缨,菅屦者。○斩衰裳:简称"斩衰",是五种丧服中最重的一种。斩,截断麻布做成衰裳(不缝边)。说斩而不说裁,比喻伤痛如斩。衰,本指用麻布做成的长六寸、宽四寸,缝在衣上当心处的粗麻布条,所以总称此上衣为"衰"。衰字读作"摧",比喻"伤摧"之意。上衣叫衣,下衣叫裳。苴(jū)绖(dié):用苴麻茎做成丧带,加在丧帽上的为首绖,系在腰间束衣的为腰绖。杖:竹杖。前蒙"苴"字,只用来比况竹杖的颜色和它相似。绞带:用苴麻绞成的麻带。系在腰间,用作束衣。冠绳缨:麻布做的帽子和麻绳做的帽缨。菅屦:草鞋。

传曰:○传:解说正文(经)的文字。其作者已不可考。斩者何? 不缉也。○缉:缝。苴绖者,麻之有蕡者也。○蕡(fén):苴麻结的子。苴绖大搹,左本在下,去五分一以为带;齐衰之绖,斩衰之带也,去五分一以为带;大功之绖,齐衰之带也,去五分一以为带;小功之绖,大功之带也,去五分一以为带;缌麻之绖,小功之带也,去五分一以为带。○大搹(è):谓斩衰首绖大,相当于中等身材的人手一握,周围九寸。搹,通"扼",握。左本在下:谓首绖的制作,把麻根置于头的左边,从额前向右围向头后,又回到左边,根在下,尾在上,连缀起来。本,根。去五分一以为带:减去此首绖围数九寸的五分之一,以五分之四为斩衰的腰带。齐衰之绖,斩衰之带也:齐衰首绖的围数即斩衰腰带的围数。齐衰也是减去首绖五分之一以为腰带。苴杖,竹也。削杖,桐也。○削杖:桐杖,削去桐木的枝叶而成。用"桐"为杖,以桐声谐"痛",比喻哀痛。杖各齐其心,皆下本。○杖各齐其心:意谓扶杖时,杖的高下各和心平。下本:扶杖时粗的一端在下。杖者何? 爵也。○爵:爵位。贵族都有爵位,居重丧而有杖,乃优待贵族。无爵而杖者何?○无爵:指平民。担主也。○担主:丧主无爵位而有杖,被看作从有爵位的人那里借来,尊他是丧主,所以叫担主。担(shàn),假借。非主而杖者何?○非主:指嫡长子以外不做丧主的众子。辅病也。○辅病:用杖扶病。病,指子因亲丧,悲伤哭泣,以至身体羸病。童子何以不杖? 不能病也。○不能病:谓年幼不能致哀至于羸病。妇人何以不杖?○妇人:指妇人不做丧

主、和死者恩义疏远者。**亦不能病也。绞带者,绳带也。冠绳缨,条属右缝。**○条属右缝:屈一条麻绳从额至颈后,相交而过,各至于耳,作为帽圈(在帽下),又使其余部分垂下,作系帽子的缨,右缝于帽子上,从颔下上结于左,以稳固帽子。属,连缀。**冠六升,外毕,锻而勿灰。**○冠六升:帽子用六升麻布制成。升,布八十缕为一升。缕是织布的经线。升数多则布精,升数少则布粗。外毕:把帽梁前后两头多余的部分由帽圈下向外反屈,缝着帽圈。锻而勿灰:做帽子的麻布只在水中洗濯捶打,使它熟软,而不加灰漂白颜色。**衰三升。菅屦者,菅菲也,外纳。**○菅菲:用菅草编织的草鞋。菲,通"扉"(fèi),鞋子。外纳:草鞋编成后,把剩余的末端收束在外面。不嫌粗恶。**居倚庐,寝苫枕块,哭昼夜无时。**○倚庐:倚木为庐。孝子居丧所住的草屋。寝苫(shān)枕块:卧在草垫上,用土块做枕头。苫,这里指茅草编的垫子。无时:没有定时。**歠粥,朝一溢米,夕一溢米。**○歠(chuò)粥:饮粥。溢:古容量单位,一溢大约相当于一把米。**寝不脱绖带。既虞,剪屏柱楣,寝有席,食疏食,水饮,朝一哭,夕一哭而已。**○虞:祭名。人葬后,迎魂归来,正午于殡宫举行祭礼以安魂,称虞祭。剪屏柱楣:虞祭后哀情渐减,修剪草屏,施加短柱支起楣着地的一边,向西开门,以受日光。楣,指倚庐的梁。席:指蒲席。虞祭后以蒲席加于草垫上。疏食(sì):虞祭后吃的粗米饭。**既练,舍外寝,始食菜果,饭素食,哭无时。**○练:小祥祭名,小祥之后主人可以穿戴练过的布帛,故名。古时父母去世后,满一周年的祭礼叫小祥。舍:居住。外寝:在旧倚庐处另做的房子,即所谓垩(è)室,垒土为墙,屋顶墙壁不加涂饰。饭素食:吃平素吃的饭。

父。○子为父服斩衰。

《传》曰:为父何以斩衰也?父至尊也。

诸侯为天子。

《传》曰:天子至尊也。

君。

《传》曰:君至尊也。

父为长子。○封建社会重视宗法制,为表示敬宗的意义,父为长子服斩衰三年。长子:嫡妻生的第一个儿子。

《传》曰:何以三年也?正体于上,又乃将所传重也。庶子不得为长子三年,不继祖也。○正体:谓在宗法制度下,嫡长子是先祖的正统继承人。传重:传给宗庙祭祀的重责,使宗祀不绝。庶子:妾子或嫡妻次子以下的都叫庶子。这里指父亲本身是庶子的。

为人后者。○为人后者:为人做后传宗接代的人。这里指被大宗立为继承人的人。

《传》曰：何以三年也？受重者必以尊服服之。何如而可为之后？同宗则可为之后。何如而可以为人后？支子可也。为所后者之祖父母、妻、妻之父母、昆弟、昆弟之子，若子。○同宗：同大宗。支子：包括嫡妻的次子以下和妾的子。所后者之祖父母……昆弟：为人做后的人的曾祖父母、母、外祖父母、舅、内兄弟。昆弟，兄弟。若子：如同宗子的亲子。

妻为夫。

《传》曰：夫至尊也。

妾为君。

《传》曰：君至尊也。

女子子在室为父。布总、箭笄、髽、衰，三年。○女子子：女儿。在室：在父家，已经许嫁而尚未出嫁的。布总：丧服用麻布束发，所以称布总。既束发根，又束发末。箭笄：用细竹做固定发髻的簪子。髽（zhuā）：露髻，即去掉包发的丝帛，把发髻露在外面。衰：妇人的裳与衣相连，所以只说衰。

《传》曰：总六升、长六寸，箭笄长尺，吉笄尺二寸。○总六升：束发的布用六升粗麻布。吉笄：吉时用的发簪，和丧笄相对。

子嫁反在父之室，为父三年。○反在父室：谓女方被丈夫休弃或其他原因，回到父家。反，返。

公士大夫之众臣，为其君布带绳屦。○公士大夫：公卿大夫。众臣：一般的家臣。君：此指公卿大夫。

《传》曰：公卿大夫室老、士，贵臣；其余皆众臣也。○室老：家相、家臣之长。士：指邑宰，秦汉时叫县令。君，谓有地者也。○君：指公卿大夫。众臣，杖不以即位；近臣，君服斯服矣。○杖不以即位：不能带着杖就朝夕哭的位次。近臣：和君接近的小臣。君：指公卿大夫的嗣子（继位的新君）。君服斯服：谓新君若服斩衰正服，那么近臣也随从新君服斩衰正服。绳屦者，绳菲也。○绳菲：绳麻鞋。

以上述斩衰三年服制之仪。

疏衰裳齐，牡麻绖，冠布缨，削杖，布带，疏屦，三年者。○疏衰裳齐：指齐衰之服，在丧服中仅次于斩衰。疏，粗。齐（zī），指衰裳的边加以缝缀。牡麻绖：用无籽的雄麻茎做的头圈和腰带。牡麻，大麻的雄株，大麻雌雄异株，雄株不结子。布：麻布。疏屦：草鞋。

《传》曰：齐者何？缉也。牡麻者，枲麻也。牡麻绖，右本在上。○缉：缝，此指缝衰裳的边。右本在上：谓头上的牡麻圈，麻根放在头的右边，从额前向左围

向头后,又回到右边,根在上,尾在下,连缀起来。**冠者,沽功也。**○沽功:粗略的人工。功,同"工"。这里指做帽子的麻布用大功麻布,稍加人工洗濯捶打,使它较熟软。**疏屦者,藨蒯之菲也。**○藨(biāo)蒯(kuǎi):两种草名。菲:通"扉",草鞋。

父卒则为母。继母如母。

《传》曰:继母何以如母?继母之配父,与因母同,故孝子不敢殊也。○因母:亲生母。

慈母如母。○士大夫的妾没有子的,妾的子没有母的,受士大夫的命令互相为母子,作母的妾称"慈母"(和庶母不同)。

《传》曰:慈母者何也?传曰:妾之无子者,妾子之无母者,父命妾曰:"女以为子。"命子曰:"女以为母。"○传中又引传,是作者引旧传作己说的根据。女:同"汝",你。**若是,则生养之,终其身如母,死则丧之三年如母,贵父之命也。**

母为长子。○母:嫡母。长子:嫡长子。

《传》曰:何以三年也?父之所不降,母亦不敢降也。○不降:父不减轻长子服,因为长子和先祖一体,承受宗庙祭祀的重责。

以上述齐衰三年服制之仪。

疏衰裳齐,牡麻绖,冠布缨,削杖,布带,疏屦,期者。○期(jī):一周年。杂记云:"斯之丧,十一月而练,十三月而祥,十五月而禫。"汉郑言、三国魏璜对此有不同解释。历代服丧期各有不同。

《传》曰:问者曰:何冠也?曰:齐衰大功,冠其受也。○冠其受:谓初丧时帽子麻布的升数和葬后受衰麻布的升数相同。受,承受,指改受轻服。重服在葬、练、大祥后随着哀情的渐减,改服轻的细服,布缕的升数增加。所受的轻服,通称"受服"。**缌麻小功,冠其衰也。**○冠其衰:谓小功、缌麻衰裳和帽子的麻布升数相同。**带缘各视其冠。**○带缘各视其冠:丧服布带的饰边各与其冠布的升数相同。缘(yuàn),饰边。

父在为母。

《传》曰:何以期也?○期:一周年。**屈也,至尊在,不敢伸其私尊也。父必三年然后娶,达子之志也。**○屈:谓子屈于父尊。私尊:父对于子是至尊,所以母对于子是私尊。达子之志:使子达到"心丧"的愿望。古人为母屈而服期,便用心丧来终三年的服。

妻。

《传》曰:为妻何以期也? 妻至亲也。

出妻之子为母。○出妻:遭丈夫以七出的罪名休弃的妇女。所谓"七出",即不顺父母、无子、淫、妒、有恶疾、多言、窃盗。

《传》曰:出妻之子为母期,则为外祖父母无服。传曰:绝族无施服,亲者属。○绝族无施服:断绝关系的族属,不把服延续下去。施(yì),延续。母被休弃,母族便和父族不再存在外亲的关系,所以"为外祖父母无服"。亲者属:亲,指母。属(zhǔ),连续,指恩义连续。意思是母族可绝,但母子至亲不可断绝。

出妻之子为父后者,则为出母无服。○为父后者:做父亲的继承人。

《传》曰:与尊者为一体,不敢服其私亲也。

父卒,继母嫁,从,为之服,报。○从:指随从继母。报:还报。即以相同的服还报其人。

《传》曰:何以期也? 贵终也。○贵终:看重母子之情,直至母死为之服丧。

不杖,麻屦者。○麻屦:麻鞋。不杖,麻屦:这也是齐衰服,只是不杖和穿麻屦与上不同。

祖父母。

《传》曰:何以期也? 至尊也。

世父母、叔父母。○世父母:伯父母。

《传》曰:世父叔父何以期也? 与尊者一体也。然则昆弟之子何以亦期也? 旁尊也。○旁尊:指伯父和叔父。祖父和父是正尊。不足以加尊焉,故报之也。○不足以加尊:不是正尊,够不上加服尊服。父子,一体也,夫妻,一体也,昆弟,一体也;故父子,首足也;夫妻,牉合也;昆弟,四体也。○牉(pàn)合:两半相合为一体。牉,半。故昆弟之义无分。然而有分者,则辟子之私也。○辟:避。子不私其父,则不成为子,故有东宫,有西宫,有南宫,有北宫。○宫:居室。这里东西南北宫,指兄弟分居的房屋。异居而同财,有余则归之宗,不足则资之宗。○宗:指小宗。伯父是小宗管理宗事的人。资:取用。世母叔母,何以亦期也? 以名服也。○以名服:谓伯、叔母是伯、叔父的配偶,有母的名称,所以为伯、叔母服齐衰。

大夫之適子为妻。○適子:適通"嫡",正妻叫嫡,正妻生的子叫嫡子。

《传》曰:何以期也? 父之所不降,子亦不敢降也。○不降:谓因为重视嫡子,大夫不凭自己的地位尊贵降他的嫡子妻的服(为庶子妻降服大功)。何以不杖也?

父在，则为妻不杖。○不杖：不用丧杖。

昆弟。○昆弟：兄弟。

为众子。○众子：除嫡子之外的子。

昆弟之子。

《传》曰：何以期也？报之也。

大夫之庶子为適昆弟。○適昆弟：嫡子在庶子中或是兄，或是弟，因而称嫡昆弟。

《传》曰：何以期也？父之所不降，子亦不敢降也。○不降：不降丧服。也是重视嫡子。

適孙。

《传》曰：何以期也？不敢降其適也。○不敢降其適也：不敢降低他嫡系传人的地位。有適子者无適孙，孙妇亦如之。○有適子者无適孙：已有嫡子就不立嫡孙。"嫡孙"一称呼意味嫡子已死，嫡孙做祖父的传宗接代人。

为人后者为其父母，报。○其父母：指为人传宗接代的人的亲生父母。

《传》曰：何以期也？不贰斩也。○不贰斩：不为双方并服斩衰。何以不贰斩也？持重于大宗者，降其小宗也。为人后者孰后？后大宗也。曷为后大宗？大宗者，尊之统也。禽兽知母而不知父。野人曰：父母何筭焉？○野人：郊野地方的人。筭：一说是"尊"的误字。都邑之士则知尊祢矣，大夫及学士则知尊祖矣。○祢(nǐ)：父庙，这里指父亲去世后入庙之称。大夫：泛指做官的人。学士：古指升于学校有知识的人。诸侯及其大祖，天子及其始祖之所自出。○大(tài)祖：太祖，开始受封的君。所自出：始祖的来源出处。尊者尊统上，卑者尊统下。○尊者：指天子、诸侯。卑者：指大夫、士。上：指世系远。下：指世系近。大宗者尊之统也，大宗者收族者也，不可以绝，故族人以支子后大宗也。適子不得后大宗。○收族：合聚同族的人。

女子子适人者为其父母、昆弟之为父后者。○适：出嫁。女子已出嫁的，为夫服斩衰三年，降父母的服为齐衰不杖一周年；为兄弟降服大功九月，但兄弟为父传宗接代的不降，服齐衰一年。为父后者：为父亲的继承人。

《传》曰：为父何以期也？妇人不贰斩也。妇人不贰斩者何也？妇人有三从之义，无专用之道，故未嫁从父，既嫁从夫，夫死从子。故父者，子之天也；夫者，妻之天也。妇人不贰斩者，犹曰不贰天也。○不贰

斩:不服两次斩衰。这是因为妇人只为夫服斩衰。**妇人不能贰尊也。为昆弟之为父后者,何以亦期也? 妇人虽在外,必有归宗,曰小宗。故服期也。**

继父同居者。○同居:指在一起生活。

《传》曰:何以期也? 传曰:夫死,妻稚子幼,子无大功之亲,与之适人,而所适者亦无大功之亲。○稚:年少。无大功之亲:古时同祖共财,无大功之亲等于说无同祖以上的亲属。与之适人:和继母一起去嫁人。**所适者以其货财为之筑宫庙,岁时使之祀焉,妻不敢与焉。**○所适者:嫁的人。货财:钱财。宫庙:庙。岁时:每年一定的时候。不敢与:不敢参与。因已改嫁。**若是,则继父之道也。同居,则服齐衰期;异居,则服齐衰三月也。必尝同居,然后为异居。未尝同居,则不为异居。**

为夫之君。

《传》曰:何以期也? 从服也。○从服:随从他人而服,不是本服。凡从服,降所从一等,如夫为君服三年,妻从夫降一等服一年。

姑姊妹、女子子适人无主者,姑姊妹报。○姑姊妹:姑姑和姊妹。

《传》曰:无主者,谓其无祭主者也。何以期也? 为其无祭主故也。○祭主:丧礼主祭的人。祭由子或孙主持,没有祭主,就是说家已绝后。

为君之父母、妻、长子、祖父母。

《传》曰:何以期也? 从服也。父母、长子,君服斩。妻,则小君也。父卒,然后为祖后者服斩。○妻,则小君:诸侯的嫡妻叫夫人,又号小君。臣为小君服一年。因为小君是君的妻,所以这里附带说到。

妾为女君。○女君:君的嫡妻,即小君。

《传》曰:何以期也? 妾之事女君,与妇之事舅姑等。○舅姑:夫的父称舅,夫的母称姑。

妇为舅姑。

《传》曰:何以期也? 从服也。

夫之昆弟之子。○子:包括女子。

《传》曰:何以期也? 报之也。

公妾、大夫之妾为其子。○公:指诸侯。

《传》曰:何以期也? 妾不得体君,为其子得遂也。○妾不得体君:妾不是君的正偶,不得和君相配成为一体,所以君的尊也就不能加于妾,妾不降自己子的服。为

其子得遂:所以可得申遂对儿子的情意。

女子子为祖父母。○"女子子"下当脱"适人者"三字。

《传》曰:何以期也？不敢降其祖也。

大夫之子为世父母、叔父母、子、昆弟、昆弟之子、姑、姊妹、女子子无主者,为大夫命妇者,唯子不报。○世父、叔父、子、昆、弟、昆弟之子六种人,都是做大夫的。命妇:大夫之妻由于夫的尊位受有封号的。世母、叔母、姑、姊妹、女子子六种人都是作命妇的。

《传》曰:大夫者,其男子之为大夫者也。命妇者,其妇人之为大夫妻者也。无主者,命妇之无祭主者也。何以言唯子不报也？女子子适人者为其父母期,故言不报也,言其余皆报也。何以期也？父之所不降,子亦不敢降也。大夫曷为不降命妇也？夫尊于朝,妻贵于室矣。

大夫为祖父母、適孙为士者。○本条是特别说明大夫不得凭尊位降作士的祖父和作士妻的祖母的服。

《传》曰:何以期也:大夫不敢降其祖与適也。

公妾以及士妾为其父母。

《传》曰:何以期也？妾不得体君,得为其父母遂也。○遂:申遂对父母之情。

以上述齐衰一年的服制之仪。

疏衰裳齐,牡麻绖,无受者。○受:凡丧,既葬之后,以轻服易重服,谓之受。齐衰三月,满三个月就除服,不以轻服受之,故曰"无受者"。

寄公为所寓。○寄公:也叫寓公,寄寓在别国的国君。所寓:寄寓国家的国君。

《传》曰:寄公者何也？失地之君也。何以为所寓服齐衰三月也？言与民同也。

丈夫妇人为宗子、宗子之母、妻。○丈夫妇人:这里统指族内男的和女的。宗子:大宗子。

《传》曰:何以服齐衰三月也？尊祖也。尊祖故敬宗。敬宗者尊祖之义也。宗子之母在,则不为宗子之妻服也。

为旧君、君之母、妻。○旧君:过去跟自己有君臣关系的君。

《传》曰:为旧君者,孰谓也？仕焉而已者也。○仕焉而已者:指曾经做

官,因为年老或疾病去官回到家乡的。何以服齐衰三月也？言与民同也。君之母、妻,则小君也。

庶人为国君。

大夫在外,其妻、长子为旧国君。○在外:离开本国。旧国君:大夫本国的国君。

《传》曰:何以服齐衰三月也？妻,言与民同也,长子,言未去也。○去:离开。

继父不同居者。○不同居:谓曾经共同生活,现在不在一起。

曾祖父母。

《传》曰:何以齐衰三月也？小功者,兄弟之服也,不敢以兄弟之服服至尊也。○兄弟:指疏远的兄弟,外姻异姓也包括在内。"兄弟之服"只用在旁亲方面。至尊:这里指继父和曾祖父母。

大夫为宗子。○宗子:指大宗子。

《传》曰:何以服齐衰三月也？大夫不敢降其宗也。

旧君。○为服的也是大夫,承上省。大夫也是因为不得君的信任自动离开本国的。

《传》曰:大夫为旧君,何以服齐衰三月也？大夫去,君扫其宗庙,故服齐衰三月也。○扫:打扫污秽。言与民同也。何大夫之谓乎？言其以道去君而犹未绝也。○去:离开。

曾祖父母为士者,如众人。○此条也蒙上省略大夫。如众人:谓曾祖父母的服,贵贱都同。

《传》曰:何以齐衰三月也？大夫不敢降其祖也。

女子子嫁者、未嫁者,为曾祖父母。○未嫁:指已许嫁但未出嫁。

《传》曰:嫁者,其嫁于大夫者也。未嫁者,其成人而未嫁者也。何以服齐衰三月？不敢降其祖也。○不敢降其祖:祖父母和曾祖父母是至尊,不得凭夫的尊隆降至尊的服。

以上述齐衰三月服制之仪。

大功布衰裳,牡麻绖,无受者。○大功:本章讲的是为殇者服的丧服。殇者的本服是齐衰或斩衰,因为是殇死,降为大功。大功布:稍加人工、略微洗濯捶打,使较熟软的麻布。此用作服名。无受者:殇无受服,即不换轻的丧服。

子、女子子之长殇中殇。○殇:指未成年而夭折。男子未冠、女人未笄而死。

《传》曰：何以大功也？未成人也。何以无受也？丧成人者其文缛，丧未成人者其文不缛，故殇之绖不樛垂。○文缛：文，礼节仪式；缛，繁多。不樛(jiū)垂：指腰间大带垂下的散麻不两股相绞。樛，绞。盖未成人也，年十九至十六为长殇，十五至十二为中殇，十一至八岁为下殇，不满八岁以下，皆为无服之殇。无服之殇，以日易月。○以日易月：用哭代服，殇者生一个月就哭一日。哭代表哀伤，哀减可以停哭。以日易月之殇，殇而无服。故子生三月，则父名之，死则哭之。未名则不哭也。○名：取名。

叔父之长殇中殇，姑姊妹之长殇中殇，昆弟之长殇中殇，夫之昆弟之子、女子子之长殇中殇，適孙之长殇中殇，大夫之庶子为適昆弟之长殇中殇。

公为適子之长殇中殇，大夫为適子之长殇中殇。○公：指诸侯。其长殇皆九月，缨绖；其中殇七月，不缨绖。○缨绖：指头上戴的牡麻头圈上有缨带。

以上述大功殇九月、七月。

大功布衰裳，牡麻绖缨，布带，三月，受以小功衰，即葛，九月者。○绖缨：绖，头上的牡麻头圈和腰间的牡麻带；缨，牡麻圈圈的缨带。大功只中殇牡麻头圈没有缨，成人和长殇牡麻头圈都有缨。受以小功衰：谓已葬，脱掉大功布衰裳，换上小功布衰裳。即葛：换上葛绳头圈和葛绳大带。即，就。九月：变服后，服满九个月的丧期。

《传》曰：大功布九升，小功布十一升。

姑姊妹、女子子适人者。

《传》曰：何以大功也？出也。○出也：指嫁出家门。

从父昆弟。○从父：世父、叔父的子互相称呼为从父兄弟。同父兄弟相服一周年，从父兄弟降一等，相服大功。为人后者为其昆弟。○为人后：为大宗继承人。昆弟：指本宗兄弟。

《传》曰：何以大功也？为人后者降其昆弟也。

庶孙。○庶孙：包括孙子、孙女。嫡子在，凡孙都是庶孙。

適妇。○適妇：嫡子的妻。(舅姑)为嫡子的妻服大功九个月。

《传》曰：何以大功也？不降其適也。

女子子适人者为众昆弟。姪丈夫、妇人，报。○众昆弟：指嫡兄弟以外的众兄弟。姪丈夫、妇人：姪男、姪女。

《传》曰：姪者何也？谓吾姑者吾谓之姪。

夫之祖父母,世父母、叔父母。

《传》曰:何以大功也? 从服也。○从服:从夫为之服。凡从服皆降一等。夫皆服大功一年,此降一等,服大功九月。夫之昆弟何以无服也? 其夫属乎父道者,妻皆母道也。其夫属乎子道者,妻皆妇道也。谓弟之妻妇者,是嫂亦可谓之母乎? 故名者,人治之大者也。可无慎乎? ○道:辈行。人治:指封建礼教伦常的规定。

大夫为世父母、叔父母、子、昆弟、昆弟之子为士者。○子:指庶子。

《传》曰:何以大功也? 尊不同也。尊同则得服其亲服。○尊同:指同为大夫则尊卑相同。亲服:指本服是一周年。

公之庶昆弟、大夫之庶子,为母、妻、昆弟。

《传》曰:何以大功也? 先君余尊之所厌,不得过大功也。○厌:同"压"。国君死,嫡子继位为国君,这就是先君的余尊所在,所以仍被余尊临压,只服大功。大夫之庶子,则从乎大夫而降也。父之所不降,子亦不敢降也。○大夫凭尊降妾和妾子的服,所以父在,大夫的庶子也从父降庶兄弟的服,服大功。

皆为其从父昆弟之为大夫者。为夫之昆弟之妇人子适人者。○妇人子:女儿,即女子子。女子已嫁人,降服大功。大夫之妾为君之庶子。女子子嫁者、未嫁者,为世父母、叔父母、姑姊妹。

《传》曰:嫁者,其嫁于大夫者也;未嫁者,成人而未嫁者也。○未嫁:谓已许嫁于大夫,得逆降旁亲伯叔父母。何以大功也? 妾为君之党服,得与女君同。○"何以大功也"至"得与女君同",应为前条正文"大夫之妾为君之庶子"之下的传文,误置于此,当移前。妾为君之党服,得与女君同:妾跟着女君(大夫的妻)为君的亲属服,所以同服大功。党,亲属,此指大夫的庶子。

大夫、大夫之妻、大夫之子、公之昆弟,为姑姊妹、女子子嫁于大夫者。君为姑姊妹、女子子嫁于国君者。○君:诸侯,即国君。

《传》曰:何以大功也? 尊同也。尊同则得服其亲服。诸侯之子称公子,公子不得祢先君。○祢(nǐ):父庙。此用作动词,立父庙。公子之子称公孙,公孙不得祖诸侯。○祖:祖庙。此亦用作动词,立祖庙。此自卑别于尊者也。若公子之子孙有封为国君者,则世世祖是人也。不祖公子。此自尊别于卑者也。是故始封之君,不臣诸父昆弟;封君之子不臣诸父,而臣昆弟;封君之孙,尽臣诸父昆弟。○诸父:父的兄弟辈,即伯叔父辈。

故君之所为服,子亦不敢不服也;君之所不服,子亦不敢服也。

以上述大功九月。

缌衰裳,牡麻绖,既葬除之者。○缌衰是五服外特制的服,诸侯的臣为天子服。在大功之下,小功之上。天子七个月下葬之后除服。帽子是布缨,带是布带,和大功同,省略不说。缌(suī):细疏的麻布。

《传》曰:缌衰者何?以小功之缕也。○以小功之缕:用织小功布的麻缕织为缌衰布。但缌的成布,和小功布十升的与十一升的不同,只有四升半缕,所以布虽细却比小功布稀疏。丧服布缕的粗细,表示哀戚的深浅。诸侯的臣受天子的恩轻,所以缕细,但天子至尊,不敢用小功布,因而升数少。

诸侯之大夫为天子。○大夫:单说大夫的,包括了卿。

《传》曰:何以缌衰也?诸侯之大夫以时接见乎天子。○接见乎天子:被天子接见。

以上述缌衰裳服制之仪。

小功布衰裳,澡麻带绖,五月者。○小功布:小功是对大功说的。大功,稍加人功;小功,人功比较细密。小功布比大功布升数多。澡麻带绖:腰间束衣的大带、头上戴的头圈是用澡牡麻作的。澡,洗濯,指洗去麻皮的污垢,使略微洁白。

叔父之下殇。适孙之下殇。昆弟之下殇。大夫庶子为适昆弟之下殇。为姑姊妹、女子子之下殇。○这些人,若是成人,都为之服一周年;下殇降二等,所以为之服小功。

为人后者为其昆弟、从父昆弟之长殇。○昆弟:为人后者的本宗兄弟。

《传》曰:问者曰:中殇何以不见也?大功之殇,中从上,小功之殇中从下。○大功、小功:都指成人的本服。中从上:指中殇从长殇,由本服大功降一等为小功。中从下,指中殇从下殇,由本服小功降二等没有服。所以小功殇不见中殇。

为夫之叔父之长殇。昆弟之子、女子子、夫之昆弟之子、女子子之下殇。○为成人都服一周年,下殇降二等,服小功。

为姪、庶孙丈夫妇人之长殇。○这里姑是已出嫁的,为姪成人,祖父母为庶孙成人都服大功。长殇降一等,服小功。庶孙丈夫妇人:庶孙男女。

大夫、公之昆弟、大夫之子,为其昆弟、庶子、姑姊妹、女子子之长殇。○大夫凭尊降,公的昆弟凭兄尊降,大夫的子凭父尊降,因而后面七种人的服都降在大功;长殇又降一等,所以服小功。"大夫为其昆弟之长殇"中,"昆弟"指作士的,或没有任官职的。古礼有所谓"五十命为大夫",所以大夫通常无殇服。

大夫之妾为庶子之长殇。○庶子:这里包括男女。

以上述小功殇五月之制。

小功布衰裳,牡麻绖,即葛,五月者。○这是成人小功,比殇小功服轻。"即葛"前省略"三月"。牡麻:指洗濯的牡麻,省说"澡"。五月:谓初丧三个月后,仍穿旧的衰裳,换上葛绳做的头圈和腰带,服满五个月。

从祖祖父母、从祖父母,报。○从祖祖父母:父的伯父母、叔父母。从祖父母:父的堂兄弟和妻子。报:此指以同服还报。

从祖昆弟。○父的堂兄弟之子。

从父姊妹。孙适人者。○从父姊妹:父的兄弟之女。

为人后者,为其姊妹适人者。○姊妹在父家,本服是齐衰一周年;因为已嫁人,降服大功;为人传宗接代的是继承大宗,因而疏远本宗,便又降服小功。

为外祖父母。

《传》曰:何以小功也? 以尊加也。○为外祖父母本来服缌麻,因为外祖父母是母的至尊,所以加服小功。从母丈夫妇人,报。○从母:母的姊妹,也称姨。丈夫妇人:男子女子,这里指姊妹的子(包括男女)。

《传》曰:何以小功也? 以名加也。外亲之服皆缌也。○以名加也:从母有母的名分,所以加服一等。外亲是异姓,正服不超过缌麻。

夫之姑姊妹,娣姒妇,报。○娣(dì)姒(sì)妇:兄妻称姒,弟妻称娣。

《传》曰:娣姒妇者,弟长也。何以小功也? 以为相与居室中,则生小功之亲焉。○弟长:弟,通"娣",少妇,指弟妻;长,指长妇,少妇称长妇作姒,即兄妻。相与居室:指亲兄弟住在一屋,娣姒朝夕相处。

大夫、大夫之子、公之昆弟,为从父昆弟、庶孙、姑姊妹、女子子适士者。○从父昆弟和庶孙都指作士的。大夫之妾为庶子适人者。○庶子:这指大夫的妾的女儿。适人:这里指嫁给士作妻。

庶妇。○庶妇:庶子的妻。

君母之父母、从母。○君母:父的嫡妻,妾称夫的嫡妻作女君,妾子因而称嫡母作君母。君母的父母即妾子的外祖父母。从母:指君母的姊妹。

《传》曰:何以小功也? 君母在,则不敢不从服;君母不在,则不服。○这种从服叫"徒从",只是跟着所从的人服,所为服的人不是血亲。若所从的人已死,就不服。凡庶子为君母服,跟嫡子为母服同,所以为君母的亲属服也跟嫡子同。外亲的服都是缌麻,因为外祖父母是君母的至尊,从母有母的名称,所以加服小功。

君子子为庶母慈己者。○君子子:大夫和公子的嫡妻之子。慈己:养育自己。

庶母：指大夫、士、公子的妾为嫡子或其他妾的子作养母但不受命作为母子的。

《传》曰：君子子者，贵人之子也。为庶母何以小功也？以慈己加也。

以上述小功五月的服制之仪。

缌麻三月者。○这里缌麻成人服和殇服合在一章，缌麻是五服里最轻的服，只服三个月，已葬即除服。

《传》曰：缌者，十五升抽其半，有事其缕，无事其布，曰缌。○缌：细布。洗濯捶打它的麻缕，使它细小如丝。十五升抽其半：缌衰的粗细和朝服同，朝服是用十五升的布做的，所以十五升抽去一半，跟吉服相区别。一升八十缕，十五升是一千二百缕，抽去一半，成布是七升半，只有六百缕，布疏却缕精。有事其缕：洗濯捶打那织缌布的麻缕。无事其布：不加灰洗濯那织成的布，使它光滑。

族曾祖父母，族祖父母，族父母，族昆弟。○族曾祖父：高祖的子，曾祖父的亲兄弟。族祖父：高祖的孙，祖父的从父兄弟。族父：高祖的曾孙，父的从祖兄弟。族昆弟：高祖的玄孙，同一高祖的同辈兄弟。亲属关系至第四世继承高祖而止，服至缌麻而尽。

庶孙之妇。

庶孙之中殇。○"中殇"当是"下殇"之误。庶孙成人的本服是大功，若是中殇，"中从上"，在大功殇里，所以这里中殇当是下殇。下殇从本服降二等，为之服缌麻。

从祖姑姊妹适人者，报。○从祖姑姊妹：从祖姑，祖父兄弟的女，父的堂姊妹。从祖姊妹者，从祖之孙女，于己为再从姊妹也。经合而言之为从祖姑姊妹也。**从祖父、从祖昆弟之长殇。**○从祖父：祖父兄弟的子。父的堂兄弟。从祖昆弟：祖父兄弟的孙。成人，服小功，长殇，降一等服缌麻。不见中殇，因为小功的殇"中从下"，降二等没有服。

外孙。○外孙：女的子。通指男女。外孙为外祖父母加服小功，外祖父母只为外孙服缌麻。

从父昆弟、侄之下殇。夫之叔父之中殇、下殇。○从父兄弟，成人为他服大功，长殇降一等服小功；姑已嫁人的，为侄成人服大功，长殇降一等服小功。下殇降二等，都服缌麻。夫为叔父成人服一周年，妻从夫降一等服大功。这是妻为夫的亲属中殇下殇服，大功的殇"中从下"，降二等服缌麻。

从母之长殇，报。○外亲的服都是缌麻，殇便没有服，但从母因为有母名，加服小功。这是长殇，降一等服缌麻。

庶子为父后者为其母。○庶子：指妾子。这是父死了，没有嫡子，因以妾子为后，传宗接代。其母：妾子的亲生母。

《传》曰：何以缌也？传曰：与尊者为一体，不敢服其私亲也。○尊

者：指父。一体：谓妾子承受宗庙祭祀的重责，和父是一体。私亲：指亲生母。**然则何以服缌也？有死于宫中者，则为之三月不举祭，因是以服缌也。**○"有死于宫中者"以下：由于臣仆有死在宫中的，为他三个月不举行祭祀，所以服缌麻。

士为庶母。○庶母：父的妾。

《传》曰：何以缌也？以名服也。大夫以上，为庶母无服。

贵臣贵妾。○贵臣：指室老。贵妾：指侄娣。侄是妻的兄女，娣是妻的妹，都从妻做妾（古时贵者嫁女，必用侄娣从嫁）。这里为贵臣贵妾服，专指"公士大夫"的君。

《传》曰：何以缌也？以其贵也。

乳母。

《传》曰：何以缌也？以名服也。○以名服也：乳母有母之名，故服缌麻。

从祖昆弟之子。○从祖昆弟之子：自己的再从兄弟的子。**曾孙。父之姑。从母昆弟。**○从母昆弟：姨母的子。

《传》曰：何以缌也？以名服也。○因为从母有母名，姐妹的子之间有兄弟名，所以服。

甥。

《传》曰：甥者何也？谓吾舅者吾谓之甥，何以缌也？报之也。

婿。

《传》曰：何以缌？报之也。

妻之父母。

《传》曰：何以缌？从服也。○妻服一周年，夫从服缌麻。抑压外亲本应按"从服降所从一等"的例，这是例外。

姑之子。

《传》曰：何以缌？报之也。

舅。

《传》曰：何以缌？从服也。○母为兄弟服大功；子从母服，因为舅是外亲，所以服缌麻。

舅之子。

《传》曰：何以缌？从服也。○从服：也是从母服。母为兄弟的子服大功，子从母服缌麻。

夫之姑姊妹之长殇。○姑姊妹：姑母和姊妹。

夫之诸祖父母，报。○诸祖父母：指内亲从祖祖父母，外亲外祖父母。

君母之昆弟。○这是妾的子为父的嫡夫人的兄弟服。

《传》曰：何以缌？从服也。○从服：也是"徒从"。外亲的服不超过缌麻。君母为兄弟服大功，妾子从服，但服缌麻，不按照降一等的例。

从父昆弟之子之长殇，昆弟之孙之长殇。为夫之从父昆弟之妻。○（从祖父）为从父兄弟的子、（从祖祖父）为兄弟的孙成人都服小功，长殇则降一等服缌麻。夫的从父兄弟的妻和自己是同堂娣姒，前条亲娣姒妇报在小功，这降于亲娣姒一等，所以服缌麻。

《传》曰：何以缌也？以为相与同室，则生缌之亲焉。长殇中殇降一等，下殇降二等，齐衰之殇中从上，大功之殇中从下。○相与同室：指从父兄弟虽然分房异居，但同门共财，仍相处在一屋里，娣姒互相亲近。

以上述缌麻服制之仪。

【记】

公子为其母，练冠麻，麻衣縓缘；为其妻，縓冠、葛绖带、麻衣縓缘。○公子：君的庶子，此指妾的子。练冠：用煮熟的麻布做的帽子。麻：此指用缌麻做的首绖、腰绖。縓(quàn)缘(yuàn)：用浅绛色的布饰边。縓冠：用浅绛色的布做的帽子。诸侯的妾子被父尊所压，不得为他的母服正规的服，所以服这种变服。为妻也只能服比母更轻的变服。皆既葬除之。

《传》曰：何以不在五服之中也？君之所不服，子亦不敢服也。君之所为服，子亦不敢不服也。○所不服、所为服：诸侯不为妾和庶子妻服，只为夫人和嫡子妻服。

大夫、公之昆弟、大夫之子于兄弟降一等。○兄弟：犹言族亲。降一等：指大夫凭己尊降，国君的兄弟凭旁尊降，大夫的子凭父尊降，因为服同，总说降一等。

为人后者，于兄弟降一等，报；于所为后之兄弟之子，若子。○为人后者：指做大宗的后。兄弟：前者指本宗的兄弟，后者指"所为后"的兄弟。降一等：降本宗兄弟的服一等在大功。若子：犹如亲子，不降等，并为他服大功。

兄弟皆在他邦，加一等；不及知父母，与兄弟居，加一等。○皆在他邦：指因求官或避仇而出游或寄寓在国外。加一等：前一个是怜他客死在外，后一个是感念他对自己有抚养之恩。不及知父母：指父母早卒。

《传》曰：何如则可谓之兄弟？传曰：小功以下为兄弟。○小功以下为兄弟：特指小功以下说，这里的兄弟是疏远的兄弟。所谓"加一等"就是指加这等兄弟，大功

以上服重,不可再加。

朋友皆在他邦,袒免,归则已。○袒:脱衣露左臂。袒时,去掉帽子,用"免"代替。免(wèn)字又作"绕",用一寸宽的布从颈的后部向前交于额,又向后绕发髻。归:指归葬本国。已:停止。

朋友麻。○国内朋友互相为服。麻:指头上环绖和腰带都是用澡牡麻做的,和缌麻同。

君之所为兄弟服,室老降一等。○君:公卿大夫。兄弟服:指小功以下的服。

夫之所为兄弟服,妻降一等。○兄弟服:也指小功以下的服。

庶子为后者,为其外祖父母、从母、舅无服;不为后,如邦人。○庶子:指妾子。为后:为大宗后。如邦人:犹如众人。就和众人一样为外祖父母、亲生母的姊妹服小功,为舅服缌麻。

宗子孤为殇,大功衰、小功衰,皆三月;亲则月筭如邦人。○宗子:指大宗子。孤为殇:无父叫孤,未成年死去叫殇。指宗子成了孤儿又未成年即死去。亲:指五服以内有服的亲族。月筭如邦人:是说亲族为宗子服,服丧的月数和众人一样。

改葬,缌。○坟墓因故崩坏,将使尸棺被毁,所以改葬。缌:指改葬时服缌麻。

童子唯当室缌。○童子:年不满二十未举行加冠礼的人。当室:做父后承当家事的,即家主。

《传》曰:不当室,则无缌服也。

凡妾为私兄弟如邦人。○妾:加"凡"字,包括诸侯的妾和大夫、士的妾。私兄弟:是妾本族的兄弟。如邦人:和众人一样。

大夫吊于命妇锡衰,命妇吊于大夫亦锡衰。○吊于命妇:指命妇死。吊于大夫:指大夫死。吊,吊死(祭奠死者)问生(慰问生者,又叫"唁")。

《传》曰:锡者何也?麻之有锡者也。锡者,十五升抽其半。无事其缕,有事其布,曰锡。○锡:指锡布,给它施加人工,使它光滑。事:犹整治。锡布和缌布都是十五升缕抽去一半;不相同的是,锡布加灰洗濯,使它光滑,但对它的缕不洗濯捶打,以喻哀情在内;缌布不加灰洗濯,但对它洗濯捶打,使它细小,以喻哀情在外。锡衰是吊服,在五服之外。

女子子适人者为其父母,妇为舅姑,恶笄有首,以髽;卒哭,子折笄首以笄,布总。○恶笄:指下文的"栟笄",因其木纹理粗恶,所以用作丧笄。首:笄首,即簪头,有刻镂,用作装饰。髽:妇女服丧时用麻扎成的发髻。卒哭:指葬毕举行虞祭,虞祭后停止了朝夕哭,这时丧事已经办毕,女可以回夫家。折笄首以笄:女回夫家,不可纯凶,若仍插恶笄,恐公婆以为嫌,所以改用吉笄;但又不可纯吉,所以断去有饰的笄头。布总:用麻布

束发。

　　《传》曰：笄有首者，恶笄之有首也。恶笄者，栉笄也。○栉笄：栉当读作"即"，即指即薪，简称"即"，柞木之别称。折笄首者，折吉笄之首也。吉笄者，象笄也。何以言子折笄首而不言妇？终之也。○终之：终子道于父母之恩。

　　妾为女君、君之长子，恶笄有首，布总。

　　凡衰外削幅，裳内削幅，幅三袧。○凡：包括五服。衰：这里是丧服上衣的总称，下同。衰外削幅：上衣向外折倒一寸边。裳内削幅：下裳向内折倒一寸边。袧（gōu）：辟积，这里指裳腰中的缩蹙（即折叠），犹如现在的裙褶。幅三袧：丧服的裳只限于每幅三个辟积。若齐，裳内衰外。○齐：缝缀衰和裳的边侧。裳内：缝缀裳，边翻转在内。衰外：缝缀衰，边翻转在外。负广出于适寸。○负：用一块方布置于背上，上边缘缝着衣领，下边缘垂放，因为在背上，所以叫"负"。适（dí）：于衣领当颈项处纵横各剪入四寸（左右各开四寸），把剪开的各向外反折，叠在两肩，叫作逦，也叫辟领。负出于辟领外一寸。适博四寸，出于衰。○适：辟领。衰：用麻布做成的，缝在衣上当心处的粗麻布条。出于衰：辟领两旁各出衰外。衰长六寸，博四寸。衣带下尺。○衣：上衣。带下尺：带，指腰间当束带之处；下尺，因衣长二尺二寸，只及于腰，和裳相接，不能掩裳，因而在腰间当束带之处用布连缀，垂下一尺，遮掩裳的边际。衽二尺有五寸。○衽：掩裳际的衣襟。袂属幅。○袂：衣袖。属幅：连幅。指幅不消减。衣袖用全幅布，连于衣。衣二尺有二寸。○衣：这是指"袂中"。袂中，是指衣袖自上向腋下的宽狭。祛尺二寸。○祛（qū）：袖口。

　　衰三升、三升有半，其冠六升，以其冠为受，受冠七升。○衰：指斩衰裳。升：布八十缕为一升。缕是织布的经线。升数多则布精，升数少则布粗。以其冠为受：这是改受轻服，用作斩衰帽子的六升麻布做受服（齐衰）。齐衰四升，其冠七升，以其冠为受，受冠八升。○四升：这是齐衰的上等。繐衰四升有半，其冠八升。大功八升若九升，小功十升若十一升。○若：或。

士丧礼第十二

士丧礼。死于適室,帱用敛衾。○適(dí)室:指正寝之室,犹今言正室、卧室。帱(hū):覆。敛衾:殡敛时用的被子。这是指用大敛用的被子覆盖在尸体上。**复者一人,以爵弁服,簪裳于衣,左何之,扱领于带。**○复者:招魂的人。人死之后,儿女不忍亲人长逝,请人呼喊死者,冀精气复返而重生,这种仪式称"复""招魂"。招魂者的人数由死者的地位高低决定,通常天子用十二人,士只用一人。爵弁服:以冠名称呼服装。即与戴爵弁相应的服饰。爵弁,冠名,是一种像冕而无旒、等级上低于冕的冠,颜色赤而微黑。爵弁服是士的上等服装。古礼规定,招魂要用死者的上服,所以士死后用爵弁服招魂。簪:连。左何之:担在左肩上。何,古"荷"字,担。扱(chā):插入。带:衣带,此指招魂者的衣带。**升自前东荣,中屋,北面招以衣,曰:皋某复。三。**○荣:屋翼,屋檐两头翘起的部位。房屋朝南,所以以南为前。中屋:站在屋顶中间,即屋脊之上。皋:呼叫的长声。某:死者的名字。为男子招魂时,呼喊名;为女子招魂时,呼喊字。复:复归。三:反复呼号三次。**降衣于前。受用箧,升自阼阶,以衣尸。**○箧:装衣物的小箱。阼阶:大堂东面主人迎接宾客的台阶,又称主阶。承接的人捧着箧恭敬地从阼阶走进正室,也是表示魂魄已依附在衣服上,所以登上主人平日所登之阼阶。衣尸:覆盖在尸体上。**复者降自后西荣。**○降:从屋顶上下来。后西荣:北边的西荣,即西边朝北的屋翼。

以上述始死招魂之仪。

楔齿用角柶,缀足用燕几。○楔:插进去。角柶:用角制成的用来舀取食物的礼器。用角柶插进死者齿缝中,便于下面行饭含之礼。缀:拘。燕几:燕寝之内凭以安体之几。燕几有胫(几腿),置死者两足于胫间,是为了防止腿扭曲变形,以便给死者穿鞋子。**奠脯醢醴酒,升自阼阶,奠于尸东。帷堂。**○奠:为死者设祭。在入葬以前,祭奠死者均称奠。脯:干肉。醢(hǎi):肉酱。醴:甜酒。奠:放。帷堂:用布帷把死者躺的地方围起来。有两个作用,一是因为鬼神喜欢幽暗,二是死者尚未修饰,所以要用布帷围隔。

以上述楔齿、缀足、设奠、帷堂之仪。

乃赴于君。主人西阶东,南面命赴者,拜送。○赴于君:派人把死讯告诉

君。赴,今作"讣",告。主人:指丧主。主人西阶东:丧主站在西阶的东边。主人本应从阼阶上下,现在死者刚死,丧主不宜马上以主人自居,所以升降皆自西阶。**有宾则拜之。**○宾:客人。

以上述使人赴君之仪。

入,坐于床东。众主人在其后,西面,妇人侠床,东面。○众主人:指死者的庶昆弟。侠床:隔着床。侠,通"夹"。主人及众兄弟站在床东,妇人在床西,中间隔着床,所以称侠床。**亲者在室。**○亲者:指死者的亲戚。这些亲属则属于服齐衰、大功的亲属。此"亲者"是比上节所述在床边者稍疏。**众妇人户外北面,众兄弟堂下北面。**○众妇人、众兄弟:指服小功以下的戚属。户外:指堂上。

以上述哭位之仪。

君使人吊,彻帷,主人迎于寝门外,见宾不哭,先入门右,北面。○吊:吊唁。古礼规定,使人必以其爵。使者与出使处主人官职相同。彻帷:把帷幕开合部分向上揭起,事毕再放下。寝门:内门。**吊者入,升自西阶,东面。主人进中庭。吊者致命。**○吊者:指上文所言君派来的使者。入:入寝门。致命:传达君的吊辞。**主人哭,拜稽颡、成踊。**○稽颡:头触地。成踊:指成辟踊之礼。踊,辟踊。辟指拊胸(拍胸),踊指跳脚,犹今言捶胸顿足。古人有九拜之礼。凶事之拜,以"拜稽颡成踊"为最重。此对君之使者,如面对君,所以行此重礼。**宾出,主人拜送于外门外。**○外门:指大门。士有二门,寝门称内门,大门称外门。主人:指丧主一人。其"众主人"则不出送也,取不二主之义。**君使人襚,彻帷,主人如初。襚者左执领,右执要,入,升,致命。**○襚(suì):送给死者衣被。君所赠之襚在大敛时用,袭与小敛皆不能用。如初:指主人像迎接吊唁的使者一样。要:今作"腰"。**主人拜如初。襚者入,衣尸。出,主人拜送,如初。**○拜如初:指像拜吊唁使者那样行"拜、稽颡、成踊"之礼。衣尸:用襚衣覆盖在死者身上。**唯君命出,升降自西阶。**○唯君命出:指只有君派人吊、襚时主人才出正室迎送。**遂拜宾,有大夫则特拜之,即位于西阶下,东面,不踊。**○遂拜宾:总的拜拜宾客。特:单独。特拜,意谓一个个地向位为大夫的宾行拜礼。不踊:不行成踊礼。**大夫虽不辞,入也。**○按礼,当主人立于西阶下时,大夫应辞。即使大夫未告辞,主人也应当进入正室。

以上讲的是君使人吊襚时的礼仪。

亲者襚,不将命,以即陈。○亲者:指大功以上的亲人。将:持。命:告。以即陈:犹言拿着赠送的衣衾陈放在房中。**庶兄弟襚,使人以将命于室。主人拜于位,委衣于尸东床上。**○庶兄弟:众兄弟。委:置放。**朋友襚,亲以进;主人**

拜；委衣如初，退；哭，不踊。○亲以进：亲自拿着赠送的衣衾进内室。退：指朋友退下堂，回到宾位。**彻衣者，执衣如襚以适房。**○彻衣者：负责撤去衣服的人。此所撤者，指置放在尸东床上之衣衾。执衣如襚：撤衣时像赠襚时一样，左执领、右执腰。适：到……去。

以上述亲者、庶兄弟、朋友赠襚的礼仪。

为铭，各以其物。○铭：铭旌，竖在灵柩前注明死者官职和姓名的旗幡。各以其物：意思是各自用他们活着时所建的旗作铭旌，可以帮助判别死者的身份。物，是九旗之一种，以杂帛制成。**亡，则以缁，长半幅；赪末，长终幅，广三寸。书铭于末曰：某氏某之柩。**○亡则以缁：亡，通"无"。指不命之士无旗而言。以缁，用黑色帛作铭旌。半幅：古制，布幅长二尺二寸，除去边幅两头各一寸，半幅只有一尺。赪末：指以红色帛附在黑色帛（缁）下。赪（chēng），同"赬"，红色。终幅：二尺。书铭于末：铭当作"名"。在铭旌的下端写上死者的名字。**竹杠长三尺，置于宇西阶上。**○杠：指悬挂铭旌所用的竿。宇：指屋檐。

以上述制作铭旌的礼仪。

甸人掘坎于阶间，少西；为垼于西墙下，东乡。○甸人：为掌田事职贡之官。此使之助办丧事。坎：坑。垼（yì）：又写作"堲"。用土块砌成灶。为死人洗沐的水要求清洁，所以不能用家用灶烧水，要另外用土块砌垼。东乡：乡通"向"，即灶口朝东。**新盆、槃、瓶、废敦、重鬲，皆濯，造于西阶下。**○新：指新作。下列五件为死者洗沐等准备的东西都要新的。皆用瓦器。槃：通"盘"。废敦（duì）：无足的敦。敦，盛黍稷的器具。凡物无足称废。重鬲：重是丧礼中暂代主牌的木制品。鬲是一种烹煮的用器，因其将悬于重上，故称重鬲。濯：洗涤。造：陈。

以上述陈放沐浴饭含之具。

陈袭事于房中。西领，南上，不绩。○袭事：指袭尸所用的有关物件。袭，为死者穿衣。不绩（zhēng）：放置衣服不屈曲绕放。绩，通"挣"，意为屈。**明衣裳用布。**○明衣裳：本指斋戒时浴后贴身的衣裳，称之"明"，是因为神明尚洁，此指给死者浴后穿的贴身衣裳。布：指帷幕用的布。**鬠笄，用桑，长四寸，缨中。**○鬠（kuò）："髺"的异体字，挽束头发。用桑：用桑木制笄。丧事用桑，是因为桑、丧音同。缨中：指两头阔，中间狭。缨（yōu），笄上用以固定鬠发的部分。**布巾，环幅，不凿。**○布巾：用布做的覆盖在死者面上的巾。环幅：布幅长二尺二寸，除边幅余二寸，环幅则长阔相等，正方形，即长阔都二尺。不凿：不开洞。**掩练帛，广终幅，长五尺，析其末。**○掩练帛：用熟帛为死者裹头，代替冠。广终幅：宽二尺。析：剖分。作掩的练帛两头均一分为二，以便于系扎。**瑱用白纩。**○瑱（tiàn）：又称充耳、塞耳，是用玉做的系在冕下、悬在耳旁的一种装饰品。死

人亦仿活人之饰,只是不用玉。纩(kuàng):新的丝棉絮。幎目用缁,方尺二寸。赪里,著,组系。○幎(mì)目:指覆面用的巾。上面所言布巾是始丧时用,幎目则是袭尸后用。缁:黑色帛。赪里:赪同"赪",用浅赤色的帛作里子。著(zhuó):用絮填在缁表赪里之间。组系:用丝带做系住幎目的带子。握手用玄,纁里,长尺二寸,广五寸,牢中旁寸,著,组系。○握手:裹手的丧具。共分上下两片,合起来裹住手。玄:指玄色帛。纁里:指用浅赤色帛做里子。牢:通"楼"。牢中旁寸:指握手的中部两旁共缩小一寸,因为握手的这个部位正在手腕之上、手的最细小的地方。缩小之后较为固定。决用正王棘若择棘,组系,纩极二。○决:射箭时套在右手大拇指上的套子,又称扳指。正:善。意即挑选其中善者。王棘、择(zhái)棘:两种树名,木质坚韧,故以其中木质较好的做决。若:或。极:射箭时套在手指上保护手指的指套。以朱韦制作,有三个,分别套在右手食指、中指、无名指上,又称放弦。丧具之极,用纩制作,只有两个,表明与生时的礼有区别。冒,缁质,长与手齐,赪杀,掩足。○冒:装殓死者的套子。其制分为两截。上半截称质,用缁帛制作,长度到人手垂下的位置;下半截称杀,以浅赤色帛制作,长度自手到脚,要能掩住脚。用时先以杀装住脚往上套,然后以质装住头往下套。赪(chēng):同"赪",浅红色,这里指浅红色的帛。爵弁服,纯衣。皮弁服,褖衣,缁带,韎韐,竹笏。○爵弁服:指活着时穿的礼服,即戴爵弁冠时与之相应的服饰。死者不冠,这里是以冠名称呼服饰。纯衣:丝衣。这是爵弁服之一。皮弁服:士与君视朔之服,白布衣素裳。褖(tuàn)衣:黑衣裳,用赤色作边。这实际上就是士行冠礼时的玄端服。缁带:黑缯之带。韎韐(mèi gé):爵弁服上赤黄色的皮蔽膝。笏:士朝会所用的手版,供记事用。夏葛屦,冬白屦,皆繶缁绚纯,组綦系于踵。○冬白屦:是"冬白皮屦"的省文。前文"夏葛屦"亦是"夏白葛屦"的省文。繶缁绚纯:指"缁繶纯绚"。繶(yì),饰鞋的圆丝带;绚(qú),屦头上的饰物;纯(zhǔn),鞋边的装饰物。皆为黑色。组綦(qí):用丝带做鞋带。庶襚继陈不用。○庶襚:众人赠给死者的衣物。继陈:接着上述衣服以下陈放。

以上述陈放在房中的丧事所用之衣物。

贝三实于笲,稻米一豆实于筐。○贝:贝壳。古代饭含用贝。实:放。笲(fán):竹器,本用来盛干果之类,此用以盛贝。豆:古量器名,容量为四升。筐:方形竹器。沐巾一,浴巾二,皆用绤,于笲。○沐:洗头。浴:浴身。浴巾用二,是上、下身分用。绤:粗葛布。栉于箪,浴衣于箧。○栉:梳篦之类。箪:盛东西的小筐,此处用来盛梳篦之类的东西。箧:小箱,常用来盛衣。浴衣:洗沐后,水气未干时穿的衣服。穿浴衣待身上水气干后再正式穿衣。皆馔于西序下,南上。○馔:陈放。序:堂的东西墙。

以上述陈放沐浴饭含之具。

管人汲,不说繘,屈之。○管人:主管馆舍的小官。汲:从井里打水。不说繘,屈

之:不从汲水瓶上解下绳索,只是弯曲着拿在手上。说,通"脱"。繘(yù),汲水用的绳索。**祝淅米于堂,南面,用盆。**○祝:祭祀中司祭礼的人。此指夏祝。淅米:淘米。谓取其淘米汁作沐浴用。**管人尽阶不升堂,受潘,煮于垼,用重鬲。**○潘:淘米水。**祝盛米于敦,奠于贝北。**○敦(duì):指上文所言陈于西阶下之废敦。未淘之米放大筐中,已淘之米则放在废敦中。奠:放。**士有冰,用夷槃可也。**○夷槃:盛冰放在尸床下用以降温的大盘。槃,同"盘"。这句意思是说,士丧礼如果得到君赐冰的恩宠,那么不仅可以用夷盘盛冰,洗浴时也可用夷盘盛水。**外御受沐入。**○外御:士之侍御仆从。受沐:从管人手中接过煮过的淘米水。沐,即前文所言"潘",因用以沐,故称。**主人皆出,户外北面。乃沐、栉,挋用巾。**○栉:梳理头发。挋(zhèn):擦干。**浴用巾,挋用浴衣。渜濯弃于坎。**○渜(nuǎn):煮过的淘米水。濯(zhuó):沐浴用过的淘米水。坎:指前文说的甸人所掘之坑。**蚤揃如他日。**○蚤:借作"爪",这里指为死者修剪手指甲、脚趾甲。揃(jiǎn):修剪胡须。他日:平生时。**鬠用组,乃笄,设明衣裳。**○鬠(kuò):"髺"的异体字,挽束头发。组:丝带。笄:桑笄,用以固定头发。设:这里指穿上。明衣裳:死者穿在里面的衣裳。**主人入,即位。**

以上述沐浴的礼仪。

商祝袭祭服,褖衣次。○商祝:习商礼之祝。前言淅米者为夏祝,而凡与鬼神有关的事皆由商祝承担。袭:这里指把衣服按次序摆在袭床上。袭床即给死者衣的床。陈放衣服的次序是先祭服(爵弁服、皮弁服),后褖衣,穿在外面的先放,穿在里面的后放。**主人出,南面,左袒,扱诸面之右,盥于盆上,洗贝,执以入。**○左袒,扱诸面之右:袒左臂,左袖塞在右腋下前方的衣带内。扱(chā):插进去。盥:洗手。盆:夏祝淅米之盆。**宰洗柶,建于米,执以从。**○柶(sì):舀取食物的礼器,这是指用来放含的柶。建:立。**商祝执巾从入,当牖北面,彻枕,设巾,彻楔,受贝,奠于尸西。**○执巾:指所陈之布巾。彻枕:撤去枕头,使死者头部上仰,便于饭含。彻楔:撤去楔齿的角柶。**主人由足西,床上坐,东面。**○由足西:由死者的足下向西走。从死者脚下绕过去是为了表敬。**祝又受米,奠于贝北。宰从,立于床西,在右。**○宰从:宰跟从丧主由死者足下往西走。在右:右指丧主的右后方。**主人左扱米,实于右,三,实一贝。**○左:用左手。扱(chā):用柶舀取。实于右:把米放在死者口中右边。实一贝:放下一枚贝。**左、中亦如之。又实米,唯盈。**○唯盈:到满为止。**主人袭,反位。**○袭:将褪下的左袖重新穿好。

以上述饭含的礼仪。

　　商祝掩，瑱，设幎目，乃屦，綦结于跗，连绚。○掩：用练帛裹头。瑱(tiàn)：这里指设瑱，即用纩塞耳。设幎(mì)目：系上幎目。幎目是覆在面上的布巾。屦：此指穿上鞋。綦(qí)：系鞋的带子。跗(fū)：脚背。绚(qú)：鞋鼻，位于鞋子前，也有装饰的作用。连绚：以结在跗(后跟)上的带子剩下的部分穿连在两屦之绚上，使两屦不分开。乃袭，三称，明衣不在筭。○袭：给死者穿衣裳。这个礼仪包括两个步骤：一是把死者迁到袭床上，二是在袭床上给死者穿衣服。三称(chèn)：指穿三套衣裳，即前文所言爵弁服、皮弁服、褖(tuàn)衣(玄端服)。穿衣的次序是先褖衣，次皮弁服，最外面穿爵弁服。其制和生时服装相同，只是左衽(衣襟向左开)，不纽(带子用死结)，表示不解开。明衣不在筭：言明衣不在三称之列。筭，数。明衣是贴身穿的衣服，并非礼服，所以不在规定数内。设韐带，搢笏。○设韐带：谓系上韎韐，扎上衣带。搢：插在衣带里。设决、丽于掔，自饭持之。○决：射箭所用的扳指。丽：施。掔(wàn)：同"腕"，手腕。饭：大拇指靠近手掌的部分。设握，乃连掔。○握：握手。连掔：指与系在腕上的决系相连。设冒，櫜之，帱用衾。○冒：装尸体的套子。櫜(gāo)：用囊装。即把尸首装进冒中。帱：覆盖。衾：敛衾，指始死时盖在身上的衾被。巾、柶、鬊、蚤埋于坎。○巾：指饭含时所用的覆面布巾。柶：指楔齿用的角柶和扱米用的柶。鬊(shùn)：栉后余下的乱发。蚤：通"爪"，为死者剪下的指脚爪。

　　以上述袭的礼仪。

　　重，木刊凿之，甸人置重于中庭，三分庭，一在南。○重：虞祭之前暂代主牌以依神之物。既袭，并用冒将死者装起来。死者的形貌不能再见到，所以设木于中庭，使神凭依，因为上面要悬物，所以称作重。刊凿：斫削木，凿好洞，便于穿绳悬挂。把堂至门之间距离划成三分，重放置在距门三分之一处。夏祝鬻余饭，用二鬲于西墙下。○夏祝：祝习夏礼者。夏人教以忠，故凡奉养之事，由夏祝主之。鬻(zhōu)："粥"的本字，此指煮粥。余饭：饭含时余下的米。幂用疏布，久之，系用靲，县于重；幂用苇席，北面，左衽。带用靲，贺之，结于后。○幂：覆盖器物用的东西。上幂用疏布，盖在二鬲上；下幂用苇席，包住重及悬在重上的二鬲。久：塞。以盖塞鬲口。靲(qín)：用竹篾做成的索。县："悬"的古字，悬挂。北面：谓席之两端皆在北。左衽：右端在上而向西与左端合在一起，像死者衣服衣襟在左。贺之：反复缠绕。后：指重的南面。祝取铭置于重。○祝：此指习周礼者，区别于上面所言之夏祝、商祝。铭放在重上是临时置放。

　　以上述设重的礼仪。

　　厥明，陈衣于房，南领，西上，绪。○厥明：第二天天明。陈衣：陈放小敛的衣物。绪(zhēng)：意为屈。意思是指衣服曲折陈放，第一行自西而东，第二行自东而西。绞

横三缩一,广终幅,析其末。○绞:束死者所用的饰带。横三缩一:指横绞带三条,纵绞带一条。缩,纵。**缁衾赪里,无纮。**○赪(chēng):浅赤色,此指赪帛。纮(dǎn):被头上用丝带缝的标志,以便分别上下。敛衾不分上下,故无纮。**祭服次,散衣次,凡十有九称。**○祭服:指助君祭之服,褖衣不在其中。次:按次序排列。散衣:指祭服之外,包括褖衣在内的袍、茧(丝绵袍)之类的服装。凡:共。称:套。**陈衣继之,不必尽用。**○陈衣:袭时庶襚继陈之衣。

以上述陈放小敛衣物的礼仪。

馔于东堂下,脯、醢、醴、酒,幂奠用功布,实于箪,在馔东。○馔:第一个"馔",指陈设食品;第二个"馔",指陈放的食品。脯:干肉。醢:肉酱。醴:甜酒。幂奠:覆盖奠品。功布:缝制小功丧服的布。箪:小筐。用以盛放幂奠的功布。**设盆盥于馔东,有巾。**○盆盥:以盆为盥器。丧事简略,故不设洗(盛洗手脏水的器具)。

以上述设小敛时馔及盥器的礼仪。

苴绖,大鬲,下本在左。要绖小焉。散带垂,长三尺。牡麻绖,右本在上,亦散带垂。皆馔于东方。○苴(jū)绖(dié):用粗麻制成的首绖,服斩衰裳的人系用。鬲:通"搤",指一手能把握的长度。这里指苴绖的宽度。下本在左:指麻根在左下方。要绖:要,"腰"的古字。腰绖指系在腰上的麻带。腰绖比苴绖缩小五分之一。散带垂:指不纽结,任其下垂。牡麻绖:服齐衰以下的人所用的绖带,用牡麻制成。右本在上:麻根在右上方。东方:东坫之南。**妇人之带,牡麻,结本。在房。**○带:腰绖。结本:麻根扭结在一起。在房:陈放在东房中。

以上述陈放小敛绖带。

床第、夷衾,馔于西坫南。○床第(zǐ):又称床箦,床板。夷衾:小敛以后用的覆尸之衾。夷衾即尸衾,夷通"尸"。夷衾的制作和冒有相近之处:上截用缁帛,下截用赪帛,只是不分开,又不做成囊状。陈放床第、夷衾是准备迁尸时用。坫(diàn):堂上置放器物的土台。**西方盥,如东方。**○东方盥,为奠而设。西方盥,为举鼎者设。凡凶事设盥无洗,其他盆、巾等相同。

以上述陈放床第、夷衾及西方之盥。

陈一鼎于寝门外,当东塾少南,西面。○当:正对着。塾:门内两侧之堂。**其实特豚,四髭,去蹄,两胉、脊、肺。**○实:鼎实,陈放在鼎中的牲畜。特豚:一只豚。四髭:指把牲畜的左右肩、左右髀分别解下,为四部分。髭(tì):肢解牲畜。胉(bó):牲体的胁。**设扃、鼏,鼏西末。**○扃(jiōng):抬鼎时,用来贯穿两鼎耳的横杠。鼏西末:小敛的鼎盖用茅草编成,西末指茅草末端朝西。**素俎,在鼎西,西顺,覆匕,东柄。**

○素俎:无饰之俎。西顺:指东西方放置俎。

以上述陈放鼎实。

士盥,**二人以并**,**东面立于西阶下**。○盥:洗手。二人以并:两人一排(一共六人)。**布席于户内**,**下莞上簟**。莞(guān):莞草编的席子。簟:细苇席。**商祝布绞**、**衾**、**散衣**、**祭服**。**祭服不倒**,**美者在中**。○布:铺陈。布绞、衾等物要排成方形。散衣可以颠倒置放,使其前后四边厚薄一致。祭服不倒:指爵弁服、皮弁服不可倒置。中:指最里边。**士举**,**迁尸**。**反位**。○士:指前面六个人。迁尸:把尸首由袭床抬到户内,迁放到商祝铺好的衣服上。反位:回到西阶下位。**设床笫于两楹之间**,**衽如初**,**有枕**。○床笫:床板。衽如初:衽席像始死时一样,亦下莞上簟。**卒敛**,**彻帷**。**主人西面冯尸**,**踊无筭**;**主妇东面冯**,**亦如之**。○冯尸:冯是"凭"的古字,即伏在尸首上哭,所伏的部位应当在死者心上的部位。主妇冯尸则只以手拉住死者胸前的衣裳。**主人髺发**,**袒**,**众主人免于房**。○髺(kuò)发:除去笄缅,挽发在头顶上,用麻捆束。众主人:指服齐衰以下者。免:也是除去素冠,挽发在头顶上,用布包裹发髻。前者是服斩衰者的发式,后者是服齐衰者的发式。袒:袒露左臂。指主人袒,也指下面众主人袒。下言众主人免于房中,可见主人髺发也是在房中。这是省文互见。**妇人髽于室**。○妇人:指服齐衰以下的妇人。髽(zhuā):妇人的丧髻。即去掉笄缅,用麻束住发髻,但发髻仍露在外边。**士举**,**男女奉尸**,**侇于堂**。**帷用夷衾**。**男女如室位**,**踊**,**无筭**。○奉:捧。侇(yí):陈放。无筭:不计次数。**主人出于足**,**降自西阶**。○出于足:尸体头朝南,脚朝北,主人从脚的北面走向西,故称"出于足"。这里,"主人"兼众主人言之。**众主人东即位**。**妇人阼阶上**,**西面**。**主人拜宾**,**大夫特拜**,**士旅之**。○特拜:一个个地拜。旅之:旅拜,向众人一起拜。**即位**,**踊**。**袭**、**经于序东**,**复位**。

以上述小敛迁尸之礼仪。

乃奠。○奠:置放祭品。**举者盥**,**右执匕**,**却之**;**左执俎**,**横摄之**,**入**。**阼阶前西面错**,**错俎**,**北面**。○举者:指出门举鼎的二人。右:指站在鼎右的人,以左手举鼎,右手执匕。却之:使覆放之匕仰着。左执俎:指站在鼎左的人以右手举着鼎,左手拿着俎。摄:持。错:通"措",置。**右人左执匕**,**抽扃**,**予左手**,**兼执之**,**取鼏**,**委于鼎北**,**加扃**,**不坐**。○兼执之:同时拿着匕和扃。委:放。加:加于鼏上。**乃朼**,**载**,**载两髀于两端**,**两肩亚**,**两胉亚**,**脊肺在于中**。○朼(bǐ):字或作匕,举鼎之人所持匕即此。这里指用朼即长柄大木来挑起鼎中的牲体。载:将祭祀的牲体从鼎中盛到俎上。髀:豚的后肢。髀的地位最低,所以放在俎的两端。用朼挑起牲体时由卑至尊,排放时是由两端到中间。肩:豚的前肢。亚:次。胉:胁。**皆覆**,**进柢**,**执而俟**。○覆:

指牲体覆着放。进柢:指牲体骨的根部放在前。**夏祝及执事盥,执醴先,酒、脯、醢、俎从,升自阼阶。**○执事:指参与执奠事的人。**丈夫踊。甸人彻鼎,巾待于阼阶下。**○丈夫:男子。甸人:指来帮助处理丧事的诸侯小臣。**奠于尸东,执醴、酒,北面,西上。**○奠:奠祭。**豆错,俎错于豆东,立于俎北,西上。醴、酒错于豆南。**○豆:盛食器。错:通"措",放。**祝受巾,巾之,由足降自西阶。**○巾之:用巾覆盖豆、俎、醴、酒。由足:指由尸足的方向,即尸北。**妇人踊。奠者由重南东,丈夫踊。宾出,主人拜送于门外。**○门:指适寝之门。又称庙门,因为死者在焉。主人不送于外门。只有君使来,主人才在外门迎送。**乃代哭,不以官。**○代哭:指有服之人轮番更代而哭。未殡以前,哭不绝声,怕孝子因哀痛久哭而损伤身体,所以有代哭之礼,防止以死伤生。不以官:这是士丧礼与君丧礼的区别,人君以官代哭,士则以亲者代哭,故称"不以官"。

以上述置奠、代哭的礼仪。

有襚者,则将命,摈者出请,入告,主人待于位。○襚:赠给死者衣物。将命:出入传达宾主的话。摈者:迎宾的人。位:指阼阶下之位。**摈者出,告须,以宾入。**○告须:把主人正等候的事告诉宾客。须,等待。以:导引。**宾入中庭,北面致命。**○致命:传达宾的吊辞。**主人拜稽颡。**○稽颡:头触地。**宾升自西阶,出于足,西面委衣,如于室礼,降,出。主人出,拜送。朋友亲襚,如初仪,西阶东北面哭,踊三,降,主人不踊。**○亲襚:亲自来赠襚。**襚者以褶,则必有裳,执衣如初。彻衣者亦如之,升降自西阶,以东。**○褶:用帛制的夹衣,有表有里但不充絮。执衣如初:指如前文所言左执领、右执腰。

以上述小敛后致襚的礼仪。

宵,为燎于中庭。○宵:夜晚。为燎:点燃大烛。自始死之日至入殡的那一天,每夜都要在中庭点燃大烛,通宵达旦。

以上述设燎之仪。

厥明灭燎,陈衣于房,南领,西上,绪。○厥明:第二天天明。绪(zhēng):通"拯",屈曲摆放。**绞、紟、衾二,君襚、祭服、散衣、庶襚,凡三十称,紟不在筭,不必尽用。**○绞:绞带,捆束尸体用的布带。紟(jīn):单被,大敛时裹束尸体用。衾:布被,也是用来裹束尸体。始死时有敛衾,现在又制一衾,所以有二。散衣:主人祭服之外平居所用的衣服。称:套。**东方之馔:两瓦甒,其实醴、酒;角觯、木柶;毼豆两,其实葵菹芋、蠃醢;两笾,无縢,布巾,其实栗,不择,脯四脡。**○东方:指东堂下。瓦甒:陶制的盛酒器。实:放在容器中的物品。角觯:用兽角制作的酒器。毼

(hé)豆:瑊同"楬",指无装饰的,瑊豆即无装饰的豆。笼:竹豆。豆用以盛湿物,笼则用来盛干物。縢:边饰。葵菹芋:指用整株的葵菜制作的腌菜。丧中之菹,葵虽长而不切,也是取丧礼尚质之义。蠃醢:指螺酱。蠃,通"螺"。脡:条状的干肉。**奠席在馔北,敛席在其东。掘肂,见衽。**○肂(sì):停柩待葬临时置放棺材的坑。见(xiàn)衽:衽,指弥合棺盖和棺身的一种扣形的东西。见衽,是说坎的深度,以放下棺材之后,能露出棺盖和棺身的结合部的棺衽为标准。**棺入,主人不哭。升棺用轴,盖在下。**○轴:又叫輁轴,一种用来搬运灵柩的工具,装上灵柩后用人挽行。盖在下:升棺时棺盖在堂下。**熬黍稷各二筐,有鱼腊,馔于西坫南。**○熬黍稷:将要涂刷棺材时,把炒好的黍稷放在棺旁,吸引蚂蚁,使蚂蚁不至侵食尸身。有鱼腊:烧烤的黍稷共四筐,每筐中都放鱼腊,也是为了吸引蚂蚁。腊(xī):干肉。馔:陈放。坫(diàn):堂上置放东西的土台。**陈三鼎于门外,北上。豚合升,鱼鲔鲋九,腊左胖,髀不升,其他皆如初。**○合升:合左右体升于鼎。鱼鲔鲋九:或用鲔,或用鲋,其数皆九。鲔(zhuān)鲋(fù):鱼名。胖:古代祭祀时用的半边牲肉。**烛俟于馔东。**○烛:这里指执烛者。俟:等待。

以上述陈放大敛的衣物及殡具。

祝彻,盥于门外,入,升自阼阶。丈夫踊。祝彻巾,授执事者以待。彻馔,先取醴、酒,北面。○馔:指小敛之奠。**其余,取先设者。出于足,降自西阶。妇人踊。设于序西南,当西荣,如设于堂。**○取先设者:取原先各人设放的东西。当:正对。荣:屋檐两头翘起的部分。**醴、酒位如初,执事豆北,南面,东上。乃适馔。**

以上述撤小敛之奠的礼仪。

帷堂。○帷:这里指布帷把堂遮蔽起来。**妇人尸西,东面。主人及亲者升自西阶,出于足,西面,袒。**○袒:要行大敛事,又必须袒露左臂。**士盥,位如初。布席如初。商祝布绞、紟、衾、衣,美者在外,君襚不倒。**○美者在外:最好的衣服放在最外面,此当指君襚。此与小敛时"美者在中"不同。倒:颠倒。**有大夫,则告。**○这时有大夫吊唁,就告诉他正在行大敛事,不能出迎。**士举,迁尸,复位。**○迁尸:把尸体从堂上两楹间迁到阼阶上铺的席子上。**主人踊,无筭。卒敛,彻帷,主人冯,如初,主妇亦如之。**○冯:通"凭"。扶在尸上哭,指如小敛时"西面冯尸踊"。

以上述大敛之礼。

主人奉尸敛于棺,踊,如初,乃盖。○奉:捧。敛:纳尸于棺。**主人降,拜**

大夫之后至者。○大夫之后至者：指前文所言大敛礼开始之后来的大夫，主人补行降拜之礼。北面视肂，众主人复位，妇人东复位。○肂：临时置放棺材的坑。设敖，旁一筐，乃涂。踊，无筭。○敖：指上文所言已敖之四筐黍稷。旁一筐：每边一筐。涂：用木覆盖在棺上，再用泥涂抹，防止火灾。卒涂，祝取铭置于肂，主人复位，踊，袭。○铭：竖在灵柩前标有死者官衔和姓名的旗幡。

以上述殡敛之礼。

乃奠，烛升自阼阶。祝执巾，席从，设于奥，东面。○奥：室中西南角称奥。奥是室中最暗之处，所以设大敛奠时，执烛者走在前面，以便照明。祝反，降，及执事执馔。士盥，举鼎入，西面，北上，如初。载鱼，左首，进鬐，三列，腊进柢。○载鱼：把鱼从鼎中枇出，放在俎上。进鬐：把鱼的背脊放在前面。三列：排成三列，每列三条鱼，一共九条鱼。进柢：骨的根部在前。祝执醴如初，酒、豆、笾、俎从，升自阼阶，丈夫踊，甸人彻鼎。奠由楹内入于室，醴、酒北面。○楹内：东楹之西。设豆，右菹，菹南栗，栗东脯，豚当豆，鱼次，腊特于俎北，醴、酒在笾南。巾如初。○鱼次：盛鱼的俎在豚俎的东边。腊特于俎北：特，单独。盛放腊的俎在豚俎和鱼俎的北边单独陈放。既错者出，立于户西，西上。○错：通"措"，放。祝后，阖户，先由楹西降自西阶。○阖户：关上室门。妇人踊。奠者由重南东。丈夫踊。

以上述陈设大敛之奠的礼仪。

宾出，妇人踊，主人拜送于门外。入，及兄弟北面哭殡。兄弟出，主人拜送于门外。○兄弟出：兄弟指小功以下，异门大功仍然不走。众主人出门，哭止，皆西面于东方。阖门，主人揖，就次。○次：为父母守丧之室，也称倚庐。

以上述送宾、送兄弟、就次的礼仪。

君若有赐焉，则视敛。既布衣，君至。○赐：恩惠。视敛：指亲自来看大敛。视敛是加赐于常礼之外的恩惠，所以说赐。既布衣：铺好绞、紟、衾、衣。主人出迎于外门外，见马首不哭，还，入门右，北面，及众主人袒。巫止于庙门外，祝代之，小臣二人执戈先，二人后。○庙门：寝门。小臣：指君的侍卫者。君释采，入门，主人辟。○释采：指"释菜"。谓祝为君礼门神。辟：避。避开君是因为主人身穿衰服，不敢以凶服近君。君升自阼阶，西乡。祝负墉，南面，主人中庭。○乡：通"向"。负墉：背对墙。君哭，主人哭，拜稽颡，成踊，出。君命反行

事。主人复位。○君命反行事：君命主人回到原位行敛事。君升主人，主人西楹东，北面。○升：使之升。升公卿大夫，继主人，东上。乃敛。卒，公卿大夫逆降，复位；主人降，出。○卒：指敛事毕。逆降：指后升者先降。君反主人，主人中庭。君坐，抚当心。主人拜稽颡，成踊，出。○反：使之反。抚当心：指君以手抚按尸体胸口。君反之，复初位。众主人辟于东壁，南面。○反：使之返。辟：避。君降，西乡，命主人冯尸。主人升自西阶，由足，西面冯尸，不当君所，踊。○不当君所：不在君抚按的地方冯尸，示不敢与尊者同处。主妇东面冯，亦如之。奉尸敛于棺，乃盖。主人降，出。君反之，入门左，视涂。君升，即位。众主人复位。卒涂，主人出，君命之反奠，入门右。乃奠，升自西阶。君要节而踊，主人从踊。○要节而踊：谓遇当踊之节而踊。节，指奠升时和执事由重南向东走的时候。降时妇人踊，则是妇人踊节。卒奠，主人出，哭者止。君出门，庙中哭，主人不哭，辟，君式之。○辟：避。式：今作"轼"。这里意为凭轼致意。贰车毕乘，主人哭，拜送。○贰车：副车。君车在庙门外，副车不入门，停在大门外。袭，入，即位。众主人袭，拜大夫之后至者，成踊。宾出，主人拜送。

以上述君临视大敛的礼仪。

三日，成服，杖，拜君命及众宾，不拜棺中之赐。○三日：第三日，指既殡后一天。成服：死者刚死的两天，丧主与亲属只束发、围绖带，从第三日开始则要依规定穿上各自相应的丧服，此即"成服"。拜：拜谢。拜谢君及众宾来吊丧。棺中之赐：指赠襚。拜其吊不拜其赐，亦重礼轻财之义。朝夕哭，不辟子卯。○朝夕哭：既殡之后，丈夫、妇人每日朝夕哭于殡宫，其他时间，哀至则哭。不用代哭。辟：同"避"。子卯：子日和卯日。旧时以为夏桀乙卯日亡，商纣在甲子日死，故以子卯日为凶日，凡行吉礼，常避开子卯日，凶事则不避。妇人即位于堂，南上，哭；丈夫即位于门外，西面，北上；外兄弟在其南，南上；宾继之，北上。门东，北面西上；门西，北面东上；西方，东面北上。主人即位，辟门。○主人：兼众主人而言之。辟：开。打开庙门。妇人拊心，不哭。○拊心：拍打胸脯。主人拜宾，旁三，右还，入门，哭，妇人踊。○旁三：每边三拜。主人堂下，直东序，西面，兄弟皆即位，如外位，卿大夫在主人之南，诸公门东，少进。○直：正对着。少进：稍微上前一些。他国之异爵者门西，少进。○他国之异爵者：指来聘或随同其君来朝的别国的卿大夫。敌则先拜他国之宾。凡异爵者，拜诸其位。○敌则先拜：指本国卿大夫和别国的卿

大夫爵位相等,应先向别国的卿大夫行拜礼。敌,同等。拜诸其位:指就其位——拜之。**彻者盥于门外,烛先入,升自阼阶。丈夫踊。祝取醴,北面。取酒,立于其东。取豆、笾、俎,南面,西上。祝先出,酒、豆、笾、俎序从,降自西阶。妇人踊。**○祝:夏祝。序从:按次序随着。**设于序西南,直西荣。**○设:改设。**醴、酒北面,西上。豆西面错,立于豆北,南面,笾、俎既错,立于执豆之西,东上。**○错:通"措",放置。**酒错,复位。醴错于西,遂先,由主人之北适馔。**○遂先:夏祝放好醴后,于是先走。馔:指即将奠于室的新馔。**乃奠,醴、酒、脯、醢升,丈夫踊。入,如初设,不巾。**○奠:指朝夕奠。朝夕奠与大敛奠不同。大敛奠有鼎、俎,此无鼎、俎,仅醴、酒、脯、醢。不巾:不用巾覆盖奠物。不巾是因为在室中,又无牲肉,脯、醢之奠不用巾。**错者出,立于户西,西上。**○错:放。**灭烛,出,祝阖户,先降自西阶。妇人踊。奠者由重南东,丈夫踊。宾出,妇人踊。主人拜送。众主人出,妇人踊。出门,哭止,皆复位,阖门。主人卒拜送宾,揖众主人,乃就次。**○卒:最终。

以上述朝夕哭、朝夕奠的礼仪。

朔月奠用特豚、鱼、腊,陈三鼎如初,东方之馔亦如之。○朔月:每月朔日,即初一。如初:如大敛时。**无笾,有黍、稷。用瓦敦,有盖,当笾位。**○当笾位:放在笾的位置上。**主人拜宾,如朝夕哭。卒彻。**○拜宾,如朝夕哭:按主人拜宾有三次,第一次是将入庙门,每边三拜;第二次是入庙门哭后,拜异爵者;第三次是拜送吊宾。卒彻:指撤奠礼完毕。**举鼎入,升,皆如初奠之仪。卒朼,释匕于鼎。俎行,朼者逆出,甸人彻鼎。其序:醴、酒、菹、醢、黍、稷、俎。**○升:指升牲于鼎。卒朼:指用朼升牲载于俎这事办完。释:放。逆出:后者先出。**其设于室,豆错,俎错,腊特,黍、稷当笾位,敦启会,却诸其南。醴、酒位如初。**○错:通"措",放。下同。放好二豆,二豆也应当是醢豆在北,菹豆在南。俎错:放好三俎,豚俎在二豆之东,鱼俎在豚俎之东。腊特:腊(xī),这里指置放干肉的俎。腊俎单独陈放在豚俎和鱼俎之北。敦(duì):盛放黍、稷的容器。会:敦的盖。却:仰放。如初:和大敛奠时的位置一样。**祝与执豆者巾,乃出。**○巾:这里指用巾覆盖。**主人要节而踊,皆如朝夕哭之仪。月半,不殷奠。**○主人:包括男子妇人。要节而踊:应时而踊。奠升时丈夫踊,降时妇人踊。殷奠:盛奠。朔月奠时有牲,盛于朝夕奠。士月半,奠无牲。**有荐新,如朔奠。**○荐新:以新收之五谷或果物祭奠。**彻朔奠,先取醴、酒,其余取先设者,敦,启会,面足,序出如入。**○会:盖子。面足:使敦足朝前。**其设于外如**

于室。

以上述朔月奠及荐新的礼仪。

筮宅，冢人营之。○筮宅：用蓍草占卜葬地。冢人：掌管墓地兆域的官员。营：度。**掘四隅，外其壤。掘中，南其壤。**○四隅：四边。壤：掘起来的土。**既朝哭，主人皆往，兆南，北面，免绖。**○兆：兆域，墓地。免绖：除去绖带，只穿衰服，因为占卜是为了求吉，所以不敢纯凶。**命筮者在主人之右。**○命筮者：指主人家宰。代主人命筮。**筮者东面，抽上韇，兼执之，南面受命。**○抽上韇(dú)：韇，装蓍草的筒形器具，分上下两截。**命曰："哀子某，为其父某甫筮宅，度兹幽宅兆基，无有后艰？"**○度：谋。幽宅：死者之葬处。兆：兆域。基：始。**筮人许诺，不述命，右还，北面，指中封而筮。**○不述命：不重述主人之命。还(xuán)：通"旋"，转身。中封：中央挖出来的土。**卦者在左。**○卦者：记卦爻的人。**卒筮，执卦以示命筮者。命筮者受视，反之。东面旅占，卒，进告于命筮者与主人："占之曰从。"**○东面旅占：筮者和掌连山、归藏、周易的人一起面朝东占卜。旅，众。占之曰从：占卜结果是吉，可遵从原先在此营建幽宅的决定。**主人绖，哭，不踊。**○绖：系上绖带。**若不从，筮择如初仪。**○不从：指卦象不从已定的墓地。**归，殡前北面哭，不踊。**

以上述筮宅兆之仪。

既井椁，主人西面拜工，左还椁，反位，哭，不踊。○既井椁：椁已经制好。椁，外棺，形似井，故称井椁。工：匠人，此指木工。左还椁：向左环绕椁。四面仔细看椁。**妇人哭于堂。献材于殡门外，西面，北上，绠。**○材：指制作明器的材料。北上，绠：通"绳"，屈，谓自北向南屈而陈之。**主人遍视之，如哭椁。献素、献成，亦如之。**○素：指只是经过斫治的材料。成：指已经制作好并加涂饰的明器。

以上述视椁视器的礼仪。

卜日，既朝哭，皆复外位。○卜日：卜葬日。用龟甲预测吉凶为卜，比筮更为庄重。士冠及特牲祭时皆用筮，这时用卜，说明古人重视埋葬之事。大夫、士家里都不能藏龟甲，假如有需要用卜决定的事，一定要向国君提出请求，国君派卜人带着龟甲去行卜。**卜人先奠龟于西塾上，南首，有席，楚焞置于燋，在龟东。**○西塾：寝门外的西堂。席：用来置放龟甲的卜席。楚焞(jūn)：楚焞是用来灼龟甲的荆条。楚，是丛木名，一名荆。燋(jiāo)：引火用的柴。**族长莅卜，及宗人吉服立于门西，东面，南上，占者三人在其南，北上，卜人及执燋、席者在塾西。**○族长：掌管宗族事务的人。莅：临。宗人：掌祭礼之官。占者：和卜人均掌占龟之事。**阖东扉，主妇立于其内。**

○东扉:指房门东边的一扇。**席于闑西阈外。**○闑(niè):门中央所竖的短木,又称门橛。阈(yù):门槛。**宗人告事具,主人北面,免绖,左拥之。**○具:事情全部办好。免绖:除去绖带。左拥之:用左手抱着绖带。**莅卜即位于门东,西面。**○莅卜:上文言族长莅卜,这里径用"莅卜"代称族长。**卜人抱龟,燋先。奠龟,西首,燋在北。**○燋先:执燋的人先行(先于龟而行)。**宗人受卜人龟,示高。**○示高:以龟腹甲高起的部分(即卜时当灼处)给莅卜看。这是用龟甲卜事时必不可少的一个步骤。**莅卜受视,反之。**○反:返还。**宗人还,少退,受命。**○受命:接受莅卜之命。**命曰:"哀子某来日某卜葬其父某甫,考降,无有近悔。"**○来日某:将来的某一天。某即那日的干支。考:父。降:骨肉复归于土地。无有近悔:不要后悔。**许诺,不述命,还,即席,西面坐,命龟,兴,授卜人龟,负东扉。**○许诺:指宗人应诺。命龟:把所卜之事对着龟甲陈述。兴:起来。负东扉:背靠着寝门东边的一扇门,等待龟兆。**卜人坐,作龟,兴。**○作龟:以火灼龟,使龟甲坼裂,现出兆纹。**宗人受龟,示莅卜。莅卜受视,反之。**○反之:把龟甲交还宗人。宗人反之卜人,卜人交给占者。**宗人退,东面,乃旅占。**○旅占:三人共占之。**卒,不释龟,告于莅卜与主人,占曰某日从。**○释:放下。某日从:定在某日葬,吉则可从。**授卜人龟,告于主妇,主妇哭。告于异爵者,使人告于众宾。**○异爵者:指来参加卜葬日仪式的宾中的卿大夫。众宾:指没来的僚友。**卜人彻龟。宗人告事毕。主人绖,入哭,如筮宅。**○绖:系上绖带。**宾出,拜送。若不从,卜择如初仪。**○若不从:指占卜的结果不吉。

以上述卜葬日之仪。

既夕礼第十三

既夕哭，请启期，告于宾。○既夕哭：葬前二日夕哭止以后。请启期：埋葬之前，应当把柩迁到祖庙，主管礼事的人向主人请示启殡的时间。

以上述请启期之礼。

夙兴，设盥于祖庙门外。○夙兴：早早地起来。陈鼎皆如殡，东方之馔亦如之。○如殡：和大敛既殡之奠一样。夷床馔于阶间。○夷床：一作"侇床"，放在祖庙中两楹间承放灵柩用。

以上述预先在祖庙中陈馔的礼仪。

二烛俟于殡门外。○二烛：指两个持烛的人。烛，举在手上的火炬。火炬设在庭，则为燎。丈夫髽，散带垂，即位如初。○丈夫：指男子。将要启殡，故服饰要变，原已成服，现在改穿为小敛时的服饰。应为"丈夫免，妇人髽"，或有脱漏。散带垂：也是指服饰的变化。大功以上，初时垂其绖带不绞，至成服之后乃绞之。启殡前又要像小敛时，绖带不绞。妇人不哭，主人拜宾，入，即位，袒。商祝免，袒，执功布入，升自西阶，尽阶不升堂，声三，启三，命哭。○商祝：习商礼之祝，是君派来帮助办理丧事的小臣。这时商祝处理启殡之事。功布：此指小功丧服所用的白布，这白布经过加工，比较细白，用以引神，其制是用三尺长的白布悬在竿首，其形略似旗旛。商祝执功布，一说是辟除凶邪，一说是拂拭棺盖。声三：叹息三声，其意是希望鬼神警觉。启三：三次说要启殡，其意是告诉鬼神。烛入。祝降，与夏祝交于阶下，取铭置于重。○祝：指周祝。夏祝：主管设奠撤奠之事。周祝下台阶时，与将升阶之夏祝在阶下交会。踊，无筭。商祝拂柩用功布，帐用夷衾。○拂：掸除灰尘。帐(hū)：覆盖。

以上述启殡之仪。

迁于祖，用轴。○迁：迁移。祖：祖庙。把柩从殡宫移到祖庙，是为了朝祖庙，像活着的时候出门要向尊长告辞一样。轴：一种装载搬运棺柩的工具。供升棺、迁祖时使用，又叫輁(gǒng)轴。重先，奠从，烛从，柩从，烛从，主人从。升自西阶。奠俟

于下,东面,北上。○俟:等。**主人从升,妇人升,东面。众主人东即位。正柩于两楹间,用夷床。主人柩东西面,置重如初。**○置重如初:如殡宫时一样置放重,置放在庭中,距门三分之一的距离处,正面向北。**席升,设于柩西,奠设如初,巾之,升降自西阶。主人踊,无筭。降,拜宾,即位,踊,袭。主妇及亲者由足,西面。**

以上述迁柩朝祖之仪。

荐车,直东荣,北辀。○荐:进。进车的礼仪,是以对待活人的礼仪对待死者,犹如人将行先要陈驾。所进之车,汉人称魂车。共有三辆,在庭中由西向东排列。直:正对着。荣:屋翼。北辀(zhōu):车辕向北。**质明,灭烛。**○质明:天刚亮。**彻者升自阼阶,降自西阶。乃奠,如初,升降自西阶。主人要节而踊。**○主人:此兼主妇言之。要节:应时。指升时主人踊,降时妇人踊。**荐马,缨三就,入门,北面,交辔,圉人夹牵之。**○荐马:进马。所荐三车,士乘坐的车每车二马,则此所进当六马。缨三就:马胸前的饰带以朱、白、仓三色而成。交辔:指以两内辔交结。圉(yǔ)人:养马的人。夹牵之:两人在左右牵着马(防止马奔逸)。**御者执策,立于马后。**○策:马鞭。**哭,成踊。右还出。**○还:旋,转身。指牵马的圉人。**宾出,主人送于门外。**

以上述荐车马、设迁祖之奠的礼仪。

有司请祖期。曰:日侧。○祖期:指送死者就葬的时间。祖,祖奠。本指为出行者饯行。此也是用待活人之礼待死者。日侧:日昃,日过午。**主人入,祖,乃载。**○载:指把柩载于车上。**踊,无筭,卒束,袭。**○束:把柩捆束在车上。**降奠,当前束。**○降奠:把迁祖之奠从堂上移下来。当前束:对着捆束棺柩的前一道绳索。**商祝饰柩,一池,纽前䞓后缁,齐三采,无贝。**○池:一种竹编的柩饰,形如小车笭,象征活人居住宫室的承霤,即今门前的小屋檐。天子之棺用四池,君三池,大夫二池,士只有一池,在棺的前方。纽:连接棺顶和四周帱布的束带,柩的左右各有二。前䞓后缁:前面的两个纽赤色,后面的两个纽黑色。齐:也是一种圆形棺饰,放在棺顶的中央。三采:用朱、白、苍三种颜色的缯缝制。齐高三尺,直径二尺余。大夫以上丧礼,齐上缀有贝,而下士无贝。**设披。**○披:用在柩车两旁牵挽,防止柩车倾倒的帛带。**属引。**○属(zhǔ):系。引:牵引柩车的长绳。

以上述将祖时载柩、饰柩车的礼仪。

陈明器于乘车之西。○明器:用竹、木或陶土专门制作的随葬器物,其制应小于真正的器物,备而不可用。因是神明之器,故称明器,即后世的冥器。乘车:指上文所言荐车之一。荐车有三,称乘车、道车、槀车。**折,横覆之。**○折:葬具,形似床,无足。柩入圹

后,放上折,以承受抗席。折放在圹中时,光洁的一面朝下,向着棺木。陈放时光洁面要向上,所以倒覆着放。**抗木,横三缩二。**○抗木:横放在圹上,用来防止土落入圹中。缩:纵。**加抗席,三。**○抗席:放在抗木之上挡住尘土的席。三:三重。**加茵,用疏布,缁翦,有幅,亦缩二横三。**○茵:垫在棺下的布,其作用和茵褥相近,故称茵。疏布:指大功布,大功布织工粗疏,故称。缁翦:指浅黑色。翦,通"浅"。有幅:指茵有边。缩二横三:指与抗木同。**器西南上,绮。**○器:明器。绮(zhēng):屈。指屈绕着放。**茵;苞二;筲三:黍、稷、麦;瓮三:醯、醢、屑。幂用疏布。甒二:醴、酒。幂用功布。皆木桁,久之。**○苞:用苇草编制的包裹,用以包裹羊肉和豕肉。筲(shāo):畚箕一类的竹器,用以盛粮。醯(xī):醋。屑:姜与桂的碎末。功布:制作小功丧服用的布,其制作工艺较大功布更为细密。桁(héng):一种葬具,其形似几,狭而长,用以置放随葬物。上述苞、筲、瓮等明器,一样东西一张桁,藏入圹中。久:用盖塞住容器的口。**用器:弓矢、耒耜、两敦、两杅、槃、匜,匜实于槃中,南流。**○用器:明器中的日常用器。敦(duì):盛黍稷的容器。杅(yú):盛汤浆的器皿。槃:同"盘",盛水器。匜:盛水器。槃和匜用以盥洗。匜中盛水,倒出洗手,下面用槃盛着弃水。实:放。流:匜的出水口。**无祭器,有燕乐器可也。**○祭器:祭神的用器。士礼略。大夫以上,明器中有祭器,是鬼器与人器并用。燕乐器:宴饮用乐之器。燕,通"宴"。**役器:甲、胄、干、笮。**○役器:师役所用之器,兵器。干:盾。笮(zé):用竹编制成的盛矢器。**燕器:杖、笠、翣。**○燕器:平时燕居安体之器。燕,安闲、安居,燕字也写作"宴"。翣(shà):扇子。

以上述陈放明器和葬器的礼仪。

彻奠,巾席俟于西方。主人要节而踊。○主人:包括主人和众主人、主妇和众妇人。**袒。商祝御柩,乃祖。**○祖:(主人)袒露左臂。此处单指男人。御柩:引导载柩的车转身向外。乃祖:柩动身离去之始。祖,祖祭,指设奠祭送死者。**踊,袭,少南,当前束。妇人降,即位于阶间。祖,还车,不还器。**○踊,袭:主人之踊,袭也。还车:把车转身使车头向外。还(xuán):转身。不还器:所陈明器不要转过头放。**祝取铭置于茵。二人还重,左还。**○铭:铭旌。还重:举着重使重转身。**布席,乃奠如初。主人要节而踊。荐马如初。**○荐:进献。**宾出,主人送。有司请葬期。入,复位。**

以上述述柩车、设祖奠的礼仪。

公赗玄𬘘束,马两。○公:指国君。赗(fèng):赠车马等助丧家送葬。玄𬘘束:指玄色帛和𬘘色帛共五匹。古人用玄𬘘,都按玄三𬘘二的比例。五匹中应有玄色帛三匹,𬘘色帛二匹。**摈者出请,入告。**○请:询问国君的使者。**主人释杖,迎于庙门外,**

不哭,先入门右,北面,及众主人袒。马入设。宾奉币由马西,当前辂北面致命。○宾:指君使。奉:捧着。币:礼物,即上文所言之玄纁束。辂(lù):绑在车辕上以供系引的横木。致命:传达君的吊辞。主人哭,拜稽颡,成踊,宾奠币于栈左服,出。○栈:指没有装饰的柩车。服:车厢。宰由主人之北举币以东,士受马以出。○宰:家臣。士:指士人家里的"胥徒之长"。主人送于外门外,拜。袭,入,复位,杖。

以上述国君赠赗的礼仪。

宾赗者将命,摈者出请,入告,出告须。○宾赗者:指卿大夫、士派来赠送丧之物的使者。将命:使人拿着礼物告于主人。告须:对卿大夫、士的使者,主人不出迎,所以"告须",说主人在内等待。须,等待。马入设,宾奉币,摈者先入,宾从,致命如初。○致命如初:如君使之致命。主人拜于位,不踊。○位:指柩车东之位。宾奠币如初,举币、受马如初,摈者出请。○出请:出门询问宾。若奠,入告,出,以宾入,将命如初。○若奠:宾假如赠送奠物。士受羊如受马。○士:亦指胥徒之长。又请。若赗,入告。主人出门左,西面,宾东面将命。主人拜,宾坐委之,宰由主人之北,东面举之,反位。○赗(fù):赠给丧家钱财、布帛,用以帮助办丧事。坐委之:指宾跪着把盛放着财物、布帛的几放在地上。举之:举而藏之。若无器,则捂受之。○无器:指没有几一类的器具盛放财货、布帛。捂受之:指宰面对面地接受,其间器物不能放在地上。捂,通"迕",迎着。又请,宾告事毕。拜、送,入。○请:询问宾。赠者将命,摈者出请,纳宾如初。宾奠币如初。○赠:向死者赠器物及玩好,也包括币,即玄纁束。同是送礼物,其名有别:送衣物,称襚;送玩好、器物,称赠;送贝玉,称含;送舆马,称赗;送财货、布帛,称赗;送奠物,称奠。襚、含是送死者,赗、赗是送生者助葬,赠、奠是兼送生者和死者。奠币:币指玄纁束。若就器,则坐奠于陈。○就器:已成之器。陈:指陈放明器之处。凡将礼,必请而后拜送。○将礼:行礼。指行赗、赗之类的礼仪。请:询问宾事情是否办完。兄弟,赗、奠可也。○兄弟:指有服的亲人。赗奠可也:他们可以既送赗又送奠物。因为是亲人,所以允许他们行厚礼,以别于疏者。所知,则赗而不奠。○所知:指交游者、要好者,包括朋友在内。赗而不奠:答应他们送赗,而不要他们送奠物。知死者赠,知生者赗。○知死者:指和死者交往的人。知生者:指和生者即主人交往的人。书赗于方,若九若七若五。书遣于策。○书:写。方:木版。若:或。每板或九行,或七行,或五行。遣:送,这里指随葬的明器。策:简册。乃代哭,如初。○代哭:指有服之人轮番更代而哭,使哭不绝声。如初:

指和小敛后一样。**宵,为燎于门内之右。**○为燎:设燎,点燃竖在地上的火炬。

以上述宾赗、奠、赙、赠、代哭、为燎等礼仪。

厥明,陈鼎五于门外,如初。○厥明:(下葬那天)天刚亮的时候。鼎五:五具鼎,分别用来盛放羊、豕、鱼、腊、鲜兽五种祭品。士之祭礼只能用特牲(一只羊或一只豕),三鼎。大夫祭礼用少牢(一羊、一豕),五鼎。因为这是下葬日的祭礼,称遣奠或葬奠,是丧礼中最重的礼,所以可以加一等,用大夫之礼。这是士礼中的摄盛之法。如初:如大敛奠时。**其实:羊左胖,髀不升,肠五,胃五,离肺;豕亦如之,豚解,无肠胃;鱼、腊、鲜兽皆如初。**○实:鼎实,盛放在鼎中的祭品。胖(pàn):牲之半体。凡吉礼用牲之右胖,丧礼反吉礼而用之。髀:牲畜之后腿。不升:不放入鼎中。离肺:把肺割开,但不切断,称离肺。豚解:用豚解之法切割豕体,即把牲体切割成左右肩、左右髀、脊、左右舶(两边胁下的肉)七个部分。用左胖,即除去右三段,只用左体。这和写羊之文是互文见义。**东方之馔:四豆,脾析、蜱醢、葵菹、蠃醢;四笾,枣,糗、栗、脯。醴、酒。**○脾析:此指羊的胃,又称百叶。蜱醢:蛤酱。蜱(pí):蚌。葵菹:用葵菜制作的腌菜。蠃醢:螺蛳肉做的酱。蠃,同"螺"。糗(qiǔ):炒熟的大豆和米。**陈器。**○陈器:陈放明器。明器夜晚收起来,天明又重新陈放。**灭燎,执烛,侠辂,北面。**○侠辂:指两个执烛的人各站在柩东之辂的东西两面。侠,通"夹"。**宾入者,拜之。彻者入,丈夫踊,设于西北,妇人踊。**○彻者:撤祖奠的人。**彻者东。鼎入,乃奠。**○奠:设遣奠。**豆南上,绺。**○绺(zhēng):通"绺",屈转置放。**笾,蠃醢南,北上,绺。俎二以成,南上,不绺;特鲜兽。**○俎二以成:俎两两并列。成,并。盛羊俎与盛豕俎并,盛鱼俎与盛腊俎并。特:单独。鲜兽之俎无偶,单独放。**醴、酒在笾西,北上。奠者出,主人要节而踊。**

以上述下葬前置大遣奠的礼仪。

甸人抗重,出自道,道左倚之。○甸人:诸侯之臣,来助丧事者。抗:举。出自道:从门中央出去。**荐马,马出自道,车各从其马,驾于门外,西面而俟,南上。彻者入,踊如初。彻巾,苞牲,取下体。不以鱼腊。**○苞牲:用苇草编制的包裹包住羊和豕。取下体:取牲的胫骨。以:用。**行器,茵、苞、器序从,车从。**○行器:明器出门而行。茵:包括茵下的折、抗木、抗席。**彻者出,踊如初。**

以上述将下葬重出、车马苞器先行的礼仪。

主人之史请读赗,执筭从,柩东当前束,西面。○主人之史:士手下掌管文书的私臣。请读赗:请求准许宣读关于赙赠等的记载。筭(suàn):计数的筹码。当:正对。

不命毋哭,哭者相止也,唯主人、主妇哭。烛在右,南面。○不命毋哭:不提出不要哭的要求。相止:互相劝止。**读书,释筹则坐**。○读书:宣读写在方上的赗、赙、奠、赠的数字。释筹:放筹码以计数,此指释筹的人。**卒,命哭,灭烛。书与筹执之以逆出。**○逆:指次序相反。**公史自西方东面,命毋哭。**○公史:君之主管礼书的人。**主人、主妇皆不哭。读遣,卒,命哭,灭烛,出。**○读遣:读写在策上的随葬物品。出:公使出。

以上述读赗、读遣的礼仪。

商祝执功布以御柩,执披。○执功布以御柩:用功布指麾导引柩车。执披:八个人把披拿起来。披,系在柩车两旁用以牵挽的帛。士的柩车有四披,每披二人,所以执披者应当是八人。**主人袒。乃行。踊,无筹。出宫,踊,袭。**○出宫:出殡宫。即出外门。**至于邦门,公使宰夫赠玄纁束。**○邦门:城门。**主人去杖,不哭,由左听命。宾由右致命。主人哭,拜稽颡。宾升,实币于盖。**○升:登上柩车。实币于盖:把玄纁束放在棺的帱盖上。**降。主人拜送,复位,杖。乃行。**

以上述柩车发行及君使赠赗的礼仪。

至于圹,陈器于道东西,北上。○圹(kuàng):墓穴。道:墓道。**茵先入。属引。**○属引:指用引绳系在棺束上,以便下葬。**主人袒,众主人西面,北上。妇人东面。皆不哭。乃窆。**○窆(biǎn):下棺于圹。**主人哭,踊,无筹。**○主人:包括众主人、主妇等言之。**袭。赠用制币玄纁束。**○赠:指主人以币赠死者于圹中。制:帛一丈八尺称制。玄纁束:指玄色帛和纁色帛共五匹,玄三纁二。**拜稽颡,踊,如初。**○如初:如窆时踊无筹。**卒,袒,拜宾,主妇亦拜宾。即位,拾踊三,袭。**○拾踊三:主人、妇人、宾更递而踊,各踊三次。拾,更迭,更递。**宾出,则拜送。藏器于旁,加见。**○器:明器。见:棺饰,指池、柳、荒、帷之属。**藏苞、筲于旁,加折,却之;加抗席,覆之;加抗木。**○却:仰。**实土三。**○实土:加土于抗木之上。三:三匝,三遍。**主人拜乡人。即位,袒、踊、袭如初。**○如初:指即位以后一应礼仪和既葬后一样,踊当为拾踊。

以上述下葬、藏器的礼仪。

乃反哭,入,升自西阶,东面。○反哭:从圹所回到祖庙哭。入:入祖庙门。**众主人堂下,东面,北上。妇人入,丈夫踊,升自阼阶。主妇入于室,踊,出,即位,及丈夫拾踊三。**○入于室:室,指死者平日行馈食礼以追养先人处。**宾吊者升自西阶,曰:"如之何!"主人拜稽颡。**○宾吊者:指众宾之中的长者。众

宾一起来吊,升堂致辞者当是其长者。如之何:是哀痛死者再也见不到的话,犹言怎么止住这哀痛啊。**宾降,出。主人送于门外,拜稽颡。遂适殡宫,皆如启位,拾踊三。**○殡宫:寝宫,因为是始死殡敛之处,所以又称殡宫。如启位:启位指启殡时之位。**兄弟出,主人拜送。**○兄弟:指服小功以下的亲人。**众主人出门。哭止,阖门。主人揖众主人,乃就次。**○就次:到居丧之室去。

以上述反哭之仪。

犹朝夕哭,不奠。三虞。○三虞:虞,丧祭名。士之虞祭有三,葬后四日内于殡宫举行三次虞祭,故称三虞。古人认为,人死骨肉归于土,其精气无所依附,虞祭的目的就是安其精气。**卒哭。**○卒哭:三虞之后的卒哭祭。**明日,以其班祔。**○班:次序,指昭穆的次序。祔:祭名。按照死者的昭穆之序附祭于祖先。

【记】

士处適寝,寝东首于北墉下。○適寝:正寝。自天子至士,皆有正寝、燕寝。燕寝是平日常居之处,有疾乃迁于正寝。**有疾,疾者齐,养者皆齐,彻琴瑟。**○齐:通"斋"。指斋戒。养者:指侍候疾者之人。彻琴瑟:为有疾之人撤去琴瑟。**疾病,外内皆埽。**○病:病加重。埽:打扫。**彻亵衣,加新衣。**○亵衣:穿在身上的脏衣服。**御者四人皆坐持体。**○御者:士之近臣。体:指肢体。四人坐持四肢,帮助更衣。**属纩,以俟绝气。**○属纩:把新絮放在人的口鼻上,以验气之有无。纩:新絮。**男子不绝于妇人之手,妇人不绝于男子之手。乃行祷于五祀。**○祷:向神祝告求福。五祀:指住宅内外的五种神,即门、户、中霤、灶、行。**乃卒,主人啼,兄弟哭。**○卒:死。啼:悲伤过度,哭不成声。

以上补记人子侍奉君子正终之事。

设床笫,当牖。○设床笫:设床。笫(zǐ),床板。死后要设三床:含一床、袭一床、迁尸于堂又一床。当牖:对着窗子。**衽,下莞上簟。**○衽:此指铺好卧席。莞:此指莞草编的席子。簟:细苇席。**设枕,迁尸。**○迁尸:把死者徙于所设的含床上(死者原在北墉下)。**复者朝服,左执领,右执要,招而左。**○复者:招魂的人。招而左:左,向左转身。招魂时面向北方,招魂后向左转向南面降衣于前。**楔貌如轭,上两末。**○楔:用来楔齿的角柶。轭:车轭,套在牛马颈上的曲木。上两末:指楔齿时,角柶两末向上。**缀足用燕几,校在南,御者坐持之。**○校:几的脚。几形如半环,三足。此几用在燕寝凭体,故称燕几。缀足时,放在尸身的北边,半环形两端着地,几脚向南夹住尸足,以几板

抵住尸足,这样尸足就不会扭曲,便于穿屦。御者一人,坐持中间那只几脚。**即床而奠,当腢。**○腢(ǒu):肩头。**用吉器,若醴若酒,无巾、柶。**○用吉器:指奠所用之器即平常之祭所用之器。至小敛则改用素器。若醴若酒:指有醴则用醴,无醴则用酒。只用其中一种,不兼用。若,或。醴,甜酒。柶:匕。当作常用器时称匕,当作礼器时称柶。无柶,奠旁不设柶。大敛之后奠才用柶。

以上补记始死至设奠的礼仪和器物。

赴曰:君之臣某死。○赴:告。今作"讣"。**赴母、妻、长子则曰:君之臣某之某死。**○上"某"是所告之人的名字,下"某"指代死者和所告之人的关系及死者的名字。

以上补记赴君之辞。

室中唯主人、主妇坐。兄弟有命夫、命妇在焉,亦坐。○命夫、命妇:受有爵命的男子称命夫,妇人称命妇。

以上补记室中哭位的一些变化。

尸在室,有君命,众主人不出。○君命:指君派使者来吊、襚。不出:是因为丧事不能有两个丧主。**襚者委衣于床,不坐。**○襚(suì):向死者送衣被。**其襚于室,户西北面致命。**○襚于室:尸体在室时赠襚。户:指室之门。

以上述补记襚时礼仪和襚者的站位。

夏祝淅米,差盛之。○差(chāi):选择。选择米粒之完好者以饭尸,其余则为粥。盛:盛于敦以备饭尸。**御者四人,抗衾而浴,祖第。**○御者:士之近臣。抗:举。衾:敛衾,盖尸体用的被子。浴时裸裎,所以四人举着被遮蔽其体。祖第:除去床席。**其母之丧,则内御者浴。鬠,无笄。**○内御者:女侍从者。鬠(kuò):"髻"的异体字,挽束头发。笄:簪,用来固定头发。男子死后用木笄,用桑木制作。女子则无。**设明衣,妇人则设中带。**○中带:妇人一种近身的合裆裤。**卒洗贝,反于笲。**○卒:结束。笲(fán):盛物的竹器,饭含时用以盛贝。**实贝,柱右龂左龂。**○实贝:把贝放入死者口中。柱:撑住。龂(diān):口两旁最后之曰齿。始死时用角柶楔齿,饭含时除去柶,所以用贝撑住左右龂齿,使口开易含。**夏祝彻余饭。**○余饭:饭尸剩下的米。**瑱,塞耳。**○塞耳:用纩充塞两耳。与活人瑱充于耳旁之制不同。**掘坎,南顺,广尺,轮二尺,深三尺,南其壤。**○南顺:从北向南挖。轮:南北的长度。南:这里指向南抛放。**垼用块。**○垼(yì):用土块砌成的灶。块:土块。**明衣裳用幕布,袂属幅,长下膝,有前后裳,不辟,长及觳。**○幕布:用作帷幕之布。幕布细密柔软,适宜作亲身衣。袂属幅:衣袖是用整幅布缝缀成的。不辟:指腰部不折叠。觳(què):脚背。**缘绊绡,缁纯。**○缘

(quán):赤黄色帛。綼(bì):裳的幅边的装饰。緆(xī):裳的下边的装饰。緇纯:用黑色帛作衣边的装饰。上边用黑,下边用赤黄,象征天地,取天玄地黄之义。緇,黑色帛。纯,通"缘",衣边的装饰。**设握,里亲肤,系钩中指,结于掔。**○握:握手。里亲肤:握用玄纁制作,玄在外,纁在内,里指纁,亲肤,靠着肌肤。系:握上的系带。掔:同"腕",手腕。握有两根系带。一根系带钩在中指上,一根绕在手腕上,然后系牢。**甸人筑坅坎。**○筑:把土倒进去,并把土筑紧。坅坎:所掘之坎。坅(qǐn),掘坑。澡濯、鬠、巾、栖、髺、蚤均埋于坎中,埋后应筑紧。**隶人涅厕。**○隶人:罪人中派来供劳辱之役的人。涅厕:填塞厕所。有人死了,则塞之不用而别为厕。**既袭,宵为燎于中庭。**

以上补记始死日沐浴、含、袭等礼仪。

厥明灭燎,陈衣。凡绞紟用布,伦如朝服。○绞:绞带,束死者用的饰带。紟(jīn):举尸所用的单被。伦:比同。**设棜于东堂下,南顺,齐于坫。**○棜(yù):礼器,长方形木盘,四周以木为栏,无足。祭时用以盛放兽、馔、樽等物。南顺:以北为上。齐于坫(diàn):谓棜之南与堂东隅之坫齐。坫,设于堂中以置藏器物的土台。**馔于其上,两甒:醴、酒,酒在南。篚在东,南顺。实角觯四,木柶二,素勺二。**○素勺:舀酒之器,不加饰,故称素勺。**豆在甒北,二以并。笾亦如之。**○二以并:指豆陈放两两相并排列。这节补记小敛奠。自"二以并"以后,则补记大敛奠之事。小敛奠一豆一笾,无以言并,大敛奠二豆二笾,故言"二以并",大敛奠和小敛奠的区别仅在于此。所以记小敛奠事兼及大敛奠,唯言豆、笾之事专指大敛奠。**凡笾豆,实具设,皆巾之。**○实:指把菹、栗之属放进笾、豆之中。具:二豆二笾都称具。**觯俟时而酌,柶覆加之,面枋,及错,建之。**○时:指早晚设奠之时。枋:通"柄",柶柄。错:通"措",放。此指置奠。建之:把柶插入觯中,柶柄向上竖起来。建,立。**小敛,辟奠不出室。**○辟奠:把奠移换地方。此奠是始死时所置之奠,袭后设之,故又称袭奠。设于床东,小敛时必须移开,称辟奠。辟,同"避"。**无踊节。既冯尸,主人袒,髺发,绞带。**○绞带:用粗麻拧成的绳带。**众主人布带。**○众主人:指服齐衰以下者。布带:以麻布为带。绞带、布带都是用以系在腰上的。**大敛于阼。**○阼:阼阶。大敛在阼阶上,是把死者仍当作主人,以活人之礼对待。殡则在西阶上,是以宾客之礼事之。**大夫升自西阶。阶东,北面,东上。既冯尸,大夫逆降,复位。**○复位:复庭东主人之南、面朝西之位。**巾奠,执烛者灭烛,出,降自阼阶,由主人之北,东。**○巾奠:用巾覆盖奠。

以上述补记小敛、大敛未详之仪。

既殡,主人说髦。○说髦:指脱去髦这种发饰。说,通"脱"。髦(máo),一种发饰,如同幼儿垂在前额的短发。**三日绞垂。**○三日:指死后三天,即死之第四天。三日即

成服之日。绞垂:把腰绖散垂的部分缠束起来。**冠六升,外绊,缨条属,厌。**○升:古代计算布精粗的计算单位。布八十缕为升,升数越少,其布越粗;升数越多,其布弥细。六升,指六升之布。服丧期间,斩衰服的冠用六升之布制作。绊(bì):冠缝。冠卷称武,冠的前后都缝在武上。凶冠,从武上向外缝之,绊余在外,称外绊。缨:系冠的带子。条(tāo):通"绦",本指丝带,这里指冠上的缨和武。属(zhǔ):连缀。厌(yā):伏。冠在武下过,向上反缝着冠,冠在武下,故云厌也。**衰三升。**○衰(cuī):指斩衰服。**屦外纳。**○屦:鞋。服丧之鞋以菅草编之。外纳:指编屦毕,以其余头向外结之。**杖下本,竹桐一也。**○下本:根部在下。竹:竹杖。桐:桐杖。**居倚庐,寝苫枕块,不说经带。**○倚庐:服斩衰者守丧所居之室。以木搭制的棚屋。寝苫:睡在草苫上。枕块:枕着土块。说:脱。经带:系在头上和腰上的麻带。**哭,昼夜无时。非丧事不言。歠粥,朝一溢米,夕一溢米,不食菜果。**○歠(chuò):喝。溢:古容量单位。一溢相当于一只手可以抓起的分量,大约相当于今之二两。喝稀粥,不在于饱;不食菜果,不在于味。这都是居丧时表示哀思的方式。**主人乘恶车:白狗幦,蒲蔽;御以蒲菆;犬服,木锭,约绥约辔,木镳;马不齐髦。**○恶车:粗恶之车。白狗幦(mì):指用白色小狗的皮作覆盖在车前横木上的饰物。狗,未长长毛的小犬。蒲蔽:以蒲草作藩蔽物。蒲菆(zōu):牡蒲的茎。服:"箙"的古字,立在车笭间用以盛放箭、刀、剑等兵器的套子。平时以鱼兽皮为之,丧时以白犬皮为之。锭(guǎn):"輨"的异体字。车毂端包的冒盖。丧车用木为之,故称木锭,取其声音小。约:绳子。绥:引以上车之索。辔:缰绳。吉时,绥、辔皆以丝为之,丧车则以约为之。镳(biāo):与衔连用的马勒具。通常以铜制作,丧车以木制。髦:马首之毛。**主妇之车亦如之,疏布裧。**○裧(chān):"幨"的异体字。疏布:指大功布。**贰车白狗摄服,其他皆如乘车。**○贰车:副车。白狗摄服:以白狗皮为箙而缘其边。摄,缘边。

以上记居丧者冠服、饮食、居处、车马之制。

朔月,童子执帚,却之,左手奉之。○朔月:月朔日,每月初一。童子:士自以其子弟为仆隶。却之:以帚末向上。奉:持。**从彻者而入。比奠,举席,埽室,聚诸窔。**○比奠:在置奠之先。比,犹先。埽:同"扫",打扫。窔(yào):室的东南角。**布席如初。卒奠,埽者执帚垂末,内鬣,从执烛者而东。**○内鬣:以帚末向内,恐尘触人。鬣(liè),本指兽颈上之毛,这里指帚末,帚末似鬣,故以鬣称之。**燕养馈羞、汤沐之馔如他日。**○燕养:平常所用的供养。馈:指早晚进献的食物。羞:指进献的四时的珍异食品。汤沐:以热水为沐。馔:陈设。他日:平常之日,指死者还活着的时候。**朔月若荐新,则不馈于下室。**○若:及,与。朔月时有朔月奠,荐新时有荐新之奠。馈:进献。下室:燕寝。

以上补记朔月及常日扫洁奉养之事。

筮宅,冢人物土。○筮宅:占卜葬地。冢人:掌墓地兆域的官员。物土:相看葬地。**卜日,吉,告从于主妇。主妇哭,妇人皆哭。主妇升堂,哭者皆止。**

以上补记筮宅、卜日之事。

启之昕,外内不哭。○启:指启殡。昕:黎明。**夷床、輁轴,馈于西阶东。**○其夷床在祖庙,輁轴在殡宫,以其西阶东是同,故并言之。馈:陈放。

以上补记启殡朝祖之事。

其二庙,则馈于祢庙,如小敛奠。○二庙:祢庙和祖庙。祢庙即祭祀亡父的宗庙。上士有二庙,下士祖、祢共庙。如小敛奠:谓朝祢之奠奠物、礼仪均如小敛奠。朝祖之奠用大敛奠。先朝祢庙,取由近及远之义。**乃启。**○启:启殡。**朝于祢庙,重止于门外之西,东面。柩入,升自西阶,正柩于两楹间。奠止于西阶之下,东面,北上。主人升,柩东,西面。众主人东即位。妇人从升,东面。奠升,设于柩西,升降自西阶,主人要节而踊。烛先入者,升堂,东楹之南,西面;后入者西阶东,北面,在下。**○烛先入者:指柩前那个执烛人。后入者:指柩后那个执烛人。在下:在堂下。后面那个执烛人不登堂。**主人降,即位。彻,乃奠。升降自西阶,主人踊如初。**

以上补记朝祢之仪。

祝及执事举奠,巾、席从而降。柩从,序从如初,适祖。○适祖:到祖庙去。

以上补记自祢适祖之仪。

荐乘车,鹿浅幦,干、笮、革靾、载旜,载皮弁服,缨辔贝勒县于衡。○鹿浅:夏天的鹿皮。夏天鹿毛新生,色浅,故称。幦(mì):覆盖在车前横木上的饰物。干:盾。笮(zé):箭袋。编竹为之。有盾而无兵器,有箭袋而无弓矢,表示只是陈设,并非实用。靾(xiè):同"绁",魂车上马的缰绳。旜(zhān):同"旃",红色、无饰、曲柄的旗子。本是卿用的旗,士用于丧礼,也是摄盛之礼。缨:马膺前饰。辔:缰绳。贝勒:带有贝饰的马勒口。县:"悬"的古字。衡:车辕头上的横木。**道车载朝服,稿车载蓑笠。**○道车、稿车:此和上言乘车同为所荐的车。此三车又称魂车。士备三车,也是摄盛之礼。道车是士平居游燕出入之车,稿车是用作田猎和乘以循行县鄙之车。朝服:每天视朝之服,其制玄衣素裳。**将载,祝及执事举奠,户西,南面,东上。**○载:载柩于车。**卒束前而降,奠席于柩西,巾奠,乃墙。**○束:用绳子把棺柩固定在车上。奠:置奠。墙:此指饰棺。**抗木,刊。**○刊:削。抗木两面都要刊削。**茵著用荼,实绥泽焉。**○著(zhuó):填充。

荼：茅草秀出之穗。实：填充。绥：廉姜，生沙石中，辛而香。泽：泽兰。**苇苞，长三尺，一编。**○苇苞：编芦苇为苞。一编：一苞为一编。**菅筲三，其实皆瀹。**○菅筲：用菅草编制的筲。其实：指盛放在筲中的黍、稷、麦。瀹（yuè）：浸渍。**祖，还车，不易位。**○祖：始行。还车：使三车转过车头，原向北，此时应转而向南。**执披者，旁四人。**○旁四人：每边四人。**凡赠币，无常。**○赠：指宾赠给死者的玩好。无常：没有定数。**凡糗，不煎。**○糗（qiǔ）：遣奠时置于筵中的奠物。把大豆和米炒熟。不煎：不用脂膏煎和之。因为用脂膏煎和被认为是亵味，不可以用来敬神。

以上述补记荐车、载柩直至置遣奠等事。

唯君命，止柩于堩，其余则否。○堩（gèng）：道路。**车至道左，北面立，东上。**○道左：墓道之左。**柩至于圹，敛服载之。**○敛服载之：收聚三车所载之服都装载在柩车上。**卒窆而归，不驱。**○窆（biǎn）：落葬。不驱：指归时车不可驰驱。

以上补记柩在道、至圹及卒窆而归之事。

君视敛，若不待奠，加盖而出。○视敛：观看大敛之仪。**不视敛，则加盖而至，卒事。**○加盖而至：君不视敛则在加盖以后至（殡宫）。卒事：直到大敛之礼毕。

以上补记君视敛之仪。

既正柩，宾出，遂匠纳车于阶间。○遂匠：遂人和匠人。遂人，主管徒役之事。匠人，主管柩葬之事。纳车：使车入内。车指载柩之车。**祝馔祖奠于主人之南，当前辂，北上，巾之。**

以上补记纳车及馔祖奠之事。

弓矢之新，沽功。○弓矢：指随葬入圹的弓矢。新：指新制作。沽功：沽通"盬"，盬功指制作之功粗劣、简略。**有弭饰焉，亦张，可也。**○弭（mǐ）：弓的两端。明器之弓，弭以骨角为饰。亦张，可也：弓可以拉开就行了。**有柲，设依挞焉，有韣。**○柲（bì）：弓檠，即弛弓不用时，绑在弓的内侧保护弓的竹片，防止弓受损伤。依：缠弦。挞：箭溜，大如钱，嵌入弓侧以别上下。韣（dú）：弓套，亦称弓衣。明器之弓衣以缁布为之，平常则以皮为之。**鍭矢一乘，骨镞短卫。**○鍭（hóu）矢一乘：鍭，同"鍭"，矢名。一乘，四支箭。卫：箭杆上的羽毛，改金镞为骨镞，又短其卫，表示不使用。**志矢一乘，轩輖中，亦短卫。**○志矢：习射之矢，其制骨镞不翦羽。入圹之志，无镞。轩輖（zhōu）：轩言车轻，輖言车重。引申为凡物之轻重。矢本应前重后轻，轩輖中，"谓矢前后轻重适均而已"。

以上补记入圹用器弓矢之制。

士虞礼第十四

士虞礼。○士即葬其父母后返回殡宫举行的安魂礼，虞就是安的意思。安者，安神也。士虞礼于五礼中亦属凶礼。**特豕馈食**。○特豕：一头豕。馈：进献。**侧亨于庙门外之右，东面**。○侧：指豕的半边，这里用左边。亨：古"烹"字。**鱼腊爨亚之，北上**。○腊（xī）：干肉。爨：灶。亚：次。**饎爨在东壁，西面**。○饎：煮黍稷。**设洗于西阶西南，水在洗西，篚在东**。○洗：盛盥洗者弃水的器具。篚：竹器。**尊于室中北墉下，当户，两甒：醴、酒，酒在东**。○尊：放置酒尊。墉：墙。当户：对着室门。甒（wǔ）：陶制盛酒器。醴：酒一宿熟叫醴，似现在的米酒。**无禁，幂用絺、布，加勺，南枋**。○禁：盛放酒尊的器具。幂：用作遮盖的布巾。絺（chī）：细葛布。布：麻布。夏天用絺，冬天用布。枋：同"柄"。**素几、苇席，在西序下**。○序：堂前的东西墙。**苴刌茅，长五寸，束之，实于篚，馔于西坫上**。○苴（jū）：用茅编的垫子。刌（cǔn）：切。茅：白茅。祭祀用的茅垫即白茅所编，显得清洁。馔：陈列。坫（diàn）：堂上筑的土台，可供放物用。**馔两豆菹，醢于西楹之东，醢在西，一铏亚之**。○豆：祭祀用的器具，木制，有盖，似高足盘。菹：腌菜。醢：肉酱。铏（xíng）：盛羹的器具，有三足，足高一寸，有两耳，有盖，也叫铏鼎。这里指豕铏。亚之：次之。**从献，豆两亚之，四笾亚之，北上**。○从献：指两豆、四笾。两豆随着主人向祝献酒毕进献上来，四笾随着主妇各以二笾向尸和祝献酒毕进献上来，所以说"从献"。笾：用来盛果脯的竹编祭器。**馔黍稷二敦于阶间，西上，藉用苇席**。○敦（duì）：盛黍稷的器具，有盖，底有足。藉：垫子。**匜水错于槃中，南流，在西阶之南，箪巾在其东**。○匜：盥手浇水器。错：通"措"，放置。槃：同"盘"，盛接盥洗者弃水的器具。流：匜的出水口。箪：小筐。**陈三鼎于门外之右，北面，北上，设扃幂**。○三鼎：豕鼎、鱼鼎、腊鼎。扃：贯穿鼎两耳用来抬鼎的木杠。幂：鼎的盖，茅制。**匕俎在西塾之西，羞燔俎在内西塾上，南顺**。○匕：或作"朼"，从鼎中舀起牲体放到俎中去的器具。俎：盛牲体的器具。塾：古时门外两侧

的房屋。羞:进献。燔:烧烤的肉。南顺:将俎由北向南摆放。

以上述陈设虞祭的牲酒器具之仪。

主人及兄弟如葬服,宾执事者如吊服,皆即位于门外,如朝夕临位。○朝夕临位:朝夕哭的位次。主人、兄弟和宾执事者的位置在门外,面向西,以北为上。**妇人及内兄弟服,即位于堂,亦如之。**○内兄弟:指主人的姑、姐妹和族人的妻。**祝免,澡葛绖带,布席于室中,东面,右几。**○祝:祭祀时主持祭礼的人。免(wèn):脱掉帽子,用一寸宽的布从颈背相交额上,又退后围绕发髻。澡葛:洗濯去皮上垢污的葛茎。绖带:头上戴的麻头圈和腰间束衣的麻大带,都是用葛茎做成,丧服更轻。**降,出,及宗人即位于门西,东面,南上。**○宗人:礼官,主持礼事。**宗人告有司具,遂请拜宾,如临。**○有司:供事的人。具:诸事办毕。请:指宗人向主人请。如临:指如朝夕哭,主人拜宾每边三拜。**入门哭,妇人哭。主人即位于堂,众主人及兄弟、宾即位于西方,如反哭位。**○反哭:如既葬后反哭的位置。面向东,以北为上。众主人:指死者的众子,是当服斩衰的亲人。兄弟:指疏远的兄弟,即服小功以下的亲人。**祝入门左,北面;宗人西阶前,北面。**

以上述主人和众宾从门外入,就位之仪。

祝盥,升,取苴降,洗之;升,入设于几东席上,东缩;降,洗觯;升,止哭。○这以下是阴厌设馔食享神事。阴厌是一种祭名,在尸入室之前,在室中西南角摆设馔食以享神。因室的西南角得不到从窗户照进来的阳光,所以说"阴"。厌,同"餍",吃饱。东缩:(将苴)自西而东纵向摆着,以西为上。缩,纵。**主人倚杖,入,祝从,在左,西面。**○倚杖:谓杖不入室,倚于西序。**赞荐菹醢,醢在北。**○赞:宾客中助祭供事的人。荐:进献。**佐食及执事盥,出,举,长在左。**○佐食:陪尸进食的人。举:扛鼎。长:指众宾中的长者。**鼎入,设于西阶前,东面,北上,匕俎从设。**○匕俎从设:豕、鱼、干肉三只鼎,各有它的匕俎,由三个人分别拿着,随从鼎陈设在鼎的东边。**左人抽肩鼏,匕,佐食及右人载。卒,朼者逆退,复位。俎入,设于豆东,鱼亚之,腊特。**○特:独。**赞设二敦于俎南,黍,其东稷。设一铏于豆南。**○铏:指盛菜羹的器皿。**佐食出,立于户西。**○户:室门。**赞者彻鼎。祝酌醴,命佐食启会。**○酌:斟酒。启:开。会:敦的盖子。**佐食许诺,启会,却于敦南,复位。**○却:仰,指将盖子仰放。**祝奠觯于铏南,复位。**○奠:置祭,放。**主人再拜稽首。**○再拜:拜两拜。稽首:下拜时头至地。**祝飨,命佐食祭。**○飨:祝告神来享受祭物。**佐食许诺,钩袒,取黍稷,祭于苴三;取肤祭,祭如初。**

○扱袒:手臂裸露袖外。祭于苴三:把祭物祭于白茅垫上连续三次。肵:牲左边颈上的肉。祭如初:如"祭于苴三"。**祝取奠觯祭,亦如之,不尽,益,反奠之。**○不尽:指酒不完全倒干。益:增加,指斟满酒。反:同"返"。**主人再拜稽首。祝祝卒,主人拜如初。哭,出复位。**○祝祝卒:祝人读祝辞毕。复位:回到堂上面向东的位置。

以上述设馔食室西隅享神之仪。

祝迎尸。○尸:神主,选出来代表死者受祭的人。**一人衰绖奉篚,哭从尸。**○一人:指主人兄弟中的一人。衰绖:指大功以上的服,这兄弟是堂兄弟。**尸入门,丈夫踊,妇人踊。淳尸盥,宗人授巾。**○淳:浇水。为尸浇水洗手的是宾客执事的人。**尸及阶,祝延尸。**○延:进。**尸升,宗人诏踊如初。**○诏:告。**尸入户,踊如初,哭止。妇人入于房。主人及祝拜妥尸。**○妥:使坐定。**尸拜,遂坐。**

以上述迎尸入之仪。

从者错篚于尸左席上,立于其北。○从者:尸后的随从者,即那个捧篚的人。错:通"措",放置。**尸取奠,左执之,取菹擩于醢,祭于豆间。**○奠:指上文祝反奠于铏南的那只觯。擩(rǔ):染。**祝命佐食隋祭,佐食取黍稷肺祭授尸,尸祭之,祭奠。**○隋祭:凡尸食前的祭称作隋祭。肺祭:祭肺。祭奠:祭后将祭物放还原处。**祝祝。**○祝祝:祝读祝辞。**主人拜如初。尸尝醴,奠之。佐食举肺、脊授尸,尸受,振祭,哜之,左手执之。**○脊:指骨体正脊,即背脊的前骨。振祭:祭名。振,振动。这里肺、脊都到肉酱里蘸一下。哜:尝。**祝命佐食迩敦,佐食举黍错于席上。**○迩:此指移近。**尸祭铏,尝铏。泰羹湆自门入,设于铏南,载四豆,设于左。**○泰羹湆:祭祀用的肉汁汤,不和入盐、菜。湆(qì):肉汁。载(zǐ):大块的肉。**尸饭,播余于篚。**○饭:吃饭。播:散布。余:古时吃饭用手抓,抓一把吃一口,手中剩下的叫"余"。**三饭,佐食举干,尸受,振祭,哜之,实于篚。**○三饭:指吃了三口饭。干:脊两旁的肋骨叫胁(带有肉),又叫干。**又三饭,举胳,祭如初。**○胳:牲后脚骨下半节。祭如初:和上"振祭"同。**佐食举鱼、腊,实于篚。又三饭,举肩,祭如初。举鱼、腊俎,俎释三个。**○释:放。**尸卒食,佐食受肺、脊,实于篚;反黍如初设。**○反:同"返"。

以上述享尸,尸九饭之仪。

主人洗废爵,酌酒,酳尸。○废爵:没有脚的爵。主人服重,不敢用全爵。酳(yìn):古代宴会时的一种礼节,食毕献酒洁口以助食。**尸拜,受爵。主人北面答拜。尸祭酒,尝之。宾长以肝从,实于俎,缩,右盐。**○肝:烤肝。从:从献。

缩：纵。尸左执爵，右取肝，擩盐，振祭，哜之，加于俎。○加于俎：加在盛牲体的俎里（如盛脊、干、胳等牲俎）。宾降，反俎于西塾，复位。○反，同"返"。尸卒爵，祝受，不相爵。○相：指祝在献酒时引导主人。主人拜，尸答拜。祝酢，授尸，尸以醋主人。○醋（zuò）：同"酢"，报，回敬酒。主人拜受爵，尸答拜。主人坐祭，卒爵，拜，尸答拜。筵祝，南面。○筵祝：给祝铺设筵席。主人献祝，祝拜，坐受爵。主人答拜。荐菹醢，设俎。祝左执爵，祭荐，奠爵；兴，取肺，坐祭，哜之；兴，加于俎，祭酒，尝之。肝从，祝取肝，擩盐，振祭，哜之，加于俎。卒爵，拜。主人答拜。祝坐，授主人。主人酌，献佐食；佐食北面拜，坐受爵；主人答拜。佐食祭酒，卒爵，拜。主人答拜，受爵，出，实于篚，升堂复位。

以上述主人献尸，并献祝和佐食之仪。

主妇洗足爵于房中，酌，亚献尸，如主人仪。○足爵：有脚的爵。主妇的服较主人轻，所以用足爵。亚献：第二次献。**自反，两笾枣栗，设于会南，枣在西。**○自反：自己回到房中拿笾来陈设。会：敦盖。**尸祭笾，祭酒，如初。宾以燔从，如初。**○燔：烤肉。**尸祭燔，卒爵，如初。酌，献祝，笾燔从，献佐食，皆如初。以虚爵入于房。**

以上述主妇亚献之仪。

宾长洗觯爵，三献，燔从，如初仪。○觯（yì）爵：口和脚间有篆文为饰的爵。宾长的服比主妇更轻，所以爵不但是成器，而且还有文饰。燔从：次宾从献烤肉。

以上述宾长三献之仪。

妇人复位。祝出户，西面告利成。○利成：奉养尸的礼完成。利，含有奉养之义。**主人哭，皆哭。祝入，尸谡。**○谡：起。**从者奉篚，哭，如初。祝前尸出户，踊，如初。**○前：向前引导。**降堂，踊，如初。出门，亦如之。**

以上述祝宣告利成，尸出大门之仪。

祝反，入彻，设于西北隅，如其设也。○设于西北隅：这是在尸出室之后，在室中西北角改设馈食以享神，即阳厌。西北角向着窗户的阳光，所以说"阳"。**几在南，扉用席。**○扉用席：用席子为障蔽，使西北角幽暗，以便祭神。扉（fèi），隐蔽。**祝荐、席彻，入于房。祝自执其俎出。赞阖牖户。**○赞：此指佐食。古人以为鬼神居幽暗之所，所以"阖牖户"。

以上述改设阳厌之仪。

主人降,宾出。○宾出:宾出庙门(殡宫门)。主人出门,哭止,皆复位。○出门:也指出庙门。宗人告事毕,宾出。○出:出大门。主人送,拜稽颡。

以上述礼毕,送宾客之仪。

【记】

虞,沐浴不栉。○虞:虞祭。沐:洗发。浴:洗身。不栉:不梳发。陈牲于庙门外,北首,西上,寝右。○牲:指豕。庙:指殡宫。寝右:把豕捆着,右侧躺在地上。虞祭用豕的左半体,因而左侧不着地,以示清洁。日中而行事。

以上补记沐浴、陈牲和举行虞祭之仪。

杀于庙门西,主人不视。豚解。○豚解:将豚分解为前后四足和一脊二胁,共七块。羹饪,升左,肩、臂、臑、肫、骼、脊、胁、离肺、肤祭三,取诸左胴上,肺祭一,实于上鼎。○羹饪:指肉煮熟。升左:把左半体的肩、臂等从锅里舀起,升入鼎里。肤祭:指牲左边颈部的肉。胴(yì):指颈部的肉。肺祭:祭肺。上鼎:三鼎以北为上,即最北面的豕鼎。升鱼,鲔鲋九,实于中鼎。○鲔鲋:都是鱼名。鲔、鲋只用其一,不是并用。中鼎:豕鼎南的鱼鼎。升腊左胖,髀不升,实于下鼎。○胖(pàn):半体。髀近肛门,所以不升。下鼎:指腊鼎。皆设扃鼏,陈之。载犹进柢,鱼进鬐。○载:盛。把牲体自鼎装到俎里。犹:犹如,指犹如小敛大敛。进柢:谓牲体的根部向尸。进鬐:鱼的脊背向尸。鬐,通"鳍",鱼的脊鳍。祝俎,髀、脰、脊、胁、离肺,陈于阶间敦东。○髀:左髀。脰:脰,颈肉。

以上补记牲杀体数和鼎俎的陈设之法。

淳尸盥,执槃,西面。执匜东面;执巾在其北,东面;宗人授巾,南面。

以上补记为尸盥洗的面位。

主人在室,则宗人升,户外,北面。佐食无事则出户,负依南面。○依:户和牖之间。

以上补记宗人和佐食的面位。

铏芼,用苦,若薇。○芼(máo):菜类。苦:苦荼,一种苦菜。若:或。薇:菜类,或叫巢菜、野豌豆。有滑,夏用葵,冬用荁。有柶。○葵:葵菜。荁(huán):堇菜类,用以调味。豆实葵菹。○葵菹:切葵做的腌菜。菹以西蠃醢。笾,枣烝栗择。○蠃醢:蠃肉做的肉酱。蠃,即螺。枣烝栗择:"烝""择"两字互文,即枣、栗都是经过选择又

蒸熟了的。

以上补记铏芼和豆笾所盛之物。

尸入，祝从尸。尸坐，不说屦。○说：通"脱"。屦：鞋子。祭事以敬为主，在坐席上不脱鞋子，表示敬。**尸谡，祝前乡尸；还，出户，又乡尸；还，过主人，又乡尸；还，降阶，又乡尸；降阶，还，及门，如出户。**○谡：起身。乡：向。乡尸，示意下一个环节将要开始。还：转身。**尸出，祝反，入门左，北面，复位；然后宗人诏降。**○诏降：告主人下阶。**尸服卒者之上服。**○卒者：死者。上服：士以玄端服为上服。**男，男尸；女，女尸，必使异姓，不使贱者。**○必使异姓：此是据夫家说的，所以女孙不能作女尸，必须孙辈行的妻才可充当。妾被看作卑贱的，也不能充当。

以上补记虞尸的仪服、侍尸的仪式和充当尸的人。

无尸，则礼及荐馔皆如初。○无尸：指没有孙辈行的人可选作尸。礼：指衣服和面位、升降的仪式。如初：指和有尸同。**既飨，祭于苴，祝祝卒，不绥祭，无泰羹湇、胾、从献。**○绥祭：指"隋祭"。**主人哭，出，复位。祝阖牖户，降，复位于门西。男女拾踊三，如食间。**○拾踊三：轮流踊跳三次，每次连续地踊跳又是三次。拾(jiè)：更替，轮流。如食间：如同尸一顿饭吃九口那样长的时间。**祝升，止哭；声三，启户。**○升：登堂。声三：连呼三声"噫歆"，用来警觉神。启：开。户：室门。**主人入，祝从，启牖，乡如初。**○乡如初：如正文有尸的飨神。乡，通"飨"。**主人哭，出复位。卒彻，祝、佐食降，复位。宗人诏降如初。**

以上补记虞祭无尸的礼仪。

始虞，用柔日。○柔日：指每旬中偶数的日子。古人迷信阴阳之说，以为每旬有五阴五阳；奇数为阳，为刚，甲、丙、戊、庚、壬五日为刚日；偶数为阴，为柔，乙、丁、己、辛、癸五日为柔日。古人选择葬日例用柔日，并且同日正午举行虞祭，所以说"始虞用柔日"。**曰："哀子某，哀显相，夙兴夜处不宁，敢用洁牲刚鬣、香合、嘉荐、普淖、明齐溲酒，哀荐祫事，适尔皇祖某甫。飨！"**○哀子：指主人。显相：指士的助祭者，即主人以外的众主人。洁牲刚鬣：指豕。香合：黍。嘉荐：菹醢。普淖：黍稷。明齐溲(sōu)酒：用新水酿制的酒。明齐，新水。祫(xiá)：为新死者将祔于祖而在祖庙举行的合祭。适：往。尔：你，指死者。皇祖：先祖。某甫：皇祖的字。飨：同"享"。**再虞，皆如初，曰："哀荐虞事。"三虞，卒哭，他，用刚日，亦如初，曰："哀荐成事。"**○卒哭：停止不定时无休止的哭，改为只"朝夕哭"。这是三虞后的祭名，属吉祭。他：指如有其他的祭事。成事：完成祭事。

以上补记三虞和卒哭用日子的不同及祝辞的同中略异。

献毕，未彻，乃馈。○献毕：卒哭和虞祭同有三献，这指卒哭祭的三献礼毕。馈：指尸将在卒哭祭的第二天早晨祔于祖庙，为他在寝门外举行馈行礼。尊两甒于庙门外之右，少南，水尊在酒西，勺北枋。○水尊：盛玄酒的尊。古时祭祀用水，称作玄酒。洗在尊东南，水在洗东，篚在西。馔笾豆，脯四脡。○笾豆：馈行只用一笾一豆。脡：干肉一条称一脡。有干肉折俎，二尹，缩祭半尹，在西塾。○干肉折俎：谓分解牲体，如豚解为七体，制成肉干，叫干肉；将要盛入俎内时，将干肉截为二十一块，所以称折俎。二尹：两块方正的干肉。尹，正。缩祭半尹：谓又截正体干肉的一半，预备祭神用，纵向盛在俎内。尸出，执几从，席从。尸出门右，南面。席设于尊西北，东面，几在南。宾出，复位。○执几从席从：指供事的宾一个拿几、一个拿席随从尸出室。主人出，即位于门东，少南；妇人出，即位于主人之北，皆西面，哭不止。尸即席坐，唯主人不哭。洗废爵，酌献尸，尸拜受。主人拜送，哭，复位。荐脯醢，设俎于荐东，胊在南。○胊(qú)在南：谓干肉中弯曲的部分朝南。尸左执爵，取脯擩醢，祭之。佐食授嚌。尸受，振祭，嚌，反之，祭酒，卒爵，奠于南方。主人及兄弟踊，妇人亦如之。○授嚌：指佐食取俎内干肉给尸祭神，因为祭后要尝一尝，所以说祭为"嚌"。主妇洗足爵，亚献，如主人仪，无从，踊如初。○无从：无从献，指没有笾、燔之类。宾长洗繶爵，三献，如亚献，踊如初。佐食取俎实于篚。尸谡，从者奉篚，哭从之。祝前，哭者皆从，及大门内，踊如初。尸出门，哭者止。宾出，主人送，拜稽颡。主妇亦拜宾。丈夫说绖带于庙门外。○丈夫：男子。说：通"脱"。绖(dié)带：此指腰间的麻大带。入彻，主人不与。○与：参加。妇人说首绖，不说带。○首绖：头上的麻圈。无尸，则不馈，犹出，几席设如初，拾踊三。○犹出：举行馈礼本来为了送神，虽然无尸可馈，但设几席送神等仪式仍和有尸一样，如上文所记：陈设尸的几席，宾出，主人出，妇人出，等等。哭止，告事毕，宾出。○告：指宗人告。

以上补记卒哭祭毕举行馈尸和无尸送神的礼仪。

死三日而殡，三月而葬，遂卒哭。○卒哭：指卒哭祭。将旦而祔，则荐。○将旦：指卒哭祭的第二天天将亮时。祔(fù)：也作附。新死者升，附祭于祖庙，和先祖合享祭物。荐：同"馈"，卒哭之夕举行馈尸的礼。卒辞曰："哀子某，来日某，隮祔尔于尔皇祖某甫。尚飨！"○卒辞：卒哭之祝辞。隮(jī)：升登。尚：庶几，表示希冀。女子，曰："皇祖妣某氏。"○女子：指女子未嫁或被休弃或未庙见而死的（妇到夫家，夫的父母已死，便在三个月后到庙中参拜，称庙见），葬在女家，已葬，附于祖母。妇，曰：

"孙妇于皇祖姑某氏。"其他辞,一也。飨辞曰:"哀子某,圭为而哀荐之,飨。"○圭:洁净。而:尔。

以上补记卒哭、荐、告祔之辞和飨尸之辞。

明日以其班祔。○班:次序,此指昭、穆的次序。祔必按照昭穆的次序,昭祔昭,穆祔穆。这里"祔"是说举行祔祭,将新死者的神主祔于昭或穆,祭毕,仍奉神主回家(二十五个月后,即大祥后才迁进庙)。**沐浴,栉,搔剪**。○搔:通"爪",手指甲、脚趾甲。**用专肤为折俎,取诸脰膉**。○专肤:指肥厚的肉。脰膉:指猪颈部肉。**其他如馈食**。○如馈食:指如特牲馈食礼。**用嗣尸**。○用嗣尸:相继用虞祭和卒哭时的尸。嗣,相继。**曰:"孝子某、孝显相,夙兴夜处,小心畏忌不惰,其身不宁。用尹祭、嘉荐、普淖、普荐、溲酒,适尔皇祖某甫,以隮祔尔孙某甫。尚飨!"** ○尹祭:脯,切割方正的干肉。普淖:指黍稷。普荐:铏中之羹。

以上补记祔祭的礼和告祔的辞。

朞而小祥,曰:"荐此常事。" ○朞:也作"期",一周年。小祥:祭名。祥,吉。父母死后一周年举行小祥祭,孝子除去首服(丧帽和麻圆圈),戴练冠(以大功布做的帽子),又叫练祭。常事:当作"祥事"。"荐此祥事"是祝辞中的一句,祝辞和祔祭同,只有这句不同。**又朞而大祥,曰:"荐此祥事。"** ○又朞:又一周年。大祥:也是祭名。大祥后孝子脱去衰服,服吉服。**中月而禫。是月也,吉祭,犹未配**。○中月:隔一个月。禫(dàn):除丧服的祭名。于大祥后一个月举行。是月:禫祭这个月。吉祭:对禫祭以前的丧祭而言,指四时的常祭。通常都要配祭。犹未配:指吉祭如果在禫祭这个月,就还没有"以某妃配某氏"一语,因为父母的配祭,从禫祭才能开始。

以上补记小祥、大祥、禫祭、吉祭之仪和祝辞之异。

特牲馈食礼第十五

特牲馈食之礼。○诸侯之士岁时祭其祖祢之礼。于五礼中属吉礼。特牲：一豕。凡牲一为特，二为牢。士祭时牲用豕，故此特牲为一豕。馈食：向鬼神进献食物。不诹日。○诹日：选择吉日进行卜筮。诹（zōu），选择。及筮日，主人冠端玄，即位于门外，西面。○及：到。筮日：指进行卜筮日期的那一天。冠端玄：戴玄冠，服玄衣，即士之玄端服。门：庙门之外。子姓兄弟如主人之服，立于主人之南，西面，北上。○子姓兄弟：指所祭者的子孙。有司群执事如兄弟服，东面，北上。○有司：指职有专司者。执事：无专司而临事来助祭的人。席于门中闑西阈外。○闑（niè）：门橛，门中央所竖的短木。阈：门槛。筮人取筮于西塾，执之，东面受命于主人。○筮：用来卜筮的蓍草。宰自主人之左赞命，命曰："孝孙某筮来日某，诹此某事适其皇祖某子，尚飨。"○宰：家宰。赞命：助主人告筮人以所筮之事。诹此：选择这一天。尚飨：希望神灵享用。筮者许诺。○许诺：应诺。还，即席，西面坐，卦者在左。卒筮，写卦。筮者执以示主人。主人受视，反之。筮者还，东面。长占，卒，告于主人："占曰吉。"○长占：以其年之长幼旅占之。若不吉，则筮远日，如初仪。宗人告事毕。

以上述筮日之仪。

前期三日之朝，筮尸，如求日之仪。○前期三日：在已定祭日的前三天。期，约定的日子。朝：早上。筮尸：行筮事选定充任尸的人。命筮曰："孝孙某，诹此某事适其皇祖某子，筮某之某为尸。尚飨。"

以上述筮尸之仪。

乃宿尸。○宿：通"肃"，肃，齐肃。祭前一天，预先敬告尸，使其祭日当来。主人立于尸外门外，子姓兄弟立于主人之后，北面东上。尸如主人服，出门左，西面。主人辟，皆东面北上。○辟："避"之古字。主人再拜，尸答拜。

宗人摈辞如初,卒曰:"筮子为某尸,占曰吉,敢宿。"○摈辞:转述主人命筮之辞。卒曰:最后说。筮:这里指行筮事占卜。子:你。敢宿:意谓敢向你预先申告,祭时请你来。敢,表谦副词。祝许诺,致命。○致命:传主人之命(于尸)。尸许诺,主人再拜稽首。尸入,主人退。

以上述宿尸之仪。

宿宾。○宿宾:敬请宾行致齐(斋)之礼。宾,指助祭之宾。宾如主人服,出门左,西面再拜。主人东面答再拜。宗人摈曰:"某荐岁事,吾子将莅之,敢宿。"○摈:传达主人的言辞。荐岁事:行祭祀之礼。士祭称岁事。莅:临。宾曰:"某敢不敬从!"主人再拜,宾答拜。主人退,宾拜送。

以上述宿宾之仪。

厥明夕,陈鼎于门外,北面北上,有鼏。○厥明夕:宿宾之后的第二天晚上。厥,其。棜在其南,南顺,实兽于其上,东首。○棜(yù):祭祀时用以盛放祭品的长方形木盘,四周有木板拦隔,无足。有盛兽之棜、盛馔之棜、盛樽之棜,这里指盛兽之棜。南顺:向南排列。兽:指祭品中的腊,士礼腊用兔。牲在其西,北首,东足。○牲:指祭祀用的豕。设洗于阼阶东南,壶禁在东序,豆、笾、铏在东房,南上。○洗:用来盛放盥洗后的水,其形如盆。壶:盛酒器。禁:祭祀时盛放酒尊等盛酒器的用具,其形如棜,也是长方形,四周有木栏。禁有足,棜无足。铏(xíng):盛羹的小鼎,有盖。东房:房中之东。几、席、两敦在西堂。○敦(duì):盛黍、稷的器具。这些用具都是空的,还未盛放东西。主人及子姓兄弟即位于门东,如初。宾及众宾即位于门西,东面,北上。○宾:助祭之宾。宗人、祝立于宾西北,东面南上。主人再拜,宾答再拜。三拜众宾,众宾答再拜。主人揖入,兄弟从,宾及众宾从,即位于堂下,如外位。宗人升自西阶,视壶濯及豆、笾,反降,东北面告濯具。○濯:洗涤。告濯具:报告祭器已经洗好,用具已经准备好。宾出,主人出,皆复外位。宗人视牲,告充。○充:牲肥。雍正作豕。○雍正:指雍人之长,掌烹割之事。作豕:站在豕的南面用短棒触豕,看豕的声气。作豕是为了确认豕体健。宗人举兽尾,告备;举鼎鼏,告洁。○备:完备。指兽体无残缺。祭祀用兽不可有残缺。洁:干净。请期,曰:"羹饪。"○请期:宗人向主人问祭祀的时间。羹饪:肉熟。告事毕,宾出,主人拜送。

以上述视濯、视牲之仪。

夙兴,主人服如初,立于门外东方,南面,视侧杀。○侧杀:杀一牲

(豕)。**主妇视馈爨于西堂下。**○馈爨:煮黍稷的灶。**亨于门外东方,西面北上。**○亨:"烹"的古字。烹豕、鱼、腊时各用一爨,爨各有镬。三爨排列,以北为上。**羹饪,实鼎,陈于门外,如初。**○实鼎:把煮熟的肉由镬里装到鼎中。**尊于户东,玄酒在西。**○尊:这里指陈放酒器。**实豆、笾、铏,陈于房中,如初。执事之俎陈于阶间,二列,北上。**○执事:此执事之义不同于前,指所有参加祭祀的人,主人、主妇、子姓兄弟、宗妇、宰、祝、宗人、宾、众宾均包括在其中。俎:参与祭祀的都有俎。**盛两敦,陈于西堂,藉用萑,几席陈于西堂,如初。**○藉(jiè):铺在祭品下的垫子。萑(huán):细苇,此指用苇草编的苇席。**尸盥匜水实于槃中,簞巾,在门内之右。**○盥:洗手。匜(yí):用来盛水洗手的用器。簞巾:用簞盛放巾。**祝筵、几于室中,东面。主妇缁笄、宵衣,立于房中,南面。**○缁笄:一种头饰,缁指用黑缯裹发,笄指加簪以缩髻。宵衣:用布制作而用宵为边,是妇女的助祭服。宵,通"绡",一种绫类丝织品。**主人及宾、兄弟、群执事即位于门外,如初。宗人告有司具。**○具:事情已准备好。**主人拜宾如初,揖入,即位,如初。**○如初:指和视濯时一样。**佐食北面立于中庭。**○佐食:祭祀时进献祭品、帮助尸享用祭品的人。

以上述祭日陈设和位次之仪。

主人及祝升,祝先入,主人从,西面于户内。○户内:室内。此是阴厌之祭,故在户内。"凡尸未入室之前,设馔于奥,谓之阴厌。尸既出室之后,改馔于西北隅,谓之阳厌。"此二祭均无尸。**主妇盥于房中,荐两豆:葵菹、蜗醢,醢在北。宗人遣佐食及执事盥,出。主人降,及宾盥,出。主人在右,及佐食举牲鼎。宾长在右,及执事举鱼腊鼎。除鼏。宗人执毕先入,当阼阶,南面。**○毕:状如叉,是助载鼎实之物。**鼎西面错,右人抽扃,委于鼎北。**○错:通"措",置放。右人:指主人和二宾。扃:抬鼎的横杠。委:放。**赞者错俎,加匕。乃朼。**○朼:用匕舀取牲肉。亦是右人所为。**佐食升肵俎,鼏之,设于阼阶西。**○肵(qí)俎:盛放豕心和豕舌的俎,主人专门用来敬尸之用。**卒载,加匕于鼎。主人升,入复位。俎入,设于豆东,鱼次,腊特于俎北。主妇设两敦黍稷于俎南,西上,及两铏铏芼,设于豆南,南陈。**○两铏铏芼:盛在铏中的羹和和羹的菜。芼,菜,常用来和羹。士祭礼常用苦荼和薇菜。**祝洗,酌奠,奠于铏南。**○洗:濯洗飨神的酒器。酌奠:斟上酒飨神。奠于铏南:奠,陈放。**遂命佐食启会。**○启:开。会:敦盖。**佐食启会,却于敦南。出,立于户西,南面。**○却:仰放。**主人再拜稽首。祝在左,卒祝,主人再拜稽首。**○卒祝:祝辞说完之后。

以上述阴厌之祭。

祝迎尸于门外。主人降,立于阼阶东。尸入门左,北面盥,宗人授巾。尸至于阶,祝延尸;尸升,入;祝先,主人从。○延:请。尸即席坐,主人拜妥尸。○妥尸:使尸安坐。尸答拜,执奠,祝飨。○奠:指祝奠于铏南之觯。飨:请尸享用。主人拜如初。○如初:如阴厌时行再拜稽首礼。祝命挼祭。○挼(suí)祭:尸食前祭神之礼。挼祭又写作"绥祭""隋祭"。尸左执觯,右取菹,揳于醢,祭于豆间。佐食取黍稷、肺祭授尸。尸祭之。祭酒,啐酒,告旨,主人拜,尸奠觯,答拜。○啐:尝一小口。旨:味美。祭铏,尝之,告旨。主人拜,尸答拜。○祭铏:用装在铏中的羹祭神。祝命尔敦,佐食尔黍稷于席上。○尔:通"迩",此处指移近。尔敦、尔黍稷:互文见义。设大羹湆于醢北。○大羹湆(qì):指不加佐料的肉汁。举肺、脊以授尸,尸受,振祭,哜之,左执之;乃食,食举。○哜:尝。食举:吃举在手中的肺和脊。主人羞胾俎于腊北。○羞:进。尸三饭,告饱。○三饭:进食三次。祝侑,主人拜。○侑(yòu):劝食。佐食举干,尸受,振祭,哜之。佐食受,加于胾俎。○干:指长胁。举兽干、鱼一,亦如之。○兽干:所祭兽的长胁。兽,指制成腊的兽,即腊。士祭,腊用兔。尸实举于菹豆。○举:指肺、脊。佐食羞庶羞四豆,设于左,南上,有醢。○羞:进。庶羞:多种美味。尸又三饭,告饱。祝侑之,如初。举骼及兽、鱼,如初。○骼:后腿胯下的肉。尸又三饭,告饱。祝侑之,如初。举肩及兽、鱼,如初。佐食盛胾俎,俎释三个。○释:留。三个:三样祭品。每俎留三样,以备阳厌之祭用。举肺、脊加于胾俎,反黍稷于其所。

以上述饭尸之礼(正祭)。

主人洗角,升,酌,酳尸。○角:酒器。酳(yìn)尸:酌酒献尸。尸拜受,主人拜送。尸祭酒,啐酒。宾长以肝从。尸左执角,右取肝,揳于盐,振祭,哜之,加于菹豆。○揳:"擩"的异体字,蘸染。卒角。祝受尸角,曰:"送爵,皇尸卒爵。"主人拜,尸答拜。○爵:指上面所言之角。祝酌,授尸,尸以醋主人。○醋(zuò):回报。这里指尸以酒回敬主人。这个字后来多写作"酢"。主人拜受角,尸拜送。主人退,佐食授绥祭。○授绥祭:把行绥祭的祭物交给主人。绥祭,用黍、稷、肺来祭称绥祭。绥祭只有尸、主人、主妇有之。主人、主妇是以尸食余来祭。绥祭又称堕祭、挼祭、隋祭。主人坐,左执角,受祭祭之;祭酒,啐酒,进,听嘏。○听:待。嘏(gǔ):赐福。佐食抟黍授祝,祝授尸,尸受以菹豆,执以亲嘏主

人。○抟黍：把黍饭捏聚成团。亲嘏：尸亲自向主人赐福。**主人左执角，再拜稽首受，复位；诗怀之，实于左袂，挂于季指；卒角，拜。**○受：接受抟黍。兼有接受赐福之意。诗怀之：捧在怀里。诗，捧。挂于季指：把衣袖挂在左手的小手指上。**尸答拜。主人出，写嗇于房，祝以笾受。**○写嗇：指把抟黍从袖子里倾倒出来。写，泻，倾倒。嗇，"穑"的古字，这里指抟黍。

以上述主人献尸、尸酢主人、致嘏主人之仪。

筵祝，南面。○筵祝：为祝铺席。**主人酌，献祝，祝拜受角。主人拜送。设菹醢、俎。祝左执角，祭豆。**○祭豆：以豆中盛的菹祭神。**兴，取肺，坐祭，哜之；兴，加于俎，坐祭酒，啐酒，以肝从。**○祭酒：以酒祭神。以肝从：在用酒祭神后肝接着献上来。**祝左执角，右取肝，擩于盐，振祭，哜之，加于俎，卒角，拜。**○擩：同"擩"，蘸染。卒角：把角里的酒喝完。**主人答拜，受角，酌，献佐食。佐食北面拜受角，主人拜送。佐食坐祭，卒角，拜。主人答拜，受角，降，反于篚。升，入复位。**

以上述主人献祝、献佐食之礼。

主妇洗爵于房，酌，亚献尸。○亚献：主妇在主人后第二次献尸。**尸拜受，主妇北面拜送。宗妇执两笾，户外坐；主妇受，设于敦南。**○宗妇：同宗之妇助祭者。两笾：两竹豆。笾内盛的是枣和栗。**祝赞笾祭，尸受，祭之，祭酒，啐酒。**○赞笾祭：帮着把笾里的祭物交给尸。赞，助。**兄弟长以燔从，尸受，振祭，哜之，反之。**○兄弟长：兄弟中的长者。燔：烧烤的肉。**羞燔者受，加于肵，出。**○羞：进献。肵：肵俎。**尸卒爵，祝受爵，命送如初。**○命送：命送爵。即命主妇拜而送爵。**酢如主人仪。**○酢：尸酢主妇。如主人仪：指酢主妇时和酢主人的礼仪一样。但实际上仍有些差别，如酢主妇应易爵，循男女不相袭爵之礼；嘏主人但不嘏主妇，循夫妇一体之礼。**主妇适房，南面。佐食授祭，主妇左执爵，右抚祭，祭酒，啐酒，入，卒爵，如主人仪。**○抚祭：摸一摸祭品，以表示亲行授祭之礼。**献祝，笾、燔从，如初仪。及佐食，如初。卒，以爵入于房。**

以上述主妇亚献之仪。

宾三献如初，燔从如初，爵止。○宾：指主宾。如初：如亚献时。初献以肝从献，亚献以燔从献。此同亚献。爵止：指宾所献之爵，尸不举爵，把爵放在席上。**席于户内。**○席：（为主人）布席。**主妇洗爵，酌，致爵于主人。**○致爵：把爵递给主人。**主人拜受爵，主妇拜送爵。宗妇赞豆如初，主妇受，设两豆两笾。**○赞

豆:助设豆。即把豆递给主妇,由主妇入设。赞,助。俎入设。主人左执爵,祭荐,宗人赞祭。○祭荐:以所荐豆、笾中盛的祭品祭神。奠爵,兴,取肺,坐绝祭,啐之;兴,加于俎,坐挩手,祭酒,啐酒。○挩(shuì)手:擦手。肝从。○肝从:肝作为从献随着送上来。左执爵,取肝擩于盐,坐振祭,啐之。宗人受,加于俎。燔亦如之。兴,席末坐,卒爵,拜。主妇答拜,受爵,酌,醋,左执爵,拜,主人答拜。○受爵:接过主人的爵。夫妇酢必易爵,此处未言易爵之事,省文。酌:斟酒。醋:酢。以酒回报。酢为主人酢主妇,但均由主妇自酌、自酢。坐祭,立饮,卒爵,拜,主人答拜。主妇出,反于房。主人降,洗,酌,致爵于主妇。席于房中,南面。○席:布席,是为主妇布席。主妇拜受爵,主人西面答拜。宗妇荐豆、俎,从献皆如主人。主人更爵,酌,醋,卒爵,降,实爵于篚,入,复位。○更爵:更换爵。这是遵循男女不相袭爵之礼。三献作止爵。○作止爵:主宾请尸举起所止之爵。止爵指前文提到主宾所献、尸奠之而不举之爵。作,起。尸卒爵,酢。酌,献祝及佐食。○酌:主宾酌酒。洗爵,酌,致于主人主妇,燔从皆如初。更爵,酢于主人。○酢于主人:是宾自酢。卒,复位。

以上述宾三献之礼。

主人降阼阶,西面拜宾如初,洗。○如初:如视濯之时拜宾之礼。洗:洗爵。宾辞洗。卒洗,揖,让,升,酌,西阶上献宾。宾北面拜受爵。主人在右答拜。荐脯醢,设折俎。○折俎:把肢解的牲体盛在俎上,统称折俎。宾左执爵,祭豆,奠爵;兴,取肺,坐绝祭,啐之;兴,加于俎,坐挩手,祭酒,卒爵,拜。主人答拜,受爵,酌,酢,奠爵,拜。宾答拜。○绝祭:右手扯断一部分肺祭神。挩(shuì)手:把因绝肺而污的手擦干净。酢:主人自斟以为宾酢。主人坐,祭,卒爵,拜。宾答拜,揖,执祭以降,西面奠于其位,位如初。荐、俎从设。众宾升,拜,受爵,坐祭,立饮。○立饮:站着喝酒。荐、俎设于其位,辩。○辩:通"遍",指众宾皆有荐、俎。主人备答拜焉,降,实爵于篚。○备答拜,指一一答拜。备,尽。尊两壶于阼阶东,加勺,南枋,西方亦如之。○尊:置酒。枋:通"柄",勺柄。主人洗觯,酌于西方之尊,西阶前北面酬宾,宾在左。○西方之尊:指陈放在西边的酒壶。酬宾:向宾敬酒。主人奠觯,拜,宾答拜。主人坐祭,卒觯,拜,宾答拜。主人洗觯,宾辞,主人对。卒洗,酌,西面,宾北面拜。主人奠觯于荐北。宾坐取觯,还东面,拜,主人答拜。○还东

面:转向面朝东。**宾奠觯于荐南,揖,复位。主人洗爵,献长兄弟于阼阶上,如宾仪。**○长兄弟:同宗兄弟中的尊者。如宾仪:如同献宾之仪。**洗,献众兄弟,如众宾仪。洗,献内兄弟于房中,如献众兄弟之仪。**○洗:洗爵。内兄弟:内宾和宗妇。内宾指姑姊妹,宗妇指族人之妇。**主人西面答拜,更爵,酢,卒爵,降,实爵于篚。入,复位。**

以上述献宾和兄弟之仪。

长兄弟洗觚为加爵,如初仪。○觚:酒器。行三献礼时用爵,加爵用觚,向众人敬酒用觯。洗觚是为了行加爵礼。加爵:大夫、士祭礼有三献,主人初献,主妇亚献,宾三献,三献而礼成。三献之后称为加爵。如初仪:指长兄弟加爵之仪如宾三献之仪。**不及佐食,洗、致如初,无从。**○不及佐食:加爵之礼不施及佐食。致:致爵于主人主妇。无从:无从献之物。

以上述长兄弟为加爵之仪。

众宾长为加爵,如初,爵止。○爵止:谓尸受爵后,祭,啐之,止而不饮。

以上述众宾长为加爵之仪。

嗣举奠,盥,入,北面再拜稽首。○嗣:主人的嗣子。奠:阴厌时,祝所奠于铏南之觯。此时嗣子才举而饮之。**尸执奠,进受,复位,祭酒,啐酒。**○执奠:拿起奠。据下文,此奠当为觯。**尸举肝。举奠左执觯,再拜稽首,进受肝,复位,坐食肝,卒觯,拜。**○举奠:代指嗣子。下同。**尸备答拜焉。**○备:尽,全。**举奠洗,酌,入。尸拜受,举奠答拜。尸祭酒,啐酒,奠之。举奠出,复位。**

以上述嗣子举奠、献尸之仪。

兄弟弟子洗,酌于东方之尊,阼阶前北面举觯于长兄弟,如主人酬宾仪。○兄弟弟子:指兄弟之弟或子中的卑幼者。**宗人告祭脀。**○脀(zhēng):把牲体放在俎上称脀,这里代指俎上的肺。祭脀,即用离肺祭。告:所告者,众宾、众兄弟、内宾也。**乃羞。**○羞:进献庶羞。**宾坐取觯,阼阶前北面酬长兄弟,长兄弟在右。**○宾:指行三献礼之宾,即主宾。**宾奠觯,拜,长兄弟答拜。宾立卒觯,酌于其尊,东面立。**○其尊:指放在长兄弟一边的酒壶,即东方之尊。旅酬之时,饮者在自己这边的壶中斟酒;酬人之时,在对方一边的酒壶中酌酒。**长兄弟拜,受觯;宾北面答拜,揖,复位。长兄弟西阶前北面,众宾长自左受旅,如初。**○受旅:受行酬也。**长兄弟卒觯,酌于其尊,西面立。**○其尊:指放在众宾长一边的酒壶,即西方之尊。**受旅者拜,受。长兄弟北面答拜,揖,复位。众宾及众兄**

弟交错以辩,皆如初仪。○交错:指东西交叉行酬酒之礼。敬酒时,皆用一觯,觯在西,则立于西阶下的众宾向东边的众兄弟敬酒;觯在东,则立于阼阶下的众兄弟就向西边的众宾敬酒,交错进行。辩:通"遍"。**为加爵者作止爵,如长兄弟之仪。**○为加爵者:行加爵礼的人,此指众宾长。作止爵:使先前所止之爵起,意即请尸饮。**长兄弟酬宾,如宾酬兄弟之仪,以辩。**○辩:通"遍"。**卒受者实觯于篚。**○卒受者:最后接受觯的人。**宾弟子及兄弟弟子洗,各酌于其尊,中庭,北面,西上;举觯于其长,奠觯,拜,长皆答拜。**○宾弟子:指宾中之年幼者。兄弟弟子:兄弟中之年幼者。各酌于其尊:从自己一方的酒壶中斟酒。宾在西方之尊,兄弟则在东方之尊。举觯于其长:向自己一行中之长者举觯敬酒。**举觯者祭,卒觯,拜,长皆答拜。举觯者洗,各酌于其尊,复初位,长皆拜。举觯者皆奠觯于荐右。长皆执以兴。举觯者皆复位,答拜,长皆奠觯于其所,皆揖其弟子,弟子皆复其位。爵皆无筭。**○无筭:无数。

以上述旅酬之仪。

利洗散,献于尸,酢,及祝,如初仪。降,实散于篚。○利:指佐食。散:一种无饰的漆尊,可装五升酒。酢:尸酢佐食。及祝:指佐食也献于祝。如初仪:如长兄弟、众宾长加爵之仪。

以上述佐食献尸之仪。

主人出,立于户外,西面。祝东面告利成。○利成:供养之礼成。**尸谡,祝前,主人降。**○谡:起。祝前:祝在前导尸。降:走下阼阶。此送尸之仪。**祝反,及主人入,复位;命佐食彻尸俎,俎出于庙门;彻庶羞,设于西序下。**

以上述尸出之仪。

筵对席,佐食分簋铏。○筵:铺设(席子)。对席:此席对尸席而设,故称对席。设对席以便"餕"。簋:盛食物的器皿。这里代指盛黍稷的敦。士祭时二敦,一黍一稷,餕时只用一黍敦(另一稷敦留在阳厌之祭时用),所以要把盛在敦里的黍一分为二,分出来的黍用会(敦盖)盛装,放在对席上。祭时有二铏(阳厌祭不用铏),也要分出一只铏到对席上。**宗人遣举奠及长兄弟盥,立于西阶下,东面北上。**○举奠:指嗣子。上文有"嗣举奠"语,故此以"举奠"代嗣子。"**祝命尝食,餕者、举奠许诺,升,入,东面。**○尝食:指餕。餕(jùn):同"餕",食祭之余馔。餕者,指长兄弟。**长兄弟对之,皆坐。佐食授举,各一肤。**○肤:指胁革肉。**主人西面再拜,祝曰:"餕有以也。"**○有以:有原因,原因指先祖之德。凭借先祖之德才有此祭,才有此后。"餕有以也"是祝代主人所申戒辞,意思是要餕者勿忘先祖之德。**两餕奠举于俎,许诺,皆答拜。**○两

餐:两馂者,即嗣子和长兄弟。奠举于俎:把胁革肉(肤)放在俎上。举指肤。若是者三。皆取举,祭食,祭举,乃食,祭铏,食举。○取举:从俎上把胁革肉拿过来。祭食:用饭祭神。祭举:用肉祭神。祭铏:用铏羹祭神。卒食,主人降洗爵。宰赞一爵,主人升,酌,酳上馂。○宰赞一爵:宰帮着洗一只爵。赞,助。酳(yìn)上馂:向上馂敬酒。上馂指嗣子。下馂指长兄弟。上馂拜受爵,主人答拜。酳下馂亦如之。主人拜,祝曰:"酳有与也。"○有与:有所给予。给予指把先祖之德给予兄弟、教化族人。如初仪。○如初仪:如初申戒辞时之礼仪,也反复三次。两馂执爵拜,祭酒,卒爵,拜。主人答拜。两馂皆降,实爵于篚。上馂洗爵,升,酌,酢主人,主人拜受爵。上馂即位,坐,答拜。主人坐祭,卒爵,拜,上馂答拜,受爵,降,实于篚。主人出,立于户外,西面。

以上述嗣子、长兄弟馂之仪。

祝命彻阼俎、豆、笾,设于东序下。○阼俎:主人之俎。祝执其俎以出,东面于户西。○其俎:祝自己的俎。宗妇彻祝豆、笾,入于房,彻主妇荐俎。○荐俎:荐指豆、笾,俎指牲俎。佐食彻尸荐、俎、敦,设于西北隅,几在南,厞用筵,纳一尊。○厞用筵:用席把祭品遮蔽起来,使其幽暗,便于鬼神享用。厞(fèi),隐蔽。筵,席。纳一尊:尊指盛酒器,即瓯,从堂中移一瓶酒放进室内。佐食阖牖户,降。祝告利成,降,出。○利成:事神之礼成。主人降,即位。宗人告事毕。

以上述设阳厌之祭。

宾出,主人送于门外,再拜。佐食彻阼俎。堂下俎毕出。

以上述礼毕送宾之仪。

【记】

特牲馈食,其服皆朝服,玄冠、缁带、缁韠。○其服皆朝服:指宾及兄弟皆服朝服。朝服是祭时改穿,筮日、筮尸、视濯时亦穿玄端服。大夫祭时穿朝服,士祭时穿玄端服。助祭之服比自己祭时之服加一等,所以助祭之宾及兄弟则服朝服。缁韠:黑色蔽膝。朝服本应是缁带、素韠。缁韠是玄端服所用。穿朝服而缁韠,表示比玄端服高一等却又次于皮弁服(大夫助祭之时服皮弁服)。唯尸、祝、佐食玄端,玄裳、黄裳、杂裳可也,皆爵韠。○玄裳、黄裳、杂裳:古衣、裳颜色不同,衣与冠同色,而裳与韠同色。天子诸侯之玄端服朱裳,大夫玄端服素裳,士之玄端服则依爵位不同有三种颜色:上士玄裳,中士黄裳,下士杂裳。爵韠:指赤黑色的韠。

以上补记祭时衣冠。

设洗,南北以堂深,东西当东荣。○洗:盥洗时盛放弃水的器皿。以堂深:谓洗的位置和堂的距离要以堂深为标准,即与堂深同等。当东荣:正对着东边的屋翼。**水在洗东。**○水:指盥洗用的水。**篚在洗西,南顺,实二爵、二觚、四觯、一角、一散。**○南顺:自北而南摆放,以北为上。**壶、棜禁馔于东序,南顺,覆两壶焉,盖在南。**○棜禁:盛放酒器的器具,即禁。大夫盛放酒器的器具称棜,士盛放酒器的器具称禁。前面经文言"壶、禁在东序",是用其本名,这里称"棜禁",是为了和大夫所用之棜相区别。**明日卒奠,幂用绤,即位而彻之,加勺。**○明日:祭日。卒奠:奠壶之事毕。指给壶装上酒,并奠于户东。幂:盖在壶上的布。装上酒之后才用幂。绤:粗葛布。**笲巾以绤也,纁里。**○笲巾:覆盖笲的巾。纁里:用浅红色的绤做笲巾的内层。可见笲巾是双层的。表为玄绤,里为纁绤。**枣烝栗择。**○枣烝栗择:这里用的是互文。指放在笲中的枣、栗要挑拣、要蒸熟。**铏芼用苦若薇,皆有滑,夏葵冬荁。**○铏芼(máo):杂在肉汤里制羹的菜。铏是用来盛羹的小鼎,这里代指羹。苦若薇:用苦荼或薇作制羹的菜。若,或。滑:使菜肴柔滑的佐料。夏葵:夏天用葵做滑。冬荁(huán):冬天用荁做滑。荁,堇属。**棘心匕,刻。**○棘心匕:用棘木之心制作匙。刻:刻为龙头之形。**牲爨在庙门外东南,鱼腊爨在其南,皆西面。**○牲爨:烹豕之灶。**饎爨在西壁。**○饎爨:煮黍稷的灶。**所俎心、舌,皆去本末,午割之。**○去本末:除去心、舌的下部和末端。午割:纵横交叉割开,不割断。**实于牲鼎,载,心立,舌缩俎。**○载:从鼎里放到俎上。缩:纵。**宾与长兄弟之荐自东房,其余在东堂。**○宾:主宾。荐指豆、笲、铏。

以上补记器具物品陈设之法。

沃尸盥者一人。○沃尸盥者:浇水给尸洗手的人。一人:指每事一人。士祭事尸盥共四人:奉盘者、执盥者、执巾者及授巾之宗人。**奉槃者东面,执匜者西面,淳沃,执巾者在匜北。**○槃:同"盘"。匜:盛水器。淳(zhūn)沃:指慢慢地浇水(给尸洗手)。**宗人东面取巾,振之三,南面授尸,卒,执巾者受。**○振之三:拿巾振动三次,为去尘。**尸入,主人及宾皆辟位,出,亦如之。**○辟位:指"避位",离开原位。

以上补记事尸之礼。

嗣举奠,佐食设豆盐。○嗣:嗣子。举奠:指行举奠之礼。豆盐:以豆盛盐。**佐食当事则户外,南面;无事则中庭,北面。**○当事:指将有事时。户外:立于户外待事。无事:指祭前没有事时和事已毕之后。**凡祝呼,佐食许诺。**○许诺:应答。**宗人、献与旅,齿于众宾。**○献:指主人献宾及兄弟。旅:旅酬。齿于众宾:列于众宾之

中，按年龄长幼排序。宗人本是私臣，因其主庭中之事，称为庭长，故与众宾同列，是尊之。**佐食，于旅，齿于兄弟。**

以上补记佐食所事及宗人、佐食位次。

尊两壶于房中西墉下，南上。○尊：置放酒器。墉：墙。**内宾，立于其北，东面南上。宗妇北堂，东面北上。**○内宾、宗妇：内宾指主人之姑母。宗妇指主人同宗人之妇。**主妇及内宾、宗妇亦旅，西面。宗妇赞荐者，执以坐于户外，授主妇。**

以上补记设房中之尊事及内兄弟面位、旅酬之仪。

尸卒食，而祭饎爨、雍爨。○饎爨：煮黍稷的灶。雍爨：烹煮肉食的灶。牲、鱼、腊分爨，分别称为牲爨、鱼爨、腊爨，总称雍爨。

以上补记祭爨之事。

宾从尸，俎出庙门，乃反位。

以上补记宾反位送尸之礼。

尸俎：右肩、臂、臑、肫、胳、正脊二骨、横脊、长胁二骨、短胁、肤三、离肺一、刌肺三。鱼十有五。腊如牲骨。○肤：胁革肉。离肺：肺割开但不切断称离肺，又称哜肺、举肺。刌（cǔn）肺：切开的肺，又称祭肺、切肺。**祝俎：髀、脡脊二骨、胁二骨，肤一，离肺一。**○祝俎：祝所用之俎。髀：后体肫上的部位。胁：此指代胁，即肋骨肉的前段。髀、脡骨、代胁都是神俎不用的，此用于祝俎。**阼俎：臂、正脊二骨、横脊、长胁二骨、短胁、肤一、离肺一。**○阼俎：主人之俎。**主妇俎：觳折，其余如阼俎。**○觳（què）：后足分成三部分之后的最下一部分。觳折：觳切分成两部分。一部分主妇俎用，一部分佐食俎用。**佐食俎：觳折、脊、胁，肤一、离肺一。宾骼，长兄弟及宗人折，其余如佐食俎。**○宾骼：宾俎上用骼。骼即胳，指后腿觳的上部分。**众宾及众兄弟、内宾、宗妇，若有公有司、私臣皆殽脀，肤一，离肺一。**○若：或。公有司：公之有司助祭者。殽脀（zhēng）：将煮熟的牲体破折连肉带骨放在俎上。

以上记诸俎牲体之数。

公有司门西，北面东上，献次众宾。○次：后于，次于。**私臣门东，北面西上，献次兄弟。升受，降饮。**

以上记公有司、私臣面位及献法。

少牢馈食礼第十六

少牢馈食之礼，日用丁己。○少牢：指牲用一羊、一豕。馈食：向鬼神进献熟食。日：指祭日。丁巳：指丁日和己日。十天为一旬，古人把十天分成刚日和柔日。奇数日为刚日，即天干中的甲、丙、戊、庚、壬。偶数日为柔日，即天干中的乙、丁、己、辛、癸。外事用刚日，内事用柔日。宗庙之事属内事，所以要用柔日。柔日中丁、己这两日是优先选择的吉日。筮旬有一日。○筮旬有一日：用筮事来定十一天以后的事，即在这一旬的丁日筮下一旬的丁日，这一旬的己日筮下一旬的己日。这说明筮日也要用丁日、己日。筮于庙门之外。主人朝服，西面于门东。史朝服，左执筮，右抽上韇，兼与筮执之，东面受命于主人。○史：家臣，主筮事者。韇：盛装蓍草（即筮）的筒形容器，分成两截，上截是盖。主人曰："孝孙某，来日丁亥用荐岁事于皇祖伯某，以某妃配某氏，尚飨！"○主人曰：主人命史曰。以下是主人命筮之辞。孝孙：主人自称。某：主人之名。来日：将来的某一天。丁亥：这不是指具体的日子，古人认为丁亥日是大吉日，所以就举丁亥日为例。荐岁事：进岁时之祭事。皇祖：对所祭者的称呼。皇祖本指远祖，"当是举皇祖为例，以该曾祖及祢耳"。伯某：所祭者的字。配：配享，共享此祭。尚飨：希望神能享用。史曰："诺。"西面于门西，抽下韇，左执筮，右兼执韇以击筮。○击筮：击打蓍草。因为将要卜问吉凶，所以先击之以动其神。击筮这一礼仪为述命而设，不述命则无击筮之仪。遂述命曰："假尔大筮有常。孝孙某来日丁亥用荐岁事于皇祖伯某，以某妃配某氏，尚飨！"○述命：重述主人之命。假：借，因。尔：你，指筮。大筮：对筮的尊称。称"尔"、称"大筮"都是把筮当作神。有常：指不会有差忒。"假尔"句是史命筮（蓍草）之辞。乃释韇，立筮。○释韇：放下韇。立筮：站着行筮事。卦者在左坐，卦以木。○卦者：主管画地识爻、画卦于方版的人。卦以木：以木把爻画在地上。卒筮，乃书卦于木，示主人，乃退占。○书卦于木：把爻画在方版上。吉，则史韇筮，史兼执筮与卦以告于主人："占曰从。"○韇筮：把筮装入韇中。占曰从：指占的结果是吉，可以遵从原先的决定。乃官戒，宗人命涤，宰命为

酒,乃退。○官戒:戒诸官,即预先告诉那些当供祭祀者,以便做好准备。戒,预先告诉。宗人:主管礼乐的私臣。涤:濯洗祭器,扫除宗庙。为酒:准备酒,新酿造酒。退:指筮日之仪结束,离开庙门。**若不吉,则及远日,又筮日如初。**○及:至。远日:指比所筮之日更后的丁日或己日。

以上述筮祭日之仪。

宿。○宿:通"肃",齐肃。祭之前一日,主人又使人申戒诸官,要行斋戒之礼,这种礼仪称肃。**前宿一日,宿戒尸。**○前宿一日:指宿戒诸官前一天,即祭的前两天。尸:祭祀时代表死者受祭的人。以死者的晚辈充任。择定什么人为尸要行筮事占定。宿戒尸之"尸",指已选定的可以充任尸的三个人。最后以谁为尸,则以筮事择定。**明日朝,筮尸,如筮日之礼。命曰:"孝孙某,来日丁亥用荐岁事于皇祖伯某,以某妃配某氏,以某之某为尸,尚飨!"筮、卦、占如初。**○明日:第二天,指祭的前一天,即宿戒诸官之日。朝:早上。筮尸:行筮事以择定为尸之人。即在上面三个人之中选定一人为尸。命:指命筮之辞。**吉,则乃遂宿尸。**○宿尸:肃戒尸。**祝摈。**○祝摈:以祝作俟者。摈,通"傧",迎接宾客的人。**主人再拜稽首。祝告曰:"孝孙某来日丁亥用荐岁事于皇祖伯某,以某妃配某氏。敢宿。"尸拜,许诺。主人又再拜稽首。主人退,尸送,揖,不拜。若不吉,则遂改筮尸。**○改筮尸:改筮别人为尸之吉凶。

以上述筮尸、宿尸的礼仪。

既宿尸,反,为期于庙门之外。○反:回来。为期:确定祭祀的时间。日子早已行筮事择定,此期指早晚之期。为期与筮尸、宿尸在一日,筮尸在朝,为期在夕。**主人门东,南面。宗人朝服,北面,曰:"请祭期。"主人曰:"比于子。"**○比:选次,选定。**宗人曰:"旦明行事。"**○旦明:第二天天刚亮。**主人曰:"诺。"乃退。**

以上述为期之仪。

明日,主人朝服,即位于庙门之外,东方,南面。宰、宗人西面,北上。牲北首,东上。司马刲羊,司士击豕。○司马:这里指大夫的家臣。刲(kuī):刺杀。司士:亦是大夫家臣。击:杀。**宗人告备,乃退。**○告备:宣告准备齐备。**雍人概鼎、匕、俎于雍爨,雍爨在门东南,北上。**○雍人:饔人,大夫之家臣,掌割烹之事。概(gài):洗涤。匕:字又作"朼",从鼎中舀出牲体的工具。俎:用来盛放牲体的礼器,形似几。雍爨:烹牲、鱼、腊之爨。**廪人概甑、甗、匕与敦于廪爨,廪爨在雍爨之北。**○廪人:大夫家臣,掌米仓。甑(zèng):蒸食炊器,其制近似现代之蒸饭用的蒸笼。甗(yǎn):亦为古蒸食用的炊器,形如甑,但无底。两样东西蒸食时都要加上算(犹如今

之蒸格）。匕：用来舀取黍稷的器具，形似今之汤匙。与上言匕牲之匕形同而用途不同，大小亦有不同。敦（duì）：盛黍稷的器具，有足。廪爨：煮黍稷的灶。**司宫概豆、笾、勺、爵、觚、觯、几、洗、篚于东堂下。**○司宫：大夫家臣，掌宫内之事，此兼掌祭器。**勺、爵、觚、觯实于篚。卒概，馔豆、笾与篚于房中，放于西方；设洗于阼阶东南，当东荣。**○馔：陈放。当东荣：正对东边屋翼。

以上述祭日视杀、视濯之仪。

羹定，雍人陈鼎五：三鼎在羊镬之西，二鼎在豕镬之西。○羹定：肉煮熟了。镬（huò）：烹牲体之器，其形状似盆，无足。**司马升羊右胖，髀不升，肩、臂、臑、肫、骼，正脊一、脡脊一、横脊一、短胁一、正胁一、代胁一，皆二骨以并，肠三、胃三、举肺一、祭肺三，实于一鼎。**○升：把牲体从镬中放入鼎中。胖（pàn）：牲之半体。祭祀用牲有体解之法。体解是把牲体分成二十一个部分。前体（前胫骨）分成肩、臂、臑三部分，后体（后胫骨）分成肫（又称膞）、胳、骼三部分，脊分成正脊、脡脊、横脊三部分，左右胁均分成代胁、正胁（又称长胁）、短胁三部分。髀：后体肫上的部分，因其近肛门，祭祀时不用。髀不升：指髀不放入鼎。大夫祭用十一体，除去右胖的九体（左前体之肩、臂、臑，左后体的肫、胳、骼，左胁之代胁、正胁、短胁）外，右后体的骼也不用。二骨：十一体中，三脊和三胁又皆可分为二，称二骨。二骨以并：指三脊、三胁六体之二骨并升。举肺：离肺。祭肺：又称切肺、刌肺。**司士升豕右胖，髀不升，肩、臂、臑、肫、骼，正脊一、脡脊一、横脊一、短胁一、正胁一、代胁一，皆二骨以并；举肺一、祭肺三，实于一鼎。雍人伦肤九，实于一鼎。**○伦：通"抡"，选择。肤：胁革肉。**司士又升鱼、腊，鱼十有五而鼎，腊一纯而鼎，腊用麋。**○纯：全。左、右胖同时放入鼎中称纯。腊用麋：用麋鹿做祭祀用的腊。这是大夫之礼。**卒胥，皆设扃、幂，乃举，陈鼎于庙门之外东方，北面，北上。**○胥（zhēng）：升，把牲体放入鼎中。扃：贯穿鼎耳以供举鼎的横杠。幂：鼎盖。北上：以北为上。指五具鼎由北向南相随陈放，陈放次序是羊、豕、鱼、腊、肤。**司宫尊两甒于房户之间，同棜，皆有幂，甒有玄酒。**○尊：放置酒和酒器。甒（wǔ）：盛酒瓦器。房户之间：指房西室户东。同棜（yù）：两甒放在一棜内。棜，盛放祭品的长方形木盘。玄酒：祭祀时用来充作酒的水。**司宫设罍水于洗东，有枓，设篚于洗西，南肆。**○罍（léi）：盥洗器，用以盛水。枓（zhǔ）：用来舀水的勺子。南肆：指"南顺"，指由北向南排列。**改馔豆、笾于房中，南面，如馈之设，实豆、笾之实。**○改：更换。馔：陈放。馈：入室而陈物于其席前，乃所谓馈。实豆、笾之实：把祭品装进豆、笾中。**小祝设槃、匜与簞巾于西阶东。**○小祝：祝的副手。槃：同"盘"，用以盛放盥器。匜：盥洗时盛水之器。簞巾：用簞放巾，巾用

以拭手。此盥器专为尸而设。

以上述羹定后实鼎、馔器之仪。

主人朝服,即位于阼阶东,西面。司宫筵于奥,祝设几于筵上,右之。○筵:铺席。奥:室之西南隅。右之:把几放在右边。**主人出迎鼎,除鼏。士盥,举鼎,主人先入。司宫取二勺于篚,洗之,兼执以升。乃启二尊之盖幂,奠于棜上,加二勺于二尊,覆之,南柄。鼎序入,雍正执一匕以从,雍府执四匕以从,司士合执二俎以从,司士赞者二人皆合执二俎以相,从入。**○序:按次序。鼎序为羊、豕、鱼、腊、肤。雍正:雍人之长。雍府:雍正属下。司士赞者:助司士执俎的人,亦当为司士之属下。相:助。**陈鼎于东方,当序,南于洗西,皆西面,北上,肤为下。**○当序:正对着东墙。**匕皆加于鼎,东枋。**○东枋:匕柄向东。**俎皆设于鼎西,西肆。**○西肆:西顺,以东为上。**肵俎在羊俎之北,亦西肆。**○肵俎:主人敬尸之俎。**宗人遣宾就主人,皆盥于洗,长朼。**○遣:使。宾:众宾。就主人:到主人之处去。长朼:长宾先用朼盛出牲体,次宾在后。**佐食上利升牢心、舌,载于肵俎。**○佐食上利:上佐食。佐食者有上下之分。牢心、舌:羊、豕的心和舌。牢,二牲,指羊、豕。**心皆安下切上,午割勿没。**○安下:指平割其下,便于安放在俎上。切上:切去心上的上部。午割勿没:纵横交错切开,不要切断,恐其烹煮升载时分散。**其载于肵俎,末在上。**○末在上:心尖部位放在上方。**舌皆切本末,亦午割勿没,其载于肵,横之。**○舌切本末:切去舌根和舌尖。古人讲究"食必正",心切其下上,舌切除本末,皆取义于此。**皆如初为之于爨也。佐食迁肵俎于阼阶西,西缩,乃反。**○佐食:指上文佐食上利。西缩:犹言西肆、西顺。以东为上,东西向置放。**佐食二人,上利升羊,载右胖,髀不升,肩、臂、臑、肫、骼,正脊一、脡脊一、横脊一、短胁一、正胁一、代胁一,皆二骨以并;肠三、胃三,长皆及俎拒;举肺一,长终肺;祭肺三,皆切。**○长及俎拒:指铺在俎上,两边可以延及俎距。俎拒,指俎足间的横木。拒,通"距"。举肺:割划而不切断的肺。祭肺:切断的肺。**肩、臂、臑、肫、骼在两端,脊、胁、肺,肩在上。**○肩在上:指陈放在俎上的位置。肩在上,包括臂、臑,指前肢陈放在俎的上端,即右端,肫、骼则在下端。脊、胁、肺在俎中,这样陈放,犹如牲体之序。**下利升豕,其载如羊,无肠胃。**○下利:下佐食。其载如羊:谓升豕的次序、俎上排列之次序和升羊、载羊时完全一样。**体其载于俎,皆进下。**○体:指羊、豕用作祭品的十一体。进下:以骨之末向神。"进下",则兼羊、豕而言。**司士三人升鱼、腊、肤。鱼用鲋,十有五而俎,缩载,右首,进腴。**

○鲋：鲫鱼。缩载：纵向放在俎上。进腴：以鱼腹向着神。**腊一纯而俎，亦进下，肩在上。**○纯：全，指腊用全体，即左右胖皆升。**肤九而俎，亦横载，革顺。**○肤：胁革肉。革顺：肉上的皮依次排列。

以上述祭前即位、设几、加匕、载俎之仪。

卒胥，祝盥于洗，升自西阶。主人盥，升自阼阶。祝先入，南面。主人从，户内西面。○卒胥：载俎之事结束。**主妇被锡，衣移袂，荐自东房，韭菹、醓醢，坐奠于筵前。**○被锡：通"髲(bì)鬄(tì)"，假发。移(chǐ)袂：移通"侈"，大。侈袂，加大衣袖。大夫妻与士妻在馈食礼中皆穿绡衣。大夫妻尊，所以侈其袂以别之。韭菹：腌韭。醓(tǎn)醢：肉酱。奠：陈放。**主妇赞者一人，亦被锡，衣移袂，执葵菹、蠃醢以授主妇。**○主妇赞者：帮助主妇的人，即宗妇。葵菹：葵菜做成的腌菜。蠃醢：蠃通"螺"。螺蛳制成的酱。**主妇不兴，遂受，陪设于东，韭菹在南，葵菹在北。**○兴：站起来。**主妇兴，入于房。佐食上利执羊俎，下利执豕俎，司士三人执鱼、腊、肤俎，序升自西阶，相从入。**○佐食上利：上佐食。下利：下佐食。**设俎，羊在豆东，豕亚其北，鱼在羊东，腊在豕东，特肤当俎北端。**○亚：次。特：独。肤俎无偶，故称特肤。**主妇自东房执一金敦黍，有盖，坐设于羊俎之南。**○金敦(duì)：金指铜，以铜为敦之饰。**妇赞者执敦稷以授主妇，主妇兴受，坐设于鱼俎南；又兴受赞者敦黍，坐设于稷南；又兴受赞者敦稷，坐设于黍南。敦皆南首。**○南首：指龟形敦的龟首向南。**主妇兴，入于房。祝酌，奠，遂命佐食启会。**○奠：陈放在奠席上。会：敦盖。**佐食启会，盖二以重，设于敦南。**○盖二以重：敦盖两两重叠着放。**主人西面，祝在左。主人再拜稽首。祝祝曰："孝孙某，敢用柔毛、刚鬣、嘉荐、普淖，用荐岁事于皇祖伯某，以某妃配某氏，尚飨！"主人又再拜稽首。**○柔毛：羊肥则毛柔，所以称羊为柔毛，有肥羊之义。刚鬣(liè)：鬣指兽类颈上的长毛。豕肥则鬣刚，所以称豕为刚鬣，有肥豕之义。嘉荐：美好的祭品，指菹醢。普淖(nào)：黍稷。

以上述阴厌之祭仪。

祝出，迎尸于庙门之外。主人降，立于阼阶东，西面。祝先，入门右，尸入门左。宗人奉槃，东面于庭南。一宗人奉匜水，西面于槃东。一宗人奉簟巾，南面于槃北。○奉：捧。槃：盘。此处用来盛弃水。**乃沃尸，盥于槃上。卒盥，坐奠簟，取巾，兴，振之三，以授尸。**○沃：倒水洗手。坐取簟，兴，以受尸巾。**祝延尸。**○延：请。引进而接待人在后陪侍称延。**尸升自西**

阶,入,祝从。主人升自阼阶,祝先入,主人从。○祝先入:祝从尸而先主人入。尸升筵,祝、主人西面立于户内,祝在左。○升筵:走到席上。祝、主人皆拜妥尸,尸不言;尸答拜,遂坐。○妥尸:使尸安坐。祝反,南面。

以上述迎尸、妥尸之仪。

尸取韭菹,辩擩于三豆,祭于豆间。○辩:通"遍"。擩(rǔ):"擩"的异体字,染,蘸取。上佐食取黍稷于四敦,下佐食取牢一切肺于俎,以授上佐食。○牢:指羊、豕。切肺:切断的肺,即祭肺。上佐食兼与黍以授尸。○兼与黍:和黍稷一块。黍包括黍、稷。尸受,同祭于豆祭。○同祭于豆祭:合祭于豆间。这是尸食之前祭神,也称隋祭、授祭、绥祭。上佐食举尸牢肺、正脊以授尸。○牢肺:牢指羊、豕;肺指离肺,割了没切断的肺。前称尸,指所举之物是尸所食。以下同。尸受,祭肺。上佐食尔上敦黍于筵上,右之。○尔:通"迩",近,指靠近尸。主人羞胾俎,升自阼阶,置于肵北。○羞:进。胾俎原设在阼阶西,主人把它置于尸前。上佐食羞两铏,取一羊铏于房中,坐设于韭菹之南。下佐食又取一豕铏于房中以从。上佐食受,坐设于羊铏之南,皆芼,皆有柶。○铏:用来盛羹的小鼎。芼:和羹用菜。羊羹用苦菜和,豕羹用薇菜和。柶:用以舀取食物的礼器,状如匙。尸扱以柶,祭羊铏,遂以祭豕铏,尝羊铏。○扱(chā):挹取。食举。○食举:指食所举之牢肺、正脊。三饭。○三饭:进食三次。上佐食举尸牢干,尸受,振祭,哜之;佐食受,加于肵。○举尸牢干:把羊和豕的正胁拿起交给尸。干,正胁骨头。振祭:把牲肉在醢里蘸染,然后振之,再祭神。哜:尝。上佐食羞胾两瓦豆,有醢,亦用瓦豆,设于荐豆之北。○羞:进。胾(zì):切成大块的肉。瓦豆:陶制的豆。荐:指主妇所荐之四豆,分别盛放着韭菹、醓醢、葵菹、蠃醢。相对荐豆而言,现在上佐食所进四豆称加豆。荐豆用木豆,加豆用瓦豆。尸又食,食胾。上佐食举尸一鱼,尸受,振祭,哜之;佐食受,加于肵,横之。又食。上佐食举尸腊肩,尸受,振祭,哜之;上佐食受,加于肵。又食。上佐食举尸牢骼,如初。○骼:体解之后后肢分成肫、胳(骼)、觳三个部分,骼指后肢大腿的肉。又食。尸告饱。祝西面于主人之南,独侑,不拜。侑曰:"皇尸未实,侑。"皇:大。称皇尸是尊称尸。实:饱。尸又食。上佐食举尸牢肩,尸受,振祭,哜之;佐食受,加于肵。尸不饭,告饱。祝西面于主人之南。主人不言,拜侑。○拜侑:以拜的形式向尸劝食。尸又三饭。○三饭:三次进食。祝侑食,尸为之一饭;主人侑食,尸为之三饭。显示尊卑的差别。七饭后祝侑,八饭后主人侑,侑后三饭,共十一饭。大夫祭,尸十一饭。饭

尸之礼完成。上佐食受尸牢肺、正脊,加于肵。

以上述正祭之礼仪。

主人降,洗爵。升,北面酌酒,乃酳尸。○酳尸:请尸喝一点点酒。尸拜受,主人拜送。尸祭酒,啐酒,宾长羞牢肝,用俎,缩执俎,肝亦缩,进末,盐在右。○啐:尝,入口小饮。牢:羊和豕。缩:纵。进末:把肝的末端放在前面进献。尸左执爵,右兼取肝,擩于俎盐,振祭,嚌之,加于菹豆,卒爵。○兼取肝:同时拿着羊豕之肝。擩:蘸取。主人拜,祝受尸爵,尸答拜。

以上述主人献尸之礼仪。

祝酌,授尸,尸醋主人。○醋(zuò):以酒回敬主人。此字后写作"酢"。主人拜,受爵,尸答拜。主人西面,奠爵,又拜。○奠:放下。上佐食取四敦黍稷,下佐食取牢一切肺以授上佐食,上佐食以绥祭。○牢一切肺:指羊、豕各一块切肺。主人左执爵,右受佐食,坐祭之,又祭酒,不兴,遂啐酒。○兴:立起来。祝与二佐食皆出,盥于洗,入。二佐食各取黍于一敦,上佐食兼受,抟之,以授尸。○抟:捏聚成团。尸执以命祝。○命祝:命令祝复述嘏辞(祝福主人之辞)。卒命祝,祝受以东,北面于户西,以嘏于主人,曰:"皇尸命工祝承致多福无疆于女孝孙。来女孝孙,使女受禄于天,宜稼于田,眉寿万年。勿替,引之。"○嘏(gǔ):致嘏,致祝福之辞。工祝:指祝,是祝在较为严肃场合的称呼。承致:转致,传达。来(lài):通"赉",赐福。禄:福。宜稼于田:田中的庄稼长得好。眉寿:长寿。古人以为眉长是长寿之征,故称长寿为眉寿。替:废。引:长久。主人坐,奠爵,兴,再拜稽首,兴,受黍。坐,振祭,嚌之;诗怀之,实于左袂,挂于季指,执爵以兴。○诗:捧承。袂:袖。季指:小指。坐卒爵,执爵以兴,坐奠爵,拜。尸答拜。执爵以兴,出。宰夫以笾受啬黍。○宰夫:大夫的私臣。啬黍:指上文所言抟黍。主人尝之,纳诸内。○纳诸内:把抟黍放在笾内。

以上述尸酢主人、命祝致嘏之仪。

主人献祝。设席,南面,祝拜于席上,坐,受。○受:受爵。主人西面答拜。荐两豆:菹、醢。佐食设俎,牢髀、横脊一、短胁一、肠一、胃一。○牢髀:羊髀和豕髀。肤三。鱼一,横之。腊两髀,属于尻。○属:连接。尻(kāo):脊骨尽头。属于尻,指两髀连在尻骨上,不断开。祝取菹,擩于醢,祭于豆间。祝祭俎,祭酒,啐酒。○祭俎:用俎上的祭品祭神。肝牢从。○肝牢:当作"牢肝"。指羊肝和豕肝。祝取肝,擩于盐,振祭,嚌之,不兴,加于俎,卒爵,

兴。

以上述主人献祝之仪。

主人酳,献上佐食。上佐食户内牖东,北面拜,坐受爵,主人西面答拜。佐食祭酒,卒爵,拜,坐授爵,兴。俎设于两阶之间,其俎:折、一肤。○折:择取牢正体余骨折分用之,不能用整个体骨。一肤:一块胁革肉。主人又献下佐食,亦如之。其胾亦设于阶间,西上,亦折、一肤。○胾(zhēng):这里代指俎。

以上述主人献两佐食之仪。初献礼竟。

有司赞者取爵于篚以升,授主妇赞者于房户。○赞者:帮助办事的人,助手。于房户:在房的门口。妇赞者受,以授主妇。主妇洗于房中,出,酳,入户,西面拜,献尸。尸拜受。主妇主人之北西面拜送爵。尸祭酒,卒爵。主妇拜。祝受尸爵,尸答拜。

以上述主妇献尸之仪。

易爵,洗,酳,授尸。○易爵:祝更换爵。因为尸将酢主妇,男女不同爵,故易爵。主妇拜受爵,尸答拜。上佐食绥祭,主妇西面于主人之北受祭,祭之。○上佐食绥祭:行绥祭礼的是主妇。当如主人献尸时所言,"上佐食授绥祭"。受祭:接受绥祭祭品。其绥祭如主人之礼,不嘏。○不嘏:尸不嘏主妇。因已嘏主人,夫妇一体,故不另嘏。卒爵,拜。尸答拜。

以上述尸酢主妇之仪。

主妇以爵出,赞者受,易爵于篚,以授主妇于房中。○赞者:此为有司赞者。以授主妇于房中:谓有司赞者以爵授主妇赞者,主妇赞者受之于房户外,乃入授主妇。此省文。主妇洗,酳,献祝,祝拜,坐受爵。主妇答拜于主人之北。卒爵,不兴,坐授主妇。

以上述主妇献祝之仪。

主妇受,酳,献上佐食于户内。佐食北面拜,坐受爵。主妇西面答拜。祭酒,卒爵,坐授主妇。主妇献下佐食,亦如之。主妇受爵以入于房。○入于房:走进房中。爵奠于内篚。

以上述主妇献两佐食之仪。亚献礼毕。

宾长洗爵,献于尸,尸拜受爵。宾户西,北面拜送爵。尸祭酒,卒爵,宾拜,祝受尸爵,尸答拜。○宾长:主宾,即祭前主人宿戒之宾。

以上述宾长献尸之仪。

祝酌,授尸。宾拜,受爵。尸拜送爵。宾坐,奠爵,遂拜,执爵以兴;坐,祭,遂饮,卒爵,执爵以兴;坐奠爵,拜。尸答拜。

以上述尸酢宾长之仪。

宾酌,献祝。祝拜,坐受爵。宾北面答拜。祝祭酒,啐酒,奠爵于其筵前。〇啐酒:喝一小口酒。

以上述宾长献祝之仪。终献礼毕。

主人出,立于阼阶上,西面。祝出,立于西阶上,东面。祝告曰:"利成。"〇告:向主人告。利成:言孝子奉养之礼毕。**祝入,尸谡。**〇谡(sù):起来。**主人降,立于阼阶东,西面。祝先,尸从,遂出于庙门。**〇出于庙门:事尸之礼,止于庙门。尸在庙门外,则地位和臣一样,故送迎尸皆以庙门为界,迎送不出庙门。尸出庙门,祝宣告以主人将有事,尸于门外次中俟之。这以下将是傧尸之仪。

以上祭毕,尸出庙门。

祝反,复位于室中。主人亦入于室,复位。祝命佐食彻胏俎,降设于堂下阼阶南。司宫设对席,乃四人餕。〇对席:对尸席而设。餕(jùn):同"馂",食祭之余馔。大夫礼,餕四人。士,餕只二人。**上佐食盥,升,下佐食对之,宾长二人备。**〇宾长:指主宾和宾中一长者。备:充数,足数。室中四人二席。上佐食居尸席,下佐食西向对之。宾长二人在新设之席,补足四人之数。**司士进一敦黍于上佐食,又进一敦黍于下佐食,皆右之于席上。资黍于羊俎两端,两下是餕。**〇资:减。将黍分出一部分放在羊俎两端。两下:指两宾长。餕以二佐食为主,故称二宾长为两下。两下是餕,即餕二宾长。**司士乃辩举,餕者皆祭黍、祭举。**〇辩举:遍授四人举。辩,通"遍"。举,指肤,即胁革肉。**主人西面三拜餕者,餕者奠举于俎,皆答拜,皆反,取举。**〇奠举于俎:俎指肤俎,把各人手中的肤又都放到肤俎上。反:返回席位。取举:从肤俎上把各人所举之肤取回来。**司士进一铏于上餕,又进一铏于次餕,又进二豆湇于两下。乃皆食,食举。**〇铏:小鼎。盛放的是羊羹和豕羹。上餕:指上佐食。次餕:指下佐食。湇(qì):煮肉的汁。食举:吃手中所举之肤。**卒食,主人洗一爵,升,酌,以授上餕。赞者洗三爵,酌,主人受于户内,以授次餕,若是以辩。皆不拜,受爵。主人西面三拜餕者,餕者奠爵,皆答拜,皆祭酒,卒爵,奠爵,皆拜,主人答一拜。**〇卒食:进食完毕。若是以辩:像这样遍授爵于餕者。主人答一拜:谓以一拜答四人之拜,礼略也。**餕者三人兴,出。**

○暮者三人:指除上佐食之外的三人。出:出室门。上暮止,主人受上暮爵,酢以醋于户内,西面坐奠爵,拜,上暮答拜。○止:止步不出,留下来。醋:酢,以酒酬答,回报。坐祭酒,啐酒。上暮亲嘏曰:"主人受祭之福,胡寿,保建家室。"
○亲嘏:亲自赐福,不使祝转致。胡寿:长寿。主人兴,坐奠爵,拜,执爵以兴;坐卒爵,拜,上暮答拜。上暮兴,出,主人送,乃退。

以上述馂之礼仪。

有司彻第十七

有司彻。○有司彻：指司马、司士撤俎，宰夫撤敦与豆。此篇是《少牢馈食礼》的下篇。埽堂。○埽：同"扫"。司宫摄酒，乃燅尸俎。○司宫：大夫属官，主管宫内事务，祭仪中兼管祭器等。摄：整治、添加。燅(xún)："爓"的异体字，放在汤中煮热。尸俎：敬尸之俎，即肵俎。卒燅，乃升羊、豕、鱼三鼎，无腊与肤。○升：把祭品从镬中放入鼎中。腊(xī)：干肉。肤：胁革肉。无腊与肤，正祭五鼎，傧尸之礼比正祭之礼简略，所以不设腊鼎与肤鼎，只设羊、豕、鱼三鼎。但祭品中有肤，随放于豕鼎中。乃设扃、鼏，陈鼎于门外，如初。○扃：抬鼎用的，贯通鼎双耳的横木。鼏：鼎盖。乃议侑于宾，以异姓。○议，推选。侑(yòu)，指傧尸时辅尸的人。宗人戒侑。○宗人：官名，主持礼事。戒：告。侑出，俟于庙门之外。

以上述傧尸之前选侑之礼仪。

司宫筵于户西，南面；又筵于西序，东面。○筵：布席。西序：正堂近西墙处。尸与侑北面于庙门之外，西上。主人出迎尸，宗人摈。○摈(bìn)：导引宾客。主人拜，尸答拜。主人又拜侑，侑答拜。主人揖，先入门右。尸入门左，侑从，亦左。揖，乃让。○揖，乃让：即"三揖三让"之省文。三揖者，当进揖，当陈揖，当碑揖。至阶又行三让之仪。主人先升自阼阶，尸、侑升自西阶，西楹西，北面东上。主人东楹东北面拜至，尸答拜。○拜至：对尸的到来表示高兴，故行拜礼。主人又拜侑，侑答拜。

以上述迎尸及侑之礼仪。

乃举。司马举羊鼎，司士举豕鼎、举鱼鼎以入，陈鼎如初。○陈鼎如初：指与正祭时一样，将鼎陈放在阼阶下，面向西，以北为上。雍正执一匕以从，雍府执二匕以从，司士合执二俎以从，司士赞者亦合执二俎以从。○雍正：职官名。雍人之长。掌管割烹牲。匕：用来挑起鼎中牲体的大木匙也称匕，字或作"朼"。雍府：雍正属吏。合：并。匕皆加于鼎，东枋。○东枋：匕柄朝东。枋，通"柄"。二俎

设于羊鼎西,西缩。二俎皆设于二鼎西,亦西缩。○西缩:由东向西直陈之。缩,直,纵。雍人合执二俎,陈于羊俎西,并,皆西缩。覆二疏匕于其上,皆缩俎,西枋。○雍人:雍正属吏。疏匕:匕的一种,用棘木制成,柄上刻有花纹。

以上述陈鼎、设俎、俟载的礼仪。

主人降,受宰几。○宰:大夫家宰,助大夫处理家事。尸、侑降,主人辞,尸对。宰授几,主人受,二手横执几,揖尸。主人升,尸、侑升,复位。主人西面,左手执几,缩之,以右袂推拂几三,二手横执几,进,授尸于筵前。○缩:纵。推拂:向前揩拭。这是为了去尘。尸进,二手受于手间,主人退。○受于手间:主人执几,两手持几两端,尸两手伸于主人两手之间,将几接过来。尸还几,缩之。○还(xuán):旋。尸接几时,几是横端着的,此时将几旋转一下,使它纵放在面前。右手执外廉,北面奠于筵上,左之,南缩,不坐。○廉:边。奠:安放。不坐:指奠几时不坐。主人东楹东,北面拜。尸复位,尸与侑皆北面答拜。主人降,洗。○洗:洗爵。尸、侑降,尸辞洗,主人对。卒洗,揖,主人升,尸、侑升。尸西楹西,北面拜洗。主人东楹东,北面奠爵,答拜。降,盥,尸、侑降,主人辞,尸对。卒盥,主人揖,升。尸、侑升。主人坐取爵,酌,献尸。尸北面拜受爵,主人东楹东,北面拜送爵。

以上述主人向尸献爵之仪。

主妇自东房荐韭菹醢,坐奠于筵前,菹在西方。○荐:进献。韭菹:腌韭菜。醢:肉酱。妇赞者执昌菹醢以授主妇。○昌菹:菖蒲根腌制成的菹。主妇不兴,受,陪设于南,昌在东方。○兴:起身。陪设:加设食品。兴,取笾于房,麷蕡坐设于豆西,当外列,麷在东方。○笾:竹豆。麷(fēng):炒麦。蕡(fén):大麻子。当外列:对着外列,指与昌菹、麋醢一列。妇赞者执白黑以授主妇。○白:炒稻米。黑:炒黍。主妇不兴,受,设于初笾之南,白在西方。○初笾:指盛麷与蕡的笾。因为先放在那里,所以叫初笾。兴,退。

以上述主妇进豆笾之仪。

乃升。○升:从鼎中取出牲体载于俎上。司马朼羊,亦司马载。○朼:指用朼舀。载:把牲体放置到俎上。司马朼羊,亦司马载:是说两个司马,一朼一载。凡升羊皆司马为之,升豕则司士为之。载右体,肩、臂、肫、骼、臑、正脊一、脡脊一、横脊一、短胁一、正胁一、代胁一、肠一、胃一、祭肺一,载于一俎。○载于一俎:同放在一只俎上。即放在司士所设羊鼎西边的第一俎,这属于正俎。羊肉湇、臑折、

正脊一、正胁一、肠一、胃一、嚌肺一,载于南俎。○肉湆:肉在汁中者。臑折:将羊体上的右臑折分为二,一块置于第一俎,剩下的一块置于这一俎。嚌肺:举肺。司士杭豕,亦司士载。亦右体,肩、臂、肫、骼、臑、正脊一、脡脊一、横脊一、短胁一、正胁一、代胁一、肤五、嚌肺一,载于一俎。○肤:胁革肉。肤无鼎,随放在豕鼎中。侑俎:羊左肩、左肫、正脊一、胁一、肠一、胃一、切肺一,载于一俎。○侑俎:献给侑的俎,用左半体。侑的地位比尸低,所以用牲的左半体。切肺:切断的肺,即祭肺。侑有二俎,羊俎为正俎,豕俎为加俎。侑的羊俎,指司士所设羊鼎西边的第二俎。豕俎指司士赞者陈放在豕鼎西边的第二俎。侑俎:豕左肩折、正脊一、胁一、肤三、切肺一,载于一俎。阼俎:羊肺一、祭肺一,载于一俎。○阼俎:主人之俎,由司士设在豕鼎西边。阼俎没有牲体,用羊肺来代替,因为周代以肺为尊。羊肉湆,臂一、脊一、胁一、肠一、胃一、嚌肺一,载于一俎。豕胥,臂一、脊一、胁一、肤三、嚌肺一,载于一俎。○豕胥:豕俎上所载豕体。胥,放在俎上的熟肉。右体已经在尸俎上装完了,所以主人豕俎用的是左体的臂。主妇俎:羊左臑、脊一、胁一、肠一、胃一、肤一、嚌羊肺一,载于一俎。司士杭鱼,亦司士载。尸俎五鱼,横载之;侑、主人皆一鱼,亦横载之;皆加肵祭于其上。○横载之:将鱼横放在俎上,鱼尾在前。肵(hū)祭:肵肉肥美,食时先取肵以祭,故称肵祭。肵,鱼肚子上的大块肉。卒升。○卒升:这里指升羊体载于尸羊俎之事结束。宾长设羊俎于豆南,宾降。尸升筵自西方,坐,左执爵,右取韭菹,㨎于三豆,祭于豆间。○㨎:同"擩",蘸染。三豆:指盛醓醢、昌菹、麋醢之三豆。尸取黍、稷,宰夫赞者取白、黑以授尸。○白:炒稻米。黑:炒黍。尸受,兼祭于豆祭。雍人授次宾疏匕与俎,受于鼎西,左手执俎左廉,缩之,却右手执匕枋,缩于俎上,以东面受于羊鼎之西。○疏匕:匕的一种,用棘木制成,柄上刻有花纹。廉:边。缩:纵。却:仰。司马在羊鼎之东,二手执桃匕枋以挹湆,注于疏匕,若是者三。○桃匕:用来舀汁的长柄勺。挹:舀。尸兴,左执爵,右取肺,坐祭之,祭酒,兴,左执爵。○肺:羊祭肺。次宾缩执匕俎以升,若是以授尸。尸却手受匕枋,坐祭,嚌之;兴,覆手以授宾。○覆手:手心朝下。宾亦覆手以受,缩匕于俎上以降。尸席末坐,啐酒,兴,坐奠爵,拜,告旨,执爵以兴。○告旨:称赞酒味美。主人北面于东楹东答拜。司马羞羊肉湆,缩执俎。○羞:进献。羊肉湆:羊肉汁中的肉。次宾所进,是盛在疏匕中的汁,司马所羞,是放在俎上的羊肉湆。尸坐奠爵,兴,取肺,坐绝祭,嚌之,兴,反加于俎。

○反:同"返"。司马缩奠俎于羊湆俎南,乃载于羊俎。○羊湆俎:当作"司马缩奠湆俎于羊俎南"。"湆"字误置于"羊"字后。卒载俎,缩执俎以降。尸坐执爵以兴。次宾羞羊燔,缩执俎,缩一燔于俎上,盐在右。尸左执爵,受燔,换于盐,坐,振祭,哜之,兴,加于羊俎。宾缩执俎以降。○燔:炙,烧烤的肉。振祭:祭名,将肉等先在盐里沾一沾,再将太多的盐抖掉,以此祭神。尸降筵,北面于西楹西,坐卒爵,执爵以兴,坐奠爵,拜,执爵以兴。○降筵:从席上下来。主人北面于东楹东答拜。主人受爵。尸升筵,立于筵末。

以上述主人献尸之礼。

主人酌,献侑。侑西楹西,北面拜受爵。主人在其右,北面答拜。主妇荐韭菹醢,坐奠于筵前,醢在南方。妇赞者执二笾葵、蕡以授主妇。主妇不兴,受之,奠葵于醢南,蕡在葵东。主妇入于房。侑升筵自北方。司马横执羊俎以升,设于豆东。侑坐,左执爵,右取菹,换于醢,祭于豆间;又取葵蕡同祭于豆祭;兴,左执爵,右取肺,坐,祭之;祭酒,兴,左执爵。次宾羞羊燔,如尸礼。侑降筵自北方,北面于西楹西;坐卒爵,执爵以兴;坐奠爵,拜。主人答拜。○降筵自北方:从北方下席。

以上述主人献侑之礼。

尸受侑爵,降,洗。侑降,立于西阶西,东面。主人降自阼阶,辞洗。尸坐,奠爵于篚,兴,对。卒洗,主人升,尸升自西阶。主人拜洗。尸北面于西楹西,坐,奠爵,答拜。降,盥。主人降,尸辞,主人对。卒盥,主人升,尸升,坐,取爵,酌。司宫设席于东序,西面。○东序:(正堂)近东墙之处。主人东楹东,北面拜受爵。尸西楹西,北面答拜。主妇荐韭菹醢,坐奠于筵前,菹在北方。妇赞者执二笾葵、蕡。主妇不兴,受,设葵于菹西北,蕡在葵西。主人升筵自北方。主妇入于房。长宾设羊俎于豆西。○长宾:指上文的"宾长",也就是上宾。主人坐,左执爵,祭豆笾,如侑之祭。○如侑之祭:谓如侑取菹祭于豆间。兴,左执爵,右取肺,坐,祭之,祭酒,兴。○肺:指羊俎中的祭肺。次宾羞匕湆,如尸礼。○匕湆:盛装在疏匕中的羊肉汁。匕湆放在俎上,上文称为匕俎。如尸礼:如上文次宾献匕俎于尸之礼。席末坐,啐酒,执爵以兴。司马羞羊肉湆,缩执俎。○羊肉湆:指羊肉汁中的肉。羊肉湆放在俎上而进,所以下称"湆俎"。主人坐,奠爵于左;兴,受肺;坐,绝祭,哜之;

兴,反加于湇俎。○肺:祭肺。绝祭:扯下肺尖祭神。反:返。司马缩奠湇俎于羊俎西,乃载之;卒载,缩执虚俎以降。○乃载之:指将羊肉湇俎上的物品安放在羊俎里。虚俎:空俎,此指羊肉湇俎。主人坐,取爵以兴。次宾羞燔。主人受,如尸礼。○燔:此指烤羊肉。如尸礼:如上文次宾将羊燔献给尸的礼仪。主人降筵自北方,北面于阼阶上,坐,卒爵,执爵以兴;坐,奠爵,拜,执爵以兴。尸西楹西答拜。主人坐,奠爵于东序南。侑升,尸、侑皆北面于西楹西。主人北面于东楹东,再拜崇酒。○崇酒:将酒充满。尸、侑皆答再拜,主人及尸、侑皆升就筵。

以上述尸酢主人之仪,初献礼结束。

司宫取爵于篚,以授妇赞者于房东,以授主妇。○房东:房门外之东。以授主妇:妇赞者在房中把爵交给主妇。主妇洗爵于房中,出,实爵,尊南西面拜献尸。○实爵:在爵中斟满酒。尊南:两甒之南。尊,指置放在房户之间的两甒。男女不亲授受,主妇将爵放在席前,拜献给尸。尸拜于筵上,受。主妇西面于主人之席北,拜送爵。入于房,取一羊铏,坐奠于韭菹西。○铏:用来盛羹的小鼎。主妇赞者执豕铏以从。主妇不兴,受,设于羊铏之西。兴,入于房,取糗与腶脩,执以出;坐设之。○糗(qiǔ):干粮,炒熟的米、麦。腶(duàn)脩:捶治而加姜桂制成的干肉。糗在黍西,脩在白西。○脩在白西:将干肉设在盛熬稻之笾的西边。兴,立于主人席北,西面。尸坐,左执爵,祭糗脩,同祭于豆祭。○同祭于豆祭:放在豆间和韭菹一起祭神。豆祭,指祭于豆间之韭菹。以羊铏之柶挹羊铏,遂以挹豕铏,祭于豆祭,祭酒。○柶:角制,形如汤匙,用来舀食物。挹:舀。祭酒:举酒祭神。次宾羞豕匕湇,如羊匕湇之礼。○羞豕匕湇:进献豕肉汁,肉汁在疏匕中,故称匕湇。尸坐,啐酒,左执爵,尝上铏,执爵以兴,坐,奠爵,拜。○上铏:指羊铏。主妇答拜。执爵以兴。司士羞豕胾。○豕胾:指载豕体之俎。尸坐,奠爵,兴,受,如羊肉湇之礼。坐,取爵,兴。次宾羞豕燔。尸左执爵,受燔,如羊燔之礼。坐,卒爵,拜。主妇答拜。○如羊燔之礼:谓和上文所说次宾向尸进献羊燔的礼仪一样。

以上述主妇献尸之礼。

受爵,酌,献侑。侑拜受爵,主妇主人之北西面答拜。主妇羞糗脩,坐奠糗于莘南,脩在黍南。侑坐,左执爵,取糗、脩兼祭于豆祭。○兼:指一手同时执糗、脩。司士缩执豕胾以升。侑兴,取肺,坐,祭之。司

士缩奠豕脊于羊俎之东,载于羊俎;卒,乃缩执俎以降。○缩:纵向,直。豕脊:指载着豕体的俎。取肺:取切肺。载于羊俎:指把豕俎上的豕体安放到羊俎上。**侑兴。次宾羞豕燔,侑受如尸礼。坐,卒爵,拜。主妇答拜。**

以上述主妇献侑之礼仪。

受爵,酌,以致于主人。主人筵上拜,受爵,主妇北面于阼阶上答拜。主妇设二铏与糗脩,如尸礼。主人其祭糗脩、祭铏、祭酒、受豕匕湆、(拜、)啐酒,皆如尸礼。○"啐酒"二字上之"拜"字为衍文。脩:殷脩。尝铏不拜。**其受豕脊,受豕燔,亦如尸礼。坐,卒爵,拜。主妇北面答拜,受爵。**

以上述主妇致爵主人之仪。

尸降筵,受主妇爵以降。○降筵:离开席位。受主妇爵:主妇致主人爵,当由主妇授主妇赞者,主妇赞者授司宫,司宫授尸,男女不亲授受。**主人降,侑降。**○主人降:主人代主妇下阶,以礼于尸。**主妇入于房。主人立于洗东北,西面,侑东面于西阶西南。尸易爵于篚,盥,洗爵。**○易爵:尸要向主妇敬酒,男女不相袭爵,故易爵。**主人揖尸、侑。主人升,尸升自西阶,侑从。主人北面立于东楹东,侑西楹西北面立。尸酌。主妇出于房,西面拜,受爵,尸北面于侑东答拜。主妇入于房。司宫设席于房中,南面,主妇立于席西。**○设席:为主妇设席。**妇赞者荐韭菹醢,坐奠于筵前,菹在西方。妇人赞者执糗、蕡以授妇赞者,妇赞者不兴,受,设糗于菹西,蕡在糗南。**○妇赞者:主妇赞者。妇人赞者:宗妇中年纪较轻的、帮助主妇赞者协助主妇的人。**主妇升筵。司马设羊俎于豆南。**○羊俎:主妇俎。**主妇坐,左执爵,右取菹换于醢,祭于豆间;又取糗、蕡,兼祭于豆祭。主妇奠爵,兴,取肺,坐,绝祭,哜之,兴,加于俎。**○绝祭:绝肺以祭之。凡祭哜肺者,必绝祭。**坐,挩手,祭酒,啐酒。**○挩手:在佩巾上擦净手。**次宾羞羊燔,主妇兴,受燔,如主人之礼。主妇执爵以出于房,西面于主人席北,立卒爵,执爵拜。尸西楹西北面答拜。主妇入,立于房。尸、主人及侑皆就筵。**

以上述主妇受尸酢之礼。亚献礼毕。

上宾洗爵以升,酌,献尸。○上宾:长宾。**尸拜受爵。宾西楹西北面拜送爵。尸奠爵于荐左。**○荐左:醢的东侧。荐,指所荐之豆、笾。奠爵:爵止不举。

宾降。

以上述长宾三献尸之礼。

主人降，洗觯。○觯：酒器。下文又都改称"爵"。尸、侑降。主人奠爵于篚，辞。尸对。卒洗，揖。尸升，侑不升。主人实觯酬尸，东楹东北面坐，奠爵，拜，尸西楹西北面答拜。○实觯：给觯斟满酒。酬：敬酒。酬时必先自饮，故主人先饮。坐，祭，遂饮，卒爵，拜。尸答拜。降，洗。尸降，辞，主人奠爵于篚，对。卒洗，主人升，尸升。主人实觯，尸拜受爵，主人反位答拜。尸北面坐，奠爵于荐左。

以上述主人酬尸之礼仪。

尸、侑、主人皆升筵。乃羞。宰夫羞房中之羞于尸、侑、主人、主妇，皆右之；司士羞庶羞于尸、侑、主人、主妇，皆左之。○羞房中之羞：进献房中的佳肴。房中之羞，用笾盛的是糗（干粮）、饵（糕饼）、粉（米粉）、糍（稻饼），用豆盛的酏（yí）食（粥）、糁食（饭粒）。右之：摆在右边。庶羞：指多种味美的食物，有羊臐（羊肉羹）、豕胾（豕肉羹）、胾（大块肉）、醢（肉酱）之类。房中之羞都是米谷所制，又称为内羞，属阴，所以放在右边；庶羞是牲物，属阳，所以放在左边。

以上述羞于尸、侑、主人、主妇之礼仪。

主人降，南面拜众宾于门东，三拜。众宾门东，北面，皆答一拜。主人洗爵，长宾辞。主人奠爵于篚，兴，对。卒洗，升，酌，献宾于西阶上。长宾升，拜受爵。主人在其右北面答拜。宰夫自东房荐脯醢，醢在西。○脯：干肉。醢：肉酱。司士设俎于豆北，羊骼一、肠一、胃一、切肺一、肤一。○骼：同"胳"，此指羊左后腿的下半截。宾坐，左执爵，右取脯擩于醢，祭之；执爵兴，取肺，坐祭之；祭酒，遂饮，卒爵，执爵以兴；坐奠爵，拜，执爵以兴。主人答拜，受爵。宾坐取祭以降，西面坐委于西阶西南。○祭：指长宾所祭之脯与肺。委：放置。宰夫执荐以从，设于祭东。司士执俎以从，设于荐东。

以上述主人献长宾之仪。

众宾长升，拜受爵。○众宾：指长宾以下之众宾。长升：按长幼次序升阶登堂。主人答拜。坐祭，立饮，卒爵，不拜既爵。○不拜既爵：喝完爵中的酒以后不再行拜礼。既，尽。宰夫赞主人酌，若是以辩。○赞：助。辩：通"遍"。辩受爵，其荐脯醢与胥，设于其位。其位继上宾而南，皆东面。其胥体，仪也。

○肴体：放在俎上的牲体。仪：度，选择。就剩余的牲骨之中选择其可用者而献之。**乃升长宾。**○升长宾：使长宾升阶上堂。**主人酌，酢于长宾，西阶上北面，宾在左。**○酢：以酒回报。这里主人代替长宾自酌自酢。长宾是助祭之宾，身份较低，不敢酢主人。**主人坐奠爵，拜，执爵以兴。宾答拜。坐祭，遂饮，卒爵，执爵以兴，坐奠爵，拜。宾答拜。宾降。**

以上述主人自酢于长宾之仪。

宰夫洗觯以升。主人受，酌，降，酬长宾于西阶南，北面。○酬：敬酒。**宾在左。主人坐奠爵，拜；宾答拜。坐祭，遂饮，卒爵，拜，宾答拜。主人洗，宾辞。主人坐奠爵于篚，对。卒洗，升酌，降复位。**○复位：复西阶南北面之位，这是主人酬长宾所站之位。**宾拜受爵，主人拜送爵，宾西面坐，奠爵于荐左。**○荐：指盛脯醢之笾、豆。

以上述主人酬长宾之礼。

主人洗，升，酌，献兄弟于阼阶上。兄弟之长升，拜受爵，主人在其右答拜。坐祭，立饮，不拜既爵。皆若是以辩。○不拜既爵：喝完酒不再行拜礼。**辩受爵。其位在洗东，西面北上。**○洗：盛盥洗弃水的器物。洗在阼阶东南，当东荣。**升受爵，其荐肴设于其位。**○荐肴：荐指脯醢，肴指牲体。**其先生之肴，折胁一，肤一。**○先生：兄弟中之年长者，即上文之"兄弟之长"。**其众，仪也。**○其众：指众兄弟。仪：挑选。

以上述主人献众兄弟之仪。

主人洗，献内宾于房中。南面拜受爵，主人南面于其右答拜。○内宾：姑姊妹。**坐祭，立饮，不拜既爵。若是以辩，亦有荐肴。**

以上述主人献内宾之礼。

主人降洗，升，献私人于阼阶上。○私人：大夫家臣。大夫之家臣称私人，士之家臣称私臣。**拜于下，升受，主人答其长拜。**○拜于下：家臣在阶下拜谢。主人答其长拜：长，家臣之长。主人只答拜家臣之长，是用以区分贵贱。**乃降，坐祭，立饮，不拜既爵。若是以辩。宰夫赞主人酌。主人于其群私人不答拜。其位继兄弟之南，亦北上，亦有荐肴。主人就筵。**○筵：指东序之筵。

以上述主人献家臣之礼。

尸作三献之爵。○作：举起。三献之爵：宾行三献礼时所献之爵。尸席左有二爵，一是长宾三献之爵，一是主人酬尸之爵。**司士羞湆鱼，缩执俎以升。**○湆鱼：在汁

中的鱼。尸取胏祭祭之，祭酒，卒爵。○胏祭：指胏祭，胏指鱼肚子上的大块肉，进献鱼时盖在鱼身上，食时取胏以祭，故胏又称胏祭。司士缩奠俎于羊俎南，横载于羊俎，卒，乃缩执俎以降。○司士缩奠俎于羊俎南：司士把鱼俎纵向放在羊俎南边。缩，纵。奠，放。俎，俎指鱼俎。横载于羊俎：把鱼俎上的鱼横放到羊俎上。尸奠爵，拜。三献北面答拜，受爵，酌，献侑。○三献：长宾行三献之礼，故此径以"三献"代称长宾。侑拜受，三献北面答拜。司士羞涪鱼一，如尸礼。○涪鱼一：浸在汁中的一条鱼。卒爵，拜。三献答拜，受爵。酌，致主人。主人拜受爵，三献东楹东、北面答拜。○致主人：致爵主人。司士羞一涪鱼，如尸礼。卒爵，拜。三献答拜，受爵。尸降筵，受三献爵，酌以酢之。三献西楹西、北面拜，受爵，尸在其右以授之。尸升筵，南面答拜。坐祭，遂饮，卒爵，拜。尸答拜，执爵以降，实于篚。

以上述长宾三献之礼成。

二人洗觯，升，实爵，西楹西、北面东上，坐奠爵，拜，执爵以兴。○二人：当指主人之吏，助主人行礼事。尸、侑答拜。坐祭，遂饮，卒爵，执爵以兴，坐奠爵，拜。尸、侑答拜。皆降。○皆降：指二人降。洗，升，酌，反位。尸、侑皆拜受爵，举觯者皆拜送。侑奠觯于右，尸遂执爵以兴，北面于阼阶上酬主人，主人在右。坐奠爵，拜，主人答拜。不祭，立饮，卒爵，不拜既爵。酌，就于阼阶上酬主人。主人拜受爵，尸拜送。尸就筵。主人以酬侑于西楹西，侑在左。○主人以酬侑：以尸酬己之爵酬侑。坐奠爵，拜，执爵，兴。侑答拜。不祭，立饮，卒爵，不拜既爵。酌，复位。侑拜受，主人拜送。主人复筵，乃升长宾。○复：回。乃升长宾：请长宾上堂。侑酬之，如主人之礼。至于众宾，遂及兄弟，亦如之，皆饮于上。○饮于上：饮于西阶上。遂及私人，拜受者升受，下饮。○拜受者：谓家臣之长受兄弟之爵，先在堂下行拜礼。升受、下饮：升堂受爵，又降于西阶下饮酒。卒爵，升酌，以之其位，相酬辩。○以之其位：就所酬者之位。这是众家臣互相敬酒之礼，在阶下饮酒之后，升阶去斟酒，再走到所酬之位。辩：通"遍"。卒饮者实爵于篚。○卒饮者：最后一个喝完酒的人。乃羞庶羞于宾、兄弟、内宾及私人。○羞庶羞：进献品类众多的佳肴。

以上述二人举觯，行旅酬之礼。

兄弟之后生者，举觯于其长。○兄弟之后生者：众兄弟中年最少者。举觯：敬

酒。其长:兄弟中年最长者。自此开始敬酒叫"无筭爵"。洗,升酌,降,北面立于阼阶南,长在左。坐奠爵,拜,执爵以兴,长答拜。坐祭,遂饮,卒爵,执爵以兴,坐奠爵,拜,执爵以兴,长答拜。洗,升酌,降,长拜受于其位,举爵者东面答拜。爵止。○爵止:长兄弟放下爵。俟宾长献尸及一人举爵于尸,然后举以为无筭爵。

以上述兄弟后生举觯之礼。

宾长献于尸,如初。○宾长:宾中次于上宾之长者。宾长献尸,是行加爵之礼。无涪,爵不止。○涪:涪鱼,带汁的鱼。爵不止:不奠爵。

以上述宾长加献于尸之礼。

宾一人举爵于尸,如初,亦遂之于下。○宾一人:指众宾中年龄次于宾长的一位。之:往,及。

以上述宾一人举爵于尸更为旅酬之礼。

宾及兄弟交错其酬,皆遂及私人,爵无筭。○交错其酬:谓长宾取觯酬兄弟,长兄弟取觯酬宾,交错相酬。爵无筭:指相酬时没有一定的数量,尽欢而已。

以上述二觯交错,无筭爵之礼。

尸出,侑从。主人送于庙门之外,拜,尸不顾。○顾:回头看。拜侑与长宾,亦如之。众宾从。司士归尸、侑之俎。○归尸、侑之俎:将尸、侑之俎馈送其家。主人退,有司彻。○退:回到燕寝中。有司:司马、司士、宰夫之属。彻:撤去堂上堂下的荐俎。

以上述傧尸礼毕。

若不傧尸,则祝侑亦如之。○不傧尸:不行傧尸之礼。下大夫不傧尸。侑:劝食。亦如之:也和《少牢馈食礼》尸七饭告饱时祝劝食的礼仪相同。尸食,乃盛俎,臑、臂、肫、胳脊、横脊、短胁、代胁,皆牢。○尸食:指尸八饭。乃盛俎:将羊体载于脀俎(祭祀时主人敬尸之俎)。牢:指羊、豕。鱼七。腊辩,无髀。○腊(xī):干肉。辩:通"胖"(pàn),半体肉。这里指右半体。髀:后体靠近肛门的部分。卒盛,乃举牢肩。尸受,振祭,嚌之。佐食受,加于脀。

以上述不行傧尸礼,尸八饭之后的礼节。

佐食取一俎于堂下以入,奠于羊俎东。○取一俎:取一空俎。乃摭于鱼、腊俎,俎释三个,其余皆取之,实于一俎以出。○摭(zhí):取。俎释三个:指在俎中各留下三个,以备阳厌之用。释:留下。佐食将其余的都拿走。因为鱼俎有鱼七条,留下三条,则取去四条。腊则取走五骨,留下短胁、正胁、代胁三骨。实于一俎:将取走

鱼、腊都放到佐食刚刚拿进来的那只空俎上。祝、主人之鱼、腊取于是。○取于是：取于上面那只装了鱼、腊的俎。尸不饭，告饱。主人拜，侑，不言。○侑，劝食。尸又三饭。○又三饭：又进食三次。加以前八饭，共十一饭。尸十一饭而礼成。佐食受牢举，如侑。○牢举：此指羊之肺、正脊。如侑：谓以下礼仪虽不行侑尸之礼，但和行侑尸礼者在室中正祭之仪一样。下文同此意。

以上述不行侑尸礼，尸十一饭时的礼仪。

主人洗，酌，酳尸，宾羞肝，皆如侑礼。○酳（yìn）：劝酒。皆如侑礼：如少牢礼所记主人初献之礼。凡言"如侑"者，指与少牢礼所记无异。卒爵，主人拜。祝受尸爵，尸答拜。祝酌，授尸，尸以醋主人，亦如侑。○醋：酢。宾客回敬主人。其绥祭，其嘏，亦如侑。○绥祭：指饮食之前，先分出部分黍稷牢肉而祭之于豆间。嘏（gǔ）：古代祭祀，祝为尸向主人致福为嘏。绥祭、嘏皆指正祭于室之事，非侑于堂上之事。亦如侑：亦如少牢礼所记主人室内初献之礼。其献祝与二佐食，其位、其荐脀，皆如侑。

以上述不侑尸，主人初献时礼仪（与侑尸者正祭初献礼同）。

主妇其洗、献于尸，亦如侑。主妇反，取笾于房中，执枣、糗，坐设之，枣在稷南，糗在枣南。妇赞者执栗、脯，主妇不兴，受，设之，栗在糗东，脯在枣东。主妇兴，反位。尸左执爵，取枣、糗，祝取栗、脯以授尸。尸兼祭于豆祭，祭酒，啐酒。次宾羞牢燔，用俎，盐在右。尸兼取燔擩于盐，振祭，哜之。祝受，加于肵。卒爵，主妇拜。祝受尸爵，尸答拜。祝易爵，洗，酌，授尸，尸以醋主妇。主妇主人之北拜受爵，尸答拜，主妇反位，又拜。上佐食绥祭，如侑。卒爵，拜，尸答拜。○醋：同"酢"，回敬。主妇献祝，其酳如侑。拜，坐受爵。主妇主人之北答拜。宰夫荐枣糗，坐设枣于菹西，糗在枣南。祝左执爵，取枣、糗祭于豆祭，祭酒，啐酒。次宾羞燔，如尸礼。卒爵。主妇受爵，酌，献二佐食，亦如侑。主妇受爵，以入于房。

以上述不侑尸主妇亚献之礼。

宾长洗爵，献于尸。尸拜受，宾户西北面答拜。爵止。○爵止：尸将爵奠于席。主妇洗于房中，酌，致于主人。主人拜受，主妇户西北面拜送爵。司宫设席。主妇荐韭菹醢，坐设于席前，菹在北方。妇赞者执枣、糗以从。主妇不兴，受，设枣于菹北，糗在枣西。佐食设俎，臂、

脊、胁、肺,皆牢,肤三,鱼一,腊臂。○牢:指羊、豕。腊臂:腊之左臂,其右臂尸已用。腊臂加牢臂、脊、胁共七体。鱼、腊臂都是佐食取于尸俎。**主人左执爵,右取菹擩于醢,祭于豆间,遂祭笾;奠爵,兴,取牢肺,坐绝祭,嚌之;兴,加于俎。坐挩手,祭酒,执爵以兴;坐卒爵,拜。主妇答拜,受爵,酌以醋,户内北面拜。**○醋:酢,此为主妇斟酒自酌,故不易爵。是礼之降格。**主人答拜。卒爵,拜。主人答拜。主妇以爵入于房。尸作止爵,祭酒,卒爵。宾拜。祝受爵,尸答拜。**○作:举起。止爵:指长宾三献之时尸奠于席上之爵。**祝酌,授尸。宾拜受爵,尸拜送。**○宾:指宾长。**坐祭,遂饮,卒爵,拜,尸答拜。献祝及二佐食。洗,致爵于主人。**○洗:指宾长受佐食爵洗。**主人席上拜受爵。宾北面答拜。坐祭,遂饮,卒爵,拜。宾答拜,受爵。酌,致爵于主妇。主妇北堂,司宫设席,东面。主妇席北、东面拜受爵,宾西面答拜。妇赞者荐韭菹醢,菹在南方。妇人赞者执枣、糗授妇赞者。妇赞者不兴,受。设枣于菹南,糗在枣东。**○妇人赞者:宗妇之弟妇,即宗妇之少者。**佐食设俎于豆东,羊臑、豕折,羊脊、胁、肺一,肤一、鱼一,腊臑。**○折:折分为二后其中之一骨。豕折:觳折。觳,后足。主妇俎用觳折。肺:指离肺。俎中之物,也是佐食从尸俎中取出来的。**主妇升筵,坐,左执爵,右取菹擩于醢,祭之,祭笾。奠爵,兴,取肺,坐,绝祭,嚌之,兴,加于俎。坐,挩手,祭酒,执爵兴,筵北东面,立卒爵,拜。宾答拜。宾受爵,易爵于篚。洗,酌,醋于主人。户西北面拜,主人答拜。卒爵,拜,主人答拜。宾以爵降,奠于篚。乃羞。宰夫羞房中之羞,司士羞庶羞于尸、祝、主人、主妇。内羞在右,庶羞在左。**○内羞:房中之羞。

以上述不行傧尸之礼时长宾三献之礼。

主人降,拜众宾,洗,献众宾。其荐胥,其位、其酬醋,皆如傧礼。○荐:指脯醢。胥:胥俎。酬:指主人酬长宾。醋:指主人自酢于长宾。**主人洗,献兄弟与内宾与私人,皆如傧礼。其位、其荐胥,皆如傧礼。**○其位:众兄弟、内宾、私人之位。兄弟位在洗东西面北上,内宾位在房中,私人位在兄弟之南。**卒,乃羞于宾、兄弟、内宾及私人,辩。**○卒:毕,指献礼毕。辩:通"遍"。

以上述不行傧尸礼主人在三献之后遍献堂下、内宾之礼。

宾长献于尸,尸醋。○宾长:宾中之长者,地位次于长宾。**献祝,致醋。**○致醋:宾长致爵于主人、主妇,又酢于主人,经文省略而言。**宾以爵降,实于篚。**

以上述不行傧尸礼宾长行加爵之礼。

宾、兄弟交错其酬，无筭爵。

以上述不行傧尸礼时旅酬无筭爵之仪。

利洗爵，献于尸，尸醋。○利：指上佐食。**献祝，祝受，祭酒，啐酒，奠之。**○奠之：放下爵。祝奠爵是室中礼毕的标志。

以上述不行傧尸礼佐食行加爵之礼。

主人出，立于阼阶上，西面。祝出，立于西阶上，东面。祝告于主人曰："利成。"○利成：事神之礼完毕。这是指事尸之礼。**祝入，主人降，立于阼阶东，西面。尸谡。**○谡(sù)：起来。**祝前，尸从，遂出于庙门。祝反，复位于室中。祝命佐食彻尸俎，佐食乃出尸俎于庙门外，有司受，归之。**○归之：把俎送至尸家中。归俎者当为司士。**彻阼荐俎。**

以上述不行傧尸之礼礼终，尸出。

乃餕，如傧。餕(jùn)：同"馂"，本指祭宴剩余的食品，这里指食餕。

以上述食餕之礼。

卒餕，有司官彻馈，馔于室中西北隅，南面，如馈之设，右几，扉用席。○有司官：官指撤馈者——司马、司士举俎，宰夫取敦及豆。馔：陈放食品。西北隅：室的西北角，又称屋漏。扉(fèi)用席：用席把祭品遮蔽，使其处幽暗，以供鬼神享用。扉，遮蔽。**纳一尊于室中，**○纳一尊：从堂中移一尊到室内，供阳厌祭用。尊，指盛酒器，即堂中所陈之瓬。**司宫埽祭。**○埽祭：扫豆间之祭。**主人出，立于阼阶上，西面。祝执其俎以出，立于西阶上，东面。司宫阖牖户。**○阖：关闭。牖：室中与堂之间的窗户。户：室门。**祝告利成，乃执俎以出于庙门外，有司受，归之。**○告：（祝）告于主人。利成：事神之礼毕。上文祝已告利成，那是指事尸之礼结束。这是指事神之礼结束。**众宾出，主人拜送于庙门外，乃反。妇人乃彻。**○妇人：指宗妇之属。彻：撤去祝之荐及房中荐俎。**彻室中之馔。**

以上述不行傧尸礼者行阳厌之祭。